KB273198

정셈의
창업 · 스타트업을 위한
세무관리

**정샘의
창업 · 스타트업을 위한
세무관리**

ⓒ 정한영, 2026

초판 1쇄 발행 2026년 1월 12일

지은이   정한영
펴낸이   이기봉
편집   좋은땅 편집팀
펴낸곳   도서출판 좋은땅
주소   서울특별시 마포구 양화로12길 26 지월드빌딩 (서교동 395-7)
전화   02)374-8616~7
팩스   02)374-8614
이메일   gworldbook@naver.com
홈페이지 www.g-world.co.kr

ISBN   979-11-388-5280-7 (03320)

START UP

정섬의
창업 · 스타트업을 위한
세무관리

정한영 지음

좋은땅

창업(사업장) 관련 세무에 관한 책을 쓰기로 결심하고 2년이 넘어 이 책이 만들어졌습니다. 결심했을 당시에는 1년 안에 마무리할 수 있을 것으로 생각했었는데, 막상 시작하니 사업과 관련된 다른 분야들이 많아 자료 검토로 시간이 많이 지체되었습니다. 중간중간에 손을 놓은 적도 여러 번 있어서 두 해 지나서야 이 책이 나왔습니다.

사업(또는 자영업)을 시작하면 세금 문제는 기본입니다. 직원 없이 1인 기업으로 해도 법인세(또는 종합소득세)와 부가가치세 세금신고를 해야 하고, 증빙도 잘 챙겨야 합니다.

직원을 채용하면 원천세 신고와 4대 보험 가입을 해야 하고, 연말정산과 지급명세서 제출도 해야 합니다. 직원에게 연차를 지급해야 하고, 1년 이상 재직 시에는 퇴직금을 지급할 의무가 있습니다. 또한, 직원과 근태 문제에 따른 갈등도 있습니다.

사업을 시작할 때 개인사업자로 시작할지 아니면 법인으로 시작할지 선택해야 합니다. 그리고 단독으로 사업을 시작할지 동업자와 같이 사업을 시작할지도 선택해야 합니다.

회사를 설립해서 운영하는데, 성장을 하기 위해서는 자금이 필요합니다. 회사는 차입할지 아니면 제3자에게 투자를 받을지 선택을 해야 합니다. 이 문제는 세금에 영향을 미치기도 하고, 경영권에 영향을 미치기도 합니다.

창업 초기에는 매출이 작으니 세금 문제는 간단할 것으로 생각하지만, 세법 용어와 서식 작성 및 신고절차는 세무관리가 어렵다는 느끼게 해 줍니다. 하지만 세무는 경영 못지않게 세무관리의 중요성을 강조해도 부족하지 않습니다.

많은 것이 세금과 관련 있습니다. 회사의 경영성과는 이익으로 귀결이 되고, 이익의 크기에 따라 세금이 결정됩니다. 역으로 경영은 세금이 큰 영향을 미치기 때문에 사업자는 사업 관련 선택을 잘해야 절세를 할 수 있다고 생각할 수 있습니다.

이 책은 창업하기 전 또는 창업 초기 단계에 있는 회사를 위해 만든 책으로, 세무뿐만 아니라 다른 분야의 내용도 일부를 담았습니다.

창업자들이 세무의 기본 구조와 세무관리를 위해 필요한 것들을 주제별로 나눠 쉽게 이해할 수 있도록 구성하여, 이 책이 창업자에게 세무 길잡이 역할이 되도록 만들었습니다.

세금은 소득에 대한 세금, 재산에 대한 세금, 소비에 대한 세금으로 구분해 볼 수 있습니다. 대다수 납세자와 관련된 세금이 소득에 대한 세금과 소비에 대한 세금입니다.

납세자는 직원(또는 대표이사)으로 받는 급여 또는 사업으로 얻은 소득을 기반으로 소비를 합니다.

나창업 씨는 그동안 다니던 회사를 그만두고 회사를 창업하려고 합니다. IT업종 회사에 취직해서 R&D부서로 배치받아 지금까지 연구개발에 매진했습니다. 회사를 위해 아이디어를 제안했지만, 제대로 된 검토 없이 무시당한 적이 여러 번 있었습니다. 나창업 씨는 그때마다 좌절감이 느끼고 자존심도 많이 상했습니다. 언제부터인지 자기가 직접 회사를 만들어서 이 아이디어를 상용화하여 제품을 만들고 싶다는 강한 의욕을 갖게 되었습니다.

이제 본격적으로 창업을 하려고 하는데, 어떤 것부터 해야 할지 모르겠습니다. 바로 사업자등록을 하면 되는지, 사무실 임대차계약부터 해야 하는지, 법인 설립부터 해야 하는지 등 모르는 것이 너무 많습니다.

유튜브를 검색해서 그중에 영상을 몇 개 시청했는데, 알아야 할 것들이 많아 난감합니다. 이 모든 것을 공부해야 하는지도 모르겠습니다.

상가임대차계약, 영업신고, 사업자등록, 근로계약서 작성, 4대 보험 가입신고, 원천세 신고, 부가가치세 신고, 연말정산, 지급명세서 제출, 법인세 또는 종합소득세 신고, 재무제표 작성, 비상장주식평가, 주식매수선택권 부여 등등.

그리고 회사를 설립하면 당장 회계·세무 및 노무 등을 어떻게 해야 할지도 난감합니다.

나창업 씨는 지인들에게 이 고민을 털어놓았는데 어느 지인이 세무사를 소개해 주겠다고 했습니다. 나창업 씨는 정셈을 소개받아 창업 및 이와 관련된 세무관리를 위한 고민 상담을 하며 창업 준비를 시작했습니다.

이 책은 나창업 씨가 창업 준비 및 회사를 설립하게 되면 세무관리를 어떻게 해야 하는지를 알아가는 이야기입니다.

회사는 법인과 개인사업 두 가지 형태가 있는데, 이 책은 법인회사 위주로 내용을 이끌어 갑니다.

이 책은 창업을 앞두고 있거나 창업 초기 단계에 있는 회사를 대상으로 세무관리의 이해를 돕기 위한 책으로서, 실제 업무에 필요한 세무 실무나

세금신고 등에 도움이 필요한 경우에는 꼭 세무전문가에 조력을 받기를
권합니다.

법인등기·정관·신주발행 관련 사항은 법무사에게 조력을 받기를 권
합니다.

지식재산권 관련 사항은 변리사에게 조력을 받기를 권합니다.

근로기준법 등 노동법 관련 사항은 공인노무사에게 조력을 받기를 권
합니다.

횡령·배임·소송 관련 사항은 변호사에게 조력을 받기를 권합니다.

세법은 매년 개정되고, 연도 중에도 수시로 개정이 되기 때문에 업무와
관련된 세법 내용은 최신 개정 사항을 검토해야 합니다.

목차

PART 00 **창업 준비하기**

PART 01 **사업자가 내는 세금**

PART 02 **직원 채용하기**

PART 03　세무상 비용과 세액감면공제

PART 04   세무상 리스크 관리

PART 05   성과보상과 주식보상제도

부록 02　재무제표 분석

부록 03　ESG 경영과 세금

PART 00

창업 준비하기

회사를 창업하기로 결심하고 실행에 옮긴 경우 회사 형태를 선택해야 합니다.

첫째, 개인사업자로 시작할지, 법인으로 시작할지를 선택합니다.

둘째, 사업장 장소가 있어야 합니다. 자가 공간이 없는 경우 임대차계약을 하여 공간을 빌려야 합니다.

셋째, 주무관청에 영업신고를 해야 합니다. 사업장 소재지 구청이나 온라인으로 영업신고를 합니다. 업종에 따라 인허가 등을 받아야 하는 것도 있습니다.

넷째, 회사 형태가 법인이면, 법인 설립절차를 통해 설립등기를 해야 합니다.

법인으로 창업하는 경우 계획을 잘 세워야 합니다. 회사의 월평균 운영비가 어느 정도 필요한지에 따라 필요한 자본금이 다르고, 정관도 작성해야 해서 준비할 것이 많습니다.

어떤 일이든 첫 시작이 중요합니다. 사업의 첫 시작은 창업 준비로 사업 아이템과 업종 선택 및 기업 형태 결정 그리고 사업장 장소의 선택입니다.

※ 사업 인·허가 관련 문의 사항은 행정사에게, 법인설립등기 및 정관 작성 문의 사항은 법무사(또는 변호사)에게 하시기 바랍니다.

01

창업 · 스타트업 사업자등록하기

나창업 씨는 회사에 취직하고 성실히 다니면서 창업에 대해 고민을 해왔습니다.

틈틈이 어떤 사업아이템이 좋을지 고민하고, 관련 서적들을 구입하여 공부하며, 여러 창업강의에 참석하고 창업스터디에도 꾸준히 참여하면서 준비를 해오고 있습니다. 이제 나창업 씨는 창업에 대한 확신을 갖기 시작했습니다.

드디어 나창업 씨는 사업아이템을 정했습니다. 이 아이템의 본질과 핵심, 그리고 기술 등을 구체화하며, 어떻게 수익을 낼 수 있을지 오랜 고민 끝에 사업계획서도 완성했습니다.

이제 창업하려고 하려고 합니다. 어떤 걸 먼저 해야 할까요?

이에 대해 나창업 씨는 정셈에게 문의했습니다. 정셈은 다음과 같이 설명했습니다.

1) 기업 형태를 선택

기업형태를 개인사업자로 시작할지 아니면 법인으로 시작할지 결정해야 합니다. 개인사업자와 달리 법인은 법인설립등기를 해야 법인이 만들어집니다.

2) 영업신고하기

사업을 시작하려면 영업신고를 해야 합니다. 개인사업자나 법인등기가 마무리된 법인은 행정관청(시·구·군청)에 영업신고를 합니다. 법인은 법인등기부에 회사가 사업목적으로 하는 업종이 기재되어 있어야 합니다. 업종마다 다르지만 대부분의 업종은 영업신고 대상으로, 영업신고서를 작성하여 제출하면 됩니다. 그러나 인가나 허가 또는 등록을 받아야 하는 업종의 경우, 행정관청에 인·허가나 등록신청을 해야 합니다.

영업신고를 하면 영업신고증을 발급하고, 행정관청으로부터 인·허가나 등록이 수리가 되면, 인·허가증이나 등록증을 발급합니다. 행정관청이 인·허가나 등록신청을 받은 것에 대해 검토하면서 미비한 것이 있으면 이를 반려할 수 있습니다. 그러면 사업자는 서류 등을 다시 보완하여 인·허가나 등록신청을 다시 해야 합니다.

3) 사업자등록 신청하기

영업신고를 마쳤으면 사업장 소재지 관할 세무서에 사업자등록신청을 합니다. 통신판매업처럼 사업자등록을 먼저 한 다음에 행정관청에 통신판매업 등록을 하는 업종도 있습니다. 그렇지만 통신판매업 같은 업종을 제외하고 사업자등록신청을 마지막 단계로 합니다. 사업자등록을 할 때 행정관청으로부터 받은 영업신고증이나 인·허가증 또는 등록증을 제출해야 합니다.

〈사업자등록 필수 서류〉

개인사업자	영리내국법인
사업 인허가증 사본 임대차계약서 사본 신분증* 〈공동사업인 경우 추가 서류〉 동업계약서 (지분, 출자금, 비용 및 수익분배비율 명기) 인감증명서+인감도장+신분증사본 첨부	법인등기부등본 주주 또는 출자자명세서 사업 인허가증 사본 현물출자명세서(현물출자법인의 경우) 법인명의 임대차계약서 사본 법인인감도장 신분증*

* 대표자 본인 방문 시: 대표자 신분증
* 대리인 방문 시: 위임장, 대표자 신분증 사본, 대리인 신분증

※ 법인이 사업자등록신청을 할 때 정관제출은 필수제출 서류가 아니지만, 정관을 제출하지 않으면 담당조사관이 정관을 제출할 것을 요청합니다. 정관을 제출할 때까지 사업자등록신청 수리를 보류하기 때문에 보통 사업자등록신청을 할 때 정관도 같이 제출합니다.

 정셈의 창업·스타트업을 위한 세무관리

4) 사업자등록의 의의

사업자등록은 사업자가 사업을 하겠다고 관할세무서에 신고하는 행위입니다. 사업개시일로부터 20일 이내에 사업자등록신청서를 관할세무서에 제출해야 하는데, 신청서에 대표자의 인적사항, 사업장의 주소, 업태와 종목 등을 기재합니다. 관할세무서는 제출된 사업자등록신청서와 첨부 서류 등을 검토하면서 서류상에 문제가 없으면 사업자등록증을 발급합니다.

사업자등록신청의 수리로 내 사업의 업태와 업종이 공식적으로 확정되는 것이 아닙니다. 사업자등록증상의 업태와 업종이, 실제 사업을 하는 업태와 업종이 다른 경우 관할세무서는 실태조사를 통해 사업자등록을 정정할 수 있습니다. 관할세무서의 실수로 과세사업인데 면세사업으로 사업자등록증이 발급되는 경우가 있습니다. 사업자등록증이 면세사업자로 발급되었으니 부가가치세를 내지 않아도 되는 것이 아닙니다. 관할세무서는 이를 정정해서 부가가치세를 추징할 수 있습니다.

사업자등록증을 발급하는 것은 과세행정의 절차에 따른 것이지, 관할세무서가 사업자에게 공식적으로 사업을 영위하는 업종을 인증하는 제도가 아닙니다.

5) 사업자등록증상의 업종이 실제 사업하는 업종과 달라도 문제가 없을까요?

법인이 사업을 영위하다 보면 본래 업종 외에 다른 업종도 영위하는 경우가 있습니다. 일시적·우발적으로 매출이 발생하는 경우가 있고, 사업자가 계속적 반복적으로 영위하는 경우도 있습니다. 전자의 경우 거래가 일시적·우발적으로 발생한 경우이기 때문에 사업자등록증에 업종을 추가대상에 해당하지 않지만, 후자의 경우에는 계속적·반복적으로 사업을 영위하는 것이기 때문에 사업자등록증에 업종을 추가해야 합니다. 법인등기부에도 업종을 추가하는 성정을 해야 합니다.

만일 후자의 경우로 업종을 추가하지 않으면 어떻게 될까요? 아예 본래 업종 말고 다른 업종을 영위하면 어떻게 될까요? 관할세무서는 이 사실을 알까요? 관할세무서는 이 사실을 당장 알지는 못합니다.

국세청은 매년 법인세, 부가가치세, 종합소득세 등 수많은 세금신고 자료가 들어옵니다. 정보통신이 과거에 비해 크게 발전하고, 구글의 알파고가 보여준 AI는 세상에 큰 충격을 주었습니다. AI와 빅데이터의 활용성은 어느 때보다 크게 강조되고 있습니다. 기업에서 빅데이터를 활용하여 사업에 활용하는 것은 이미 당연시되는 세상입니다.

빅데이터를 활용하는 것은 기업·연구소뿐만 아니라 정부도 정책을 만드는 데 적극적으로 활용하고 있습니다.

국세청은 정부 기관 중에 빅데이터를 적극 활용하고 있는 기관입니다. 국세청은 지난 수십 년간 사업자들이 세금신고한 내역을 갖고 있습니다. 이를 데이터베이스화하여 업종별로 원가율, 영업이익률, 재고자산회전율, 인건비 등을 수치화 및 통계화하여 세금과 관련된 목적뿐만 아니라 경제·산업 정책 등에 활용하고 있습니다. 이러한 통계자료를 바탕으로 사업자가 세금 신고한 내역이 적정한지를 검토하는 데 활용하는 것입니다.

스타트업 대표인 나창업 씨가 법인세를 신고했는데, 신고내역이 사업자등록증상의 업종 통계치와 차이가 큰 경우 관할세무서는 국세청의 데이터베이스를 활용하여 신고내역의 적정 여부를 확인합니다. 해당 스타트업의 매출누락이나 비용의 과대계상 여부 및 소명을 요청할 수도 있습니다. 필요한 경우에는 현장조사를 합니다. 실제 영위하는 업종이 상이한 것으로 확인되면 관할세무서는 직권으로 사업자등록증의 업종을 실제 영위하고 있는 업종으로 정정할 수 있습니다.

또한 사업자는 거래처에 대금을 지급하고 세금계산서를 발급받습니다. 그런데 나창업 씨의 스타트업이 사업자등록증상에 업종과 관련이 없는 세금계산서를 발급받는 것을 관할 세무서는 이를 자료상으로부터 구입한 것으로 의심할 수 있습니다. 이로 인해 세무조사를 받을 수도 있습니다.

6) 만일 사업자등록을 하고 사업을 하지 않으면 어떻게 될까요?

사업자등록을 마친 스타트업 기업이 법인 대표자 등의 사정으로 사업을 하지 않고 방치되는 경우가 있습니다. 방치된 상황이 계속되면 관할세무서는 직권으로 사업자등록을 폐업시키고, 관할등기소에 말소등기를 촉탁합니다. 정해진 기간은 없지만 보통 법인이 3년 정도 방치되어 있으면 직권폐업과 말소등기 촉탁합니다. 이는 방치된 법인이 악용되는 것을 방지하기 위함이기도 합니다.

　만일 스타트업을 일정기간 동안만 영위하지 않으려면 관할세무서에 휴업신고를 하는 방법도 있습니다. 국세청 홈택스로 휴업신고가 가능하고, 휴업기간이 1년을 초과하는 경우에는 세무서에 방문해서 서면신고를 해야 합니다.

<참고: 사업장등록정정>

영리내국법인		
사업장변경	업종변경	대표자변경
법인등기부등본 (변경사항 등기부에 기재된 것) 변경된 인허가증 사본 법인명의 임대차계약서 사본 법인임감도장 신분증 기존사업자등록 원본	법인등기부등본 (변경사항 등기부에 기재된 것) 변경된 인허가증 사본 법인임감도장 신분증 기존사업자등록 원본	법인등기부등본 (변경사항 등기부에 기재된 것) 변경된 인허가증 사본 법인임감도장 신분증 기존사업자등록 원본

개인사업자(대표자 정정은 안 됨)	
사업장변경	업종변경
변경된 사업 인허가증 사본 임대차계약서 사본 신분증 기존 사업자등록증 원본	변경된 사업 인허가증 사본 신분증 기존 사업자등록증 원본

　　　　　정셈의 창업·스타트업을 위한 세무관리

02

창업하는 회사를 법인으로 시작할까?
개인사업자로 시작할까?

나창업 씨는 스타트업을 창업하기로 결심을 했습니다. 기업형태를 법인을 설립해서 시작할 것인지 개인사업자로 시작할 것인지 선택해야 합니다. 둘 중에 어떤 것으로 선택해야 할지 고민을 해도 결정하기가 쉽지 않습니다.

다들 스타트업 창업을 법인으로 시작하니 법인으로 시작하는 것이 좋을까요? 아니면 개인사업자로 시작하여 어느 정도 성장했을 때 법인전환을 하는 것이 좋을까요? 개인사업자로 계속 유지를 하는 것이 좋을까요?

위 질문은 스타트업을 창업하려는 나창업 씨만의 고민이 아니라, 사업을 준비 중인 모든 예비 창업자가 공통으로 고민하는 것입니다. 예전이나 지금도 여전히 궁금해하는 질문입니다.

이 질문에 대한 정답은 없습니다. 정답이 없어서 많은 예비 창업자들이 고민하는 이유이기도 합니다. 왜냐하면, 창업자의 사정과 사업목적 등에 따라 다르기 때문입니다.

나창업 씨가 스타트업을 창업할 때 법인과 개인사업자 중에 어떤 걸 선택할지 몰라 이 고민을 지인에게 얘기했습니다. 그랬더니 법인이 개인사업자보다 절세가 돼서 좋다는 솔깃한 말을 한 것입니다. 그래서 나창업 씨는 법인으로 하는 것이 좋은가보다 하고 생각하는데, 다른 지인은 괜히 법인으로 했다가 나중에 고생을 많이 해서 후회했다는 말을 합니다. 그 말을 들으니 걱정이 돼서 결정하기가 오히려 힘들어졌습니다.

법인과 개인사업자의 차이에 대해 포털사이트에 검색하면 많은 글과 동영상을 찾아볼 수 있습니다.

법인으로 하면 절세가 돼서 좋으니 법인으로 창업을 하는 것이 좋을까요?

이에 대해 나창업 씨는 정셈에게 문의했습니다. 정셈은 다음과 같이 설명했습니다.

법인이 개인사업자보다 절세가 되는 것은 일부는 맞지만, 일부는 아닙니다. 창업할 때 기업형태를 선택하는 것은 충분한 시간을 갖고 신중하게 생각해야 합니다.

처음에 개인사업자로 시작했다가 시간이 지나 어느 정도 사업 규모와 매출이 커져서 법인으로 전환하는 것은 가능합니다. 그렇지만 법인에서 개인사업자로 전환하는 것은 불가능합니다. 개인사업자로 사업자등록신청을 해서 새로 시작하는 것만 가능합니다.

1) 법인과 개인사업자의 세금 비교

세율은 개인기업이 법인보다 높습니다. 현재 개인기업은 6%~45%의 누진세율을 적용하고, 법인기업은 9%~24%의 누진세율을 적용하고 있습니다. 단순하게 세율만 비교하면 이익이 작은 경우 개인사업자가 유리하고, 이익이 클수록 법인이 유리합니다. 보통 사업 초기에는 매출보다 비용이 많이 들어서 영업손실이 발생합니다. 영업이익이 발생해야 내야 할 세금이 있습니다. 그런데 사업 첫해부터 이익이 클 것으로 예상이 되면, 처음부터 법인으로 시작하는 것이 유리하다고 볼 수 있습니다.

2) 회사의 신용 및 투자유치 비교

스타트업을 창업하여 시간이 지나면 투자금이 많이 필요할 수 있습니다. 설립 당시 내부자금만으로는 연구비 등을 충당하기가 부족하기 때문입니다. 부족한 자금은 정부 지원을 받거나 금융권 대출 또는 외부투자를 받아야 하는데, 이는 개인기업보다 법인이 많이 유리합니다.

법인은 상법에 따른 합명·합자·유한책임(LLC)·유한·주식회사의 5가지 형태가 있습니다. 가장 대표적인 것이 주식회사이고 법인 대부분이 주식회사입니다. 이 외에 협동조합 등 다양한 형태의 법인이 있습니다.

법인형태 중에서 외부투자자로부터 자금을 유치하는 데 유리한 법인은 주식회사입니다. 외부로부터 투자를 받을 때 주식을 발행하면 되기 때문입니다.

금융기관으로부터 대출을 받을 때 개인기업은 사업주 본인의 신용을 기준으로 합니다. 법인은 법인의 신용을 기준으로 합니다. 신용평가 측면에서 개입기업보다는 법인이 유리합니다.

3) 법인으로 시작 시 유의할 점

상법이 개정되면서 주식회사도 1인이 설립할 수 있게 되었습니다. 이전에는 발기인이 3명(1996년 이전은 7명) 이상 필요했습니다. 법인을 1명이 단독으로 출자해서 설립할 수 있고, 2인 이상이 모여 각자 출자해서 법인을 설립할 수 있습니다.

단독으로 출자해서 법인을 설립하면 출자자인 본인이 회사의 단독 주주가 됩니다. 출자자가 1명이고, 주주 본인이 대표이사이면 직원이 없는 1인 법인은, 기업형태는 다르지만 어떻게 보면 개인기업과 매우 흡사합니다.

① 1인 법인과 개인기업은 겉으로 보기에는 비슷하지만, 법인과 개인기업은 명백히 다릅니다. 법인은 회사와 1인 주주가 서로 다른 인격체라는 것을 인지하는 것이 매우 중요합니다. 법인이 사업으로 발생하는 매출과 비용, 영업손익은 법인의 책임과 계산에서 이루어지는 것이고, 법인의 자산은 법인의 소유입니다. 1인 주주인 대표이사의 것이 아닙니다.

   정셈의 창업·스타트업을 위한 세무관리

법인의 영업손실에 대해 대표이사나 주주에게 책임이 없습니다. 주주는 법인의 영업손실이 커서 폐업하는 경우 자신의 투자금을 포기할 뿐입니다.

② 대표이사가 법인의 자산인 현금을 인출하는 경우, 이는 남의 돈을 함부로 사용하는 것이 됩니다. 금액이 많지 않을 경우에는 이는 가지급금으로 법인에게 갚아야 할 돈이 됩니다. 그러나 누적된 가지급금이 크고 대표이사가 이 금액을 상환할 의지 등을 고려할 때, 이를 횡령으로 볼 수도 있습니다.

③ 법인기업은 회사를 설립등기하면서 존재하게 됩니다. 법인등기를 한 다음에 지방자치단체에 영업 관련 인·허가 등의 신고를 하고, 관할세무서에 사업자등록신청을 합니다. 법인등기에는 법인이 사업할 업종 등이 기재가 되어 있습니다. 법인이 업종을 변경하거나 추가하는 경우에는 법인등기를 정정하고 사업자등록정정을 해야 합니다.

법인의 이사나 감사를 선임하거나 퇴임하는 경우 및 연임(또는 재임)하는 경우에도 법인등기를 해야 합니다. 상법상 이사 임기는 3년까지 할 수 있습니다. 대표이사도 이사이기 때문에 임기가 3년이 되는 경우에는 연임등기를 하는 것을 잊으면 안 됩니다. 연임등기를 해태한 것에 대해 과태료가 있습니다.

4) 과점주주에 대한 제2차 납세의무

세법에는 법인 과점주주의 제2차 납부세의무를 규정하고 있습니다. 과점주주란 최대주주인 본인과 특수관계인 간의 지분합계가 50% 초과하는 경우로, 법인이 납부해야 하는 세금을 연체하는 경우 과점주주에게 납세의무를 지우게 합니다. 이는 과점주주는 법인 경영에 있어서 실질적인 지배가 가능한 위치에 있으므로, 경영에 대한 책임을 묻는 것입니다.

법인세, 부가가치세, 지방소득세 등 법인에게 납세의무가 있는 세금이 대상입니다.

제2차 납세의무는 세금뿐만 아니라 국민연금과 건강보험에도 이와 같은 규정이 있으니 주의해야 합니다.

정셈의 창업·스타트업을 위한 세무관리

5) 법인세율과 종합소득세율 비교

법인			개인사업자		
과세표준	세율	누진공제	과세표준	세율	누진공제
2억 이하	9%	-	14,000,000원 이하	6%	-
2억 초과 200억 이하	19%	2,000만 원	12,000,000원 초과 50,000,000원 이하	15%	1,260,000원
			50,000,000원 초과 88,000,000원 이하	24%	5,760,000원
200억 초과 3,000억 이하	21%	42,000만 원	88,000,000원 초과 150,000,000원 이하	35%	15,440,000원
			150,000,000원 초과 300,000,000원 이하	38%	19,940,000원
3,000억 초과	24%	942,000만 원	300,000,000원 초과 500,000,000원 이하	40%	25,940,000원
			500,000,000원 초과 1,000,000,000원 이하	42%	35,940,000원
			1,000,000,000원 초과	45%	65,940,000원

* 법인세율을 9%~24%에서 10%~25%로 개정예정입니다.

03

법인 정관 작성의 중요성

나창업 씨는 스타트업을 법인으로 창업하기로 했습니다. 법인을 설립할 때는 정관을 반드시 작성해야 한다고 하는데, 정관을 어떻게 작성해야 할지 모르겠습니다.

포털사이트에서 무료로 사용할 수 있는 정관이 있는데, 정관 작성을 의뢰해야 하나요? 지인들은 표준정관을 사용하지 말고 비용이 들더라도 전문가에게 정관 작성을 의뢰하는 것이 좋다고 충고합니다.

정관 작성을 어떻게 하는 것이 좋을까요?

이에 대해 나창업 씨는 정셈에게 문의했습니다. 정셈은 다음과 같이 설명했습니다.

1) 정관이란?

법인을 설립하려면 반드시 정관을 작성해야 합니다. 정관을 보통 "회사 내규" 또는 "사규"라고도 합니다.

"정관"은 법인의 권리와 의무를 바탕으로 법인을 운영하는 기본과 규칙을 명시해 놓은 것입니다. 법인에 있어서는 헌법과 같은 존재입니다. 그래서 정관은 매우 중요합니다.

정관이 법인에게 중요하다고 해도 정관의 내용이 상법 등의 법률을 위배하면 안 됩니다. 정관 자체는 법이 아니기 때문에, 법률을 위배하지 않는 선에서 작성이 되어야 합니다.

회사 내에서 경영진 간, 회사와 직원 간에 문제 등 회사 내부적으로 문제가 발생하는 경우 먼저 정관을 적용합니다. 정관에 이와 관련된 규정이 없으면 상법 등의 법률을 적용합니다. 상법에도 관련된 것 규정이 없는 경우에는 민법을 적용합니다. 회사 내에서 발생된 문제는 먼저 정관을 적용하기 때문에 정관이 중요한 것을 강조해도 부족하지 않습니다.

작성된 정관은 발기인(설립자)이 기명날인을 하고 공증을 받아야 합니다. 다만, 자본금 10억 원 미만인 회사는 공증을 받지 않아도 됩니다.

2) 표준정관을 사용할 때 주의할 점

법인을 설립할 때 많은 분들이 정부에서 배포한 표준정관을 사용하고 있습니다. 포털사이트에서 표준정관을 검색하면 바로 다운로드를 받을 수도 있습니다.

표준정관을 사용하는 것은 법인설립 당시에는 문제가 되지 않습니다. 그러나 표준정관은 그 법인만의 특수성이나 사정 등을 반영하지 못합니다.

예를 들어 법인이 자본금 10억 원 미만인 회사는 감사를 선임할 수 있고, 선임하지 않을 수도 있습니다. 이는 선택 사항이지만 이를 정관에 명시해야 합니다.

또한, 법인설립 이후 보통주 말고 다른 주식을 발행할 것인지, 상여금이나 퇴직금을 어떻게 산정할 것인지, 주식매수선택권을 임직원에게 지급할 것인지, 임직원의 성과를 어떻게 평가할 것인지 등 중요한 사항들이 있습니다. 그런데 표준정관은 이러한 특수한 사항에 대해서는 반영하지 않습니다. 왜냐하면, 표준정관은 모든 법인이 공통적으로 사용될 수 있도록 만들어졌기 때문에 공통적인 사항만 반영되어 있습니다.

스타트업 설립 당시, 특히 1인 기업일 때는 문제가 되지 않습니다. 직원을 채용하고, 회사 규모가 커지고, 투자를 받거나 회사의 이해관계자가 생기는 등 회사 운영이나 관련 분쟁 방지를 위해서는 정관에 필요한 내용을 충분히 검토하여 기재하라 필요성이 있습니다.

회사를 설립할 때는 정관 내용에 대해 충분히 고려하여 작성하고, 회사가 성장하면서 회사 사정에 맞게 정관에 수정 보완해 가는 것이 좋습니다.

3) 정관의 필수적 기재사항과 중요성

정관은 「상법」 규정에 따라 작성해야 합니다. 정관 내용은 필수적으로 기재해야 하는 절대적 기재사항과 상대적 기재사항으로 구분할 수 있습니다.

절대적 기재사항은 정관에 반드시 기재가 되어야 하는 것으로, 어느 하나라도 누락이 되면 정관은 무효가 됩니다. 정관 작성을 할 때 절대적 기재사항은 반드시 갖추어야 합니다. 만일 법인 설립등기를 할 때 정관에 절대적 기재사항이 누락된 것이 있으면, 등기소의 등기관은 보정명령을 통해 절대적 기재사항을 보정하여 등기 신청을 다시 하도록 안내를 합니다.

> **「상법」 제289조 (정관의 작성, 절대적 기재사항)**
> ① 발기인은 정관을 작성하여 다음의 사항을 적고 각 발기인이 기명날인 또는 서명하여야 한다.
> 1. 목적
> 2. 상호
> 3. 회사가 발행할 주식의 총수
> 4. 액면주식을 발행하는 경우 1주의 금액
> 5. 회사의 설립 시에 발행하는 주식의 총수
> 6. 본점의 소재지
> 7. 회사가 공고를 하는 방법
> 8. 발기인의 성명·주민등록번호 및 주소

4) 정관의 상대적 기재사항과 중요성

스타트업에서 특별히 주의해야 할 사항은 성과급과 스톡옵션 같은 상대적 기재사항입니다. 상대적 기재사항은 정관에 기재되어 있지 않아도 정관 자체에는 문제가 없습니다. 대신에 임원에게 성과급을 지급하는 경우 비용 인정이 되지 않고, 스톡옵션은 회사가 주식을 발행하는 것이기 때문에 스톡옵션 부여를 할 수 없습니다. 이유는 정관에 해당 규정이 기재되어 있지 않기 때문입니다. 만일 정관에 스톡옵션 규정이 기재되어 있지 않은데 스톡옵션을 임직원에게 부여한 경우, 스톡옵션 행사 시점에 신주발행이 무효가 될 수 있고, 인해 임직원이 회사를 상대로 소송을 하는 사태가 발생할 수 있습니다.

또한, 스타트업의 주주는 본인이 소유하고 있는 주식을 다른 이에게 처분할 수 있습니다. 해당 주식을 양수한 자는 스타트업의 주주가 됩니다. 스타트업이 상장이 되어 주식이 분산된 경우는 문제가 없지만, 스타트업이 비상장 상태이고 규모가 작을 때는 회사 특성상 주주 구성원이 변동되는 것을 원치 않을 수 있습니다.

이 경우 제3자가 주주가 되는 것을 금지할 수는 없습니다. 하지만, 정관에 규정을 두어 주식을 처분하는 것에 제한을 두는 것은 가능합니다. 주식을 처분하려면 이사회의 승인을 받도록 제한을 하는 것이 가능합니다.

「상법」 제335조(주식의 양도성)

① 주식은 타인에게 양도할 수 있다. 다만, 회사는 정관으로 정하는 바에 따라 그 발행하는 주식의 양도에 관하여 이사회의 승인을 받도록 할 수 있다.

② 제1항 단서의 규정에 위반하여 이사회의 승인을 얻지 아니한 주식의 양도는 회사에 대하여 효력이 없다.

5) 스타트업과 스톡옵션

스타트업을 설립할 때 정관에 절대적 기재사항인 회사가 발행할 주식 수를 결정합니다. 발행할 수 있는 주식의 총수를 너무 적게 정하면 나중에 주식을 추가로 발행해야 할 때 정관부터 변경해야 하는 문제가 있을 수 있습니다. 회사 설립 당시에는 이게 문제가 되지 않지만, 회사가 어느 정도 성장하면서 투자금이 필요해 투자유치를 위해 주식을 발행하거나, 임직원에게 동기부여 차원에서 스톡옵션을 부여할 때가 있습니다. 그런데 정관에 기재한 주식 수만큼 이미 주식을 다 발행한 상태라면 추가로 주식을 발행할 수가 없습니다. 이를 해결하려면 정관변경을 해야 합니다.

스타트업이 스톡옵션(주식매수선택권)을 부여하려면 정관에 규정이 있어야 합니다. 스톡옵션은 회사의 설립과 운영, 기술개발에 헌신 또는 공로가 있는 자에게 부여할 수 있습니다. 스톡옵션은 주식회사로 창업한 스타트업이 사용할 수 있는 좋은 수단입니다. 스톡옵션을 부여하기 위해서는 ① 일정한 경우에 주식매수선택권을 부여할 수 있고, ② 주식매수선

택권의 행사로 발행하거나 양도할 주식의 종류와 수, ③ 주식매수선택권
을 부여받을 자의 자격요건, ④ 주식매수선택권의 행사기간, 일정한 경우
이사회결의로 주식매수선택권을 취소할 수 있다는 내용을 미리 정관에
규정하여야 합니다.

「상법」 제340조의2 (주식매수선택권)

① 회사는 정관으로 정하는 바에 따라 제434조의 주주총회의 결의로
회사의 설립·경영 및 기술혁신 등에 기여하거나 기여할 수 있는 회사
의 이사, 집행임원, 감사 또는 피용자(被傭者)에게 미리 정한 가액(이하
"주식매수선택권의 행사가액"이라 한다)으로 신주를 인수하거나 자기
의 주식을 매수할 수 있는 권리(이하 "주식매수선택권"이라 한다)를 부
여할 수 있다. 다만, 주식매수선택권의 행사가액이 주식의 실질가액보
다 낮은 경우에 회사는 그 차액을 금전으로 지급하거나 그 차액에 상당
하는 자기의 주식을 양도할 수 있다. 이 경우 주식의 실질가액은 주식
매수선택권의 행사일을 기준으로 평가한다.

「상법」 제340조의3 (주식매수선택권의 부여)

① 제340조의2 제1항의 주식매수선택권에 관한 정관의 규정에는 다음
각호의 사항을 기재하여야 한다.

1. 일정한 경우 주식매수선택권을 부여할 수 있다는 뜻
2. 주식매수선택권의 행사로 발행하거나 양도할 주식의 종류와 수
3. 주식매수선택권을 부여받을 자의 자격요건
4. 주식매수선택권의 행사기간
5. 일정한 경우 이사회결의로 주식매수선택권의 부여를 취소할 수 있
다는 뜻

6) 정관변경

서두에서 정관은 회사에 있어서 헌법과도 같다고 했습니다. 그렇기 때문에, 정관을 변경할 때 「상법」에서 정관변경 절차로 엄격하게 규정하고 있습니다. 주주총회 특별결의를 해야 하고, 법원의 허가를 받아야 합니다.

그래서 스타트업을 설립하면서 정관을 작성할 때는 표준정관을 이용하지 말고 심사숙고하여 필요한 내용을 반영하여 작성하는 것이 좋습니다.

> **「상법」 제433조(정관변경의 방법)**
> ① 정관의 변경은 주주총회의 결의에 의하여야 한다.
> ② 정관의 변경에 관한 의안의 요령은 제363조에 따른 통지에 기재하여야 한다.
>
> **「상법」 제434조(정관변경의 특별결의)**
> 제433조 제1항의 결의는 출석한 주주의 의결권의 3분의 2 이상의 수와 발행주식총수의 3분의 1 이상의 수로써 하여야 한다.

04

동업으로 창업한다면 반드시 동업계약서를 작성하자

나창업 씨는 오랫동안 알고 지낸 지인들과 동업을 하여 스타트업을 창업하기로 결심했습니다. 서로가 알고 지낸 기간이 길고, 회사를 잘 만들어 가자는 의기투합 커서, 동업계약서를 작성해야 한다는 생각 자체를 못했습니다.

동업을 하는데 동업계약서를 작성하지 않아도 앞으로 문제 될 것이 없을까요?

이에 대해 나창업 씨는 정셈에게 문의했습니다. 정셈은 다음과 같이 설명했습니다.

스타트업을 창업할 때 창업자가 단독으로 창업하거나, 동업자와 같이 공동으로 창업을 합니다. 이는 법인이나 개인사업자 동업을 한다는 것은 같지만 차이점이 있습니다.

예를 들어 3명이 동업으로 개인사업자를 시작하는 경우 사업장은 공동사업장이 되며, 사업자등록증의 대표자 성명란에는 '홍길동 외 2명'으로 표시가 됩니다. 홍길동이 공동사업자 대표입니다.

동업자와 함께 법인을 설립하는 경우 동업자들은 회사의 주주가 되고, 회사의 경영진(임원)으로서 대표이사, 이사, 감사 같은 직책을 맡게 됩니다. 주주가 임원을 원치 않는 경우 회사의 직원이 될 수도 있고, 회사의 주주로만 남을 수도 있습니다. 즉, 공동설립자는 회사의 주주이면서 임직원을 겸할 수가 있습니다.

동업을 하는 이유는 여러 가지 이유가 있겠지만, ① 투자금이 부족한 경우, ② 사업아이템을 갖고 있지만 경영능력이 부족한 경우, ③ 혼자 사업을 하는 것보다 누군가와 같이 하는 것이 서로 의지가 되는 등 다양한 이유로 동업을 합니다.

동업을 할 때 동업계약서를 작성하는 경우는 많지 않습니다. 동업계약서를 작성하지 않는 이유는 동업자 간에 계약서를 작성하자는 말을 꺼내는 것이 너무나 불편해서, 지인으로부터 힘들게 소개받은 경우여서, 서로 오랫동안 잘 알고 지낸 친분이 두터운 사이여서 등 문제 될 것이 없다고 생각하여 동업계약서를 작성하지 않습니다.

어른들로부터 동업에 대해 가장 많이 듣는 말은 사업을 할 때 절대 동업을 하면 안 된다는 말일 것입니다. 주위에서 동업을 하여 시간이 지나도 동업 관계를 계속해서 잘 유지하고 있는 사례를 찾아보기가 매우 힘들다는 것도 잘 알고 있을 것입니다. 거래를 할 때는 계약서를 작성하는 것이 기본입니다. 계약서를 작성하는 이유는 여러 가지 이유가 있겠지만, 계약 내용을 지키기 위함일 것입니다. 흔히 화장실 들어갈 때와 나올 때의 마음이 다르다고, 사람 마음은 언제든지 변하기가 쉽습니다. 그래서 계약서를 작성하는 것이 중요합니다.

1) 동업이란

동업은 2인 이상이 금전이나 그 밖의 재산 또는 노무 등을 출자하여 공동사업을 경영하는 것을 말합니다. 보통 동일한 조건으로 하는 동업계약을 하거나 동업자가 자본만을 출자하는 동업계약을 합니다.

스타트업을 동업을 하여 주식회사로 시작을 한다면 금전이나 기타 재산을 출자해서 주식회사를 설립합니다. 주식회사는 금전이나 기타 재산의 출자만 허용이 되고, 노무로 출자하는 것은 허용하지 않습니다. 노무로 출자가 허용되는 것은 합명회사나 합자회사인 경우입니다.

2) 동업을 할 때 주의할 점

동업에서 아래와 같은 문제가 흔히 발생할 수 있습니다.

① 본인은 일을 열심히 하는데, 동업자는 일은 건성으로 하면서 수익배분은 처음 약속대로 받아가려는 경우
② 동업자가 다른 동업자의 동의 없이 자신의 지분을 제3자에게 처분

하는 경우

③ 회사가 중요한 프로젝트를 진행 중이거나 경영상 큰 위기에 봉착했을 때, 동업자가 갑자기 일을 그만두겠다면서 자신 지분의 해당하는 금액을 달라는 경우

④ 동업자가 회사에서 횡령 등의 불법행위를 저지르는 경우

그 외의 여러 문제가 발생할 수 있습니다.

3) 동업계약서를 작성하자

이러한 문제가 발생하면 대처하기가 무척 어렵습니다. 동업관계를 청산하려고 해도 동업자가 원치 않으면 해결하기가 힘듭니다. 이러한 문제를 예방하기 위해 동업계약서를 작성해야 하고, 계약서에는 아래의 내용들을 기재하여 향후 문제를 방지하는 것이 좋습니다.

① 동업자 사이에 누가 어떤 재산이나 지식, 기술, 물건 등을 동업을 위하여 출사하는지,

② 무엇을 동업으로 하는지,

③ 이익 및 손실의 분담은 어떻게 할 것인지,

④ 동업자의 지위가 변경된 경우 권리의무에 어떤 영향을 미치는지,

⑤ 동업자 중 1인이 부담하는 채무의 이행문제,

⑥ 경업금지의무, 겸직금지의무

⑦ 동업계약이 종료되었을 때 정산은 어떻게 할 것인지 등

동업계약서에 위 내용이 잘 담겨 있는지 검토를 하고, 약정 내용을 다

읽고 난 후 동업자는 인감도장 날인(인감증명서 첨부) 또는 기명날인 또는 서명을 해야 합니다. 동업계약서를 작성 후 공증을 받아 두는 것도 후일 분쟁을 예방할 수 있는 좋은 방법이 됩니다.

사업자가 내는 세금

회사를 창업하여 사업을 시작하면 어떤 세금들을 내야 할까요?

첫째, 법인 또는 개인사업자는 공통적으로 부가가치세를 신고납부합니다.

둘째, 법인은 소득에 대해 법인세를 신고납부하고, 개인사업자는 종합소득세를 신고납부합니다.

셋째, 법인세 또는 종합소득세와는 별도로 지방소득세를 신고납부합니다.

넷째, 개인사업자의 소득이 일정 금액 이상이면 종합소득세 신고를 할 때 성실신고확인제도가 적용됩니다.

위의 세금은 매번 반복적으로 이행해야 하는 세금입니다. 소득이 있는 곳에 세금이 있다는 말처럼, 창업을 하여 청산(또는 폐업)으로 기업이 소멸할 때까지 세금을 신고납부하는 것은 늘 따라 다닙니다.

05

창업을 하면 사업자는 어떤 세금을 내야 하나?

스타트업을 창업한 나창업 씨는 지인에게 회계·세금에 신경을 잘 써야 한다고 조언을 들었습니다. 어떤 이는 영업에 신경 쓰느라 세금에 소홀히 했다가 고생했다고 하고, 다른 이는 직접 세금신고 했는데 신고내용에 문제가 있어 힘들었다고 합니다.

그래서 나창업 씨는 세금 신고를 꼼꼼히 하려고 합니다. 회사가 내야 되는 세금에는 어떤 것이 있을까요?

이에 대해 나창업 씨는 정셈에게 문의했습니다. 정셈은 다음과 같이 설명했습니다.

1) 사업자가 내는 세금들

사업자가 내야 하는 세금에는 법인세, 종합소득세, 부가가치세, 그리고 지방소득세가 있습니다.

법인과 개인사업자는 공통적으로 부가가치세 신고·납부를 해야 합니다.

출에 따른 이익에 대해 개인사업자는 종합소득세를 신고·납부를 하고, 법인은 법인세를 신고·납부를 해야 합니다.

법인세 또는 종합소득세를 외에 지방소득세도 별도로 신고·납부를 해야 합니다.

2) 납세자에게 신고납부 의무가 있는 것이 원칙

세금은 납세자가 신고·납부 하는 것이 원칙입니다. 그러기 위해서는 나창업 씨가 회계와 세무를 직접 해야 합니다. 납세자가 기장을 하면서 부가가치세 신고를 하고, 법인세나 종합소득세를 신고해야 합니다.

3) 원천세 신고와 4대보험 가입

회사를 창업자 혼자 설립을 했다면 대표자 1명만 있는 1인 기업이지만, 직원을 채용하면 원천세 신고·납부도 하고, 지급명세서도 제출하고, 연말정산도 해야 하고, 4대보험에도 가입신고를 해야 합니다. 해야 할 일이 많아집니다.

4대보험은 사회보험으로 세금이 아니지만, 강제성이 있어 보통 준세금이라고 세금처럼 여깁니다.

원천징수를 할 때 소득세와 지방소득세를 징수하여 원천세 신고납부와 지방소득세 신고납부를 각각 해야 합니다.

06

부가가치세란?

나창업 씨는 세금 중에 부가가치세에 대해 궁금합니다.

이에 대해 나창업 씨는 정셈에게 문의했습니다. 정셈은 다음과 같이 설명했습니다.

1) 부가가치세란

부가가치세란 상품(재화)의 거래나 서비스(용역)의 제공과정에서 얻어지는 부가가치(이윤)에 대하여 과세하는 세금입니다. 사업자가 납부하는 부가가치세는 매출세액에서 매입세액을 차감하여 계산합니다.

부가가치세 = 매출세액 - 매입세액

부가가치세는 물건값에 포함되어 있기 때문에 실제로는 최종소비자가 부담합니다. 사업자는 최종소비자가 부담한 부가가치세를 세무서에 납부하는 것입니다. 사업자는 상품을 판매하거나 서비스를 제공할 때 거래 금액에 일정금액의 부가가치세를 징수하여 납부해야 합니다.

그러므로 부가가치세는 사업자가 자기 돈으로 부담하는 세금이 아닙니다. 그렇지만 대부분의 사업자는 정부가 부가가치세로 사업자에게 세금을 징수해 간다고 생각합니다. 이는 부가가치세 신고납부를 할 때 거래징수한 부가가치세를 한 번에 납부하기 때문에 세금부담을 느끼는 게 다른 세금과 비슷하기 때문입니다.

2) 부가가치세 납세의무자

영리목적 유무에 불구하고 사업상 상품(재화)의 판매나 서비스(용역)를 제공하는 모든 사업자는 부가가치세를 신고 · 납부할 의무가 있습니다.

다만, 미가공식료품 등 생필품 판매, 의료 · 교육 관련 용역 제공 등 법령에 열거된 규정에 따라 부가가치세가 면제되는 사업만을 영위하는 경우는 면세사업자입니다. 면세사업자는 부가가치세 신고 · 납부 의무가 없습니다.

3) 일반과세자의 과세기간 및 신고납부

법인과 개인사업자는 일반과세자입니다. 개인사업자 중에 연간 매출액이 8천만 원 미만인 경우는 간이과세자 적용이 가능합니다.

일반과세자는 10%의 세율이 적용되는 반면, 물건 등을 구입하면서 받은 매입세금계산서상의 세액을 전액 공제 받을 수 있고 세금계산서를 발급할 수 있습니다.

(1) 계속사업자

부가가치세는 6개월을 과세기간으로 하여 신고·납부을 하며, 각 과세기간을 다시 3개월로 나누어 중간에 예정신고기간을 두고 있습니다.

과세기간	과세대상기간		신고납부기간	신고대상자
제1기 1.1~6.30.	예정신고	1.1.~3.31.	4.1.~4.25.	법인사업자
	확정신고	4.1.~6.30.	7.1.~7.25.	법인사업자
		1.1.~6.30.	7.1.~7.25.	개인사업자
제2기 7.1~12.31.	예정신고	7.1.~9.30.	10.1.~10.25.	법인사업자
	확정신고	10.1.~12.31.	다음해 1.1.~1.25.	법인사업자
		7.1.~12.31.	다음해 1.1.~1.25.	개인사업자

* 법인사업자는 1년에 4회, 개인사업자는 2회 신고를 합니다.

개인 일반사업자와 소규모 법인사업자(직전 과세기간 공급가액의 합계액이 1억 5천만 원 미만)는 직전 과세기간(6개월) 납부세액의 50%를 예정고지서(4월·10월)에 의해 납부(예정신고의무 없음)하여야 하고, 예정고지된 세액은 다음 확정신고 시 기납부세액으로 차감됩니다.

예정고지 대상자라도 휴업 또는 사업 부진으로 인하여 사업실적이 악화되거나 조기환급을 받고자 하는 경우 예정신고를 할 수 있으며, 이 경우 예정고지는 취소됩니다.

     정셈의 창업·스타트업을 위한 세무관리

(2) 신규사업자의 경우

- 과세기간 : 사업개시일로부터 그 날이 속하는 과세기간 종료일까지

- 신고 · 납부 기간 : 계속사업자와 동일

(3) 폐업자의 경우

- 과세기간 : 폐업일이 속하는 과세기간의 개시일부터 폐업일까지

- 신고 · 납부 기간 : 폐업일이 속하는 달의 다음 달 25일까지

(예시) 일반과세자가 2025. 5. 13. 폐업한 경우

- 과세기간 : 2025. 1. 1. ~ 2025. 5. 13.

- 신고 · 납부기한 : 2025. 6. 25. 까지 관할 세무서에 신고 · 납부

신고기한을 경과하였을 경우 무신고가산세와 납부지연가산세가 적용
될 수 있습니다.

07

법인세란?

나창업 씨는 정셈에게 부가가치세에 대한 설명을 듣고 나서는 법인세가 궁금합니다.

이에 대해 나창업 씨는 정셈에게 문의했습니다. 정셈은 다음과 같이 설명했습니다.

모든 영리법인은 사업으로 벌어들인 소득에 대해 법인세를 신고·납부합니다.

1) 법인세 납세의무가 있는 자는?

본점, 주사무소 또는 사업의 실질적 관리장소가 국내에 있는 법인(내국법인)은 국내·외에서 발생하는 모든 소득에 대하여 법인세 납세의무가 있습니다.

2) 어떤 소득에 법인세가 과세되는가?

사업연도마다 법인에 귀속되는 소득에 대하여 "각 사업연도의 소득에 대한 법인세"가 과세되며, 법인이 합병·분할하는 경우에도 피합병법인·분할법인에게 "각 사업연도 소득에 대한 법인세"가 과세됩니다.

각 사업연도 소득에 대한 법인세와는 별도로 법인이 보유한 비사업용 토지 및 법소정의 주택(부수토지 포함)을 양도하는 경우 "토지 등 양도소득에 대한 법인세"를 추가로 납부하여야 합니다.

3) 신고납부기한

법인은 개인사업자와 다르게 사업연도를 정할 수가 있습니다. 신고납부기한은 사업연도종료일이 속하는 달의 말일로부터 3개월 이내입니다.

구 분	법정신고기한	제출대상서류
12월 결산법인	3월31일	1.법인세과세표준 및 세액신고서
3월 결산법인	6월30일	2.재무상태표 3.포괄손익계산서
6월 결산법인	9월30일	4.이익잉여금처분계산서(결손금처리계산서) 5.세무조정계산서
9월 결산법인	12월31일	6.세무조정계산서 부속서류 및 현금흐름표

4) 세율

각사업연도 소득			청산소득		
과세표준	세율	누진공제	과세표준	세율	누진공제
2억 이하	9%	-	2억 이하	9%	-
2억 초과 200억 이하	19%	2,000만 원	2억 초과 200억 이하	19%	2,000만 원
200억 초과 3,000억 이하	21%	42,000만 원	200억 초과 3,000억 이하	21%	42,000만 원
3,000억 초과	24%	942,000만 원	3,000억 초과	24%	942,000만 원

5) 토지등 양도소득

법인이 보유한 비사업용 토지 또는 법령에서 정하는 주택(부수토지 포함)과 조합원·입주권 분양권을 양도하는 경우에는 해당 부동산의 양도소득에 대하여 각 사업연도 소득에 대한 법인세 외에 추가로 법인세를 과세합니다. 적용되는 세율은 아래와 같습니다.

구분		등기	미등기
토지 등 양도소득	대통령령이 정하는 주택(부수토지 포함)을 양도한 경우	20%	40%
	조합원입주권과 분양권	20%	
	비사업용토지를 양도한 경우	10%	40%

6) 법인세 신고절차

(1) 세무조정

기업이 일반적으로 공정·타당하다고 인정되는 기업회계기준에 의하

정셈의 창업·스타트업을 위한 세무관리

여 작성한 재무제표상의 당기순손익을 기초로 하여 세법의 규정에 따라 익금과 손금을 조정함으로써 정확한 과세소득을 계산하기 위한 일련의 절차를 말합니다.

(2) 기업회계와 세무회계 차이

기업회계와 세무회계의 차이는 다음 항목들을 가감하여 조정하게 됩니다.

① 익금산입 : 기업회계상 수익이 아니나 세무회계상 익금으로 인정하는 것
② 익금불산입 : 기업회계상 수익이나 세무회계상 익금으로 보지 않는 것
③ 손금산입 : 기업회계상 비용이 아니나 세무회계상 손금으로 인정하는 것
④ 손금불산입 : 기업회계상 비용이나 세무회계상 손금으로 보지 않는 것

(3) 세무조정 구분

세무조정은 사업연도 말의 결산서에 손비로 계상한 경우에만 세법에서 인정하는 「결산조정사항」과 법인세 신고서에만 계상해도 되는 「신고조정사항」으로 나눠집니다.

① 결산조정항목으로는 감가상각비, 대손충당금, 퇴직급여충당금 등이 있습니다.
② 신고조정항목으로는 자산의 평가손실의 손금불산입, 건설자금이자

의 손금불산입 등이 있습니다.

(4) 외부조정 신고

조세감면을 받는 법인 등과 외부회계감사 대상법인 등은 기업회계와 세무회계의 차이가 많이 발생하므로 정확한 과세소득을 자체적으로 계산하기가 쉽지 않습니다.

이러한 법인이 정확하고 성실한 납세의무 이행을 위하여 법인세를 신고·납부함에 있어 세무사(공인회계사 및 변호사 포함)로 부터 세무조정 계산을 받아 신고하도록 하는 제도를 "외부조정 신고제도"라 합니다.

외부조정 신고를 하여야 할 법인을 법인세법 시행령에서 다음과 같이 정하고 있습니다.

① 직전 사업연도의 수입금액이 70억 원 이상인 법인 및 외부의 감사인에게 회계감사를 받아야 하는 법인
② 직전 사업연도의 수입금액이 3억 원 이상인 법인으로서 세액감면·공제를 적용받는 법인
③ 해당 사업연도 종료일부터 2년 이내에 설립된 법인으로서 해당 사업연도 수입금액이 3억 원 이상인 법인
④ 국외에 사업장을 가지고 있거나 외국자회사를 가지고 있는 법인
⑤ 정확한 세무조정을 위하여 세무사가 작성한 세무조정계산서를 첨부하려는 법인

7) 법인세 신고 시 꼭 제출해야 할 서류

법인세 신고는 「법인세 과세표준 및 세액신고서」에 아래 서류를 첨부하여야 합니다.

① 기업회계기준을 준용하여 작성한 개별 내국법인의 재무상태표, 포괄손익계산서
② 기업회계기준을 준용하여 작성한 이익잉여금처분(결손금처리)계산서
③ 세무조정계산서
④ 기타 부속서류 및 현금흐름표, 표시통화재무제표 · 원화재무제표
⑤ 피합병법인 등의 재무상태표, 합병 · 분할로 승계한 자산 · 부채 명세서 등

①~③의 서류를 첨부하지 아니하고 신고서를 제출하는 경우에는 신고를 하지 아니한 것으로 보게 되므로 유의하시기 바랍니다.

①, ② 및 ④의 현금흐름표의 제출은 국세청홈택스(www.hometax.go.kr)를 이용하여 기획재정부령이 정하는 표준대차대조표, 표준손익계산서 및 표준손익계산서부속명세서를 제출하는 것으로 갈음할 수 있습니다.

08

종합소득세란?

나창업 씨는 개인사업자로 창업한 경우 종합소득세를 내야 된다는데, 종합소득세에 대해 궁금합니다.

이에 대해 나창업 씨는 정셈에게 문의했습니다. 정셈은 다음과 같이 설명했습니다.

모든 개인사업자는 매년 5월에 종합소득세를 신고 · 납부 합니다.

1) 종합소득세 신고 · 납부

개인사업자는 당해 과세기간에 종합소득금액이 있는 자는 다음 해 5월 1일부터 5월 31일(성실신고확인서 제출자는 6월 30일)까지 종합소득세를 신고 · 납부하여야 합니다.

종합소득이란 이자소득, 배당소득, 사업(부동산임대 포함)소득, 근로소득, 연금소득, 기타소득을 합산한 것을 말합니다. 개인사업자가 사업소득뿐만 아니라 타소득이 있으면 합산하여 종합소득세를 신고합니다.

2) 장부의 비치 · 기장

개인사업자는 장부를 작성하여야 합니다. 장부 작성방법은 간편장부와 복식부기가 있는데 직전연도 소득에 따라 작성의무를 달리합니다. 장부의 구분 기준은 아래와 같습니다.

〈기장의무 구분〉

업 종 구 분	직전 과세기간 수입금액
① 농업 · 임업 및 어업, 광업, 도매 및 소매업(상품중개업 제외), 부동산매매업, 그 밖에 아래 ②, ③에 해당하지 아니하는 사업	3억 원 미만
② 제조업, 숙박 및 음식점업, 전기 · 가스 · 증기 및 수도사업, 하수 · 폐기물처리 · 원료재생 및 환경복원업, 건설업(비주거용 건물 건설업은 제외), 부동산 개발 및 공급업(주거용 건물 개발 및 공급업에 한함), 운수업, 출판 · 영상 · 방송통신 및 정보서비스업, 금융 및 보험업, 상품중개업, 욕탕업	1억 5천만 원 미만
③ 부동산임대업, 부동산업(부동산매매업은 제외), 전문 · 과학 · 기술서비스업, 사업시설관리 · 사업지원 및 임대서비스업, 교육서비스업, 보건업 및 사회복지서비스업, 예술 · 스포츠 및 여가 관련 서비스업, 협회 및 단체, 수리 및 기타 개인서비스업 , 가구내 고용활동	7천 500만 원 미만

(1) 간편장부대상자

해당 과세기간에 신규로 사업을 시작하였거나, 직전 과세기간의 수입금액(결정 또는 경정으로 증가된 수입금액을 포함)의 합계액이 미만인 개인사업자를 말합니다.

(2) 복식부기의무자

간편장부대상자 이외의 모든 개인사업자는 재산상태와 손익거래 내용의 변동을 빠짐없이 거래시마다 차변과 대변으로 나누어 기록한 장부를 기록·보관하여야 하며, 이를 기초로 작성된 재무제표를 신고서와 함께 제출하여야 합니다.

3) 장부를 기장하지 않는 경우의 불이익

복식부기의무자가 장부를 기장하지 않아 추계신고할 경우 가산세를 부담해야 합니다.

가산세는 무신고가산세 [수입금액의 0.07%와 무신고납부세액의 20%(부정무신고시 40%, 국제거래 수반한 부정무신고시 60%) 중 큰 금액]와 무기장가산세(산출세액의 20%)중 큰 금액을 가산세로 부담하게 됩니다.

간편장부대상자는 산출세액의 20%를 무기장가산세로 부담하게 됩니다.(다만, 직전 과세기간의 수입금액이 4,800만 원 미만인 소규모 사업자 등은 제외)

4) 소득금액 계산

개인사업자는 장부를 작성하여 총수입금액(매출)에서 필요경비(비용)를 차감하여 소득금액을 계산합니다.

만일 장부를 작성하지 않은 개인사업자의 소득금액은 다음과 같이 계산합니다. 기준경비율 적용 대상자와 단순경비율 적용 대상자에 따라 다릅니다.

(1) 기준경비율적용 대상자(①, ② 중 작은 금액)

① 소득금액 = 수입금액 - 주요경비 - (수입금액 × 기준경비율)

주요경비는 매입비용, 임차료, 인건비이고, 복식부기의무자가 추계신고 시 기준경비율의 1/2을 적용합니다.

② 소득금액 = {수입금액 - (수입금액 × 단순경비율)} × 배율

배율은 간편장부대상자 2.8배, 복식부기의무자 3.4배를 적용합니다.

(2) 단순경비율적용 대상자

소득금액 = 수입금액 - (수입금액 × 단순경비율)

5) 종합소득세 신고를 하지 않을 경우의 불이익

개인사업자가 종합소득세를 신고하지 않은 경우 적용받을 수 있는 각종 세액공제 및 감면을 받을 수 없습니다. 또한 무거운 가산세를 부담하게 됩니다.

종류	부과사유	가산세액
무신고 가산세	일반무신고	무신고납부세액×20%
	일반무신고 (복식부기의무자)	MAX[①, ②] ① 무신고납부세액×20% ② 수입금액×0.07%
	부정무신고	무신고납부세액×40%(국제거래 수반시 60%)
	부정무신고 (복식부기의무자)	MAX[①, ②] ① 무신고납부세액×40%(국제거래 수반시 60%) ② 수입금액×0.14%
납부지연 가산세	미납·미달납부	미납·미달납부세액×미납기간×0.022% (2022.2.16. 이후부터) ※ 미납기간: 납부기한 다음날~자진납부일 　（납세고지일）

6) 세액계산 흐름도

종합소득세 계산구조는 다음과 같습니다.

〈종합소득세 계산구조〉

· 이자소득:	총수입금액		= 이자소득금액
· 배당소득:	총수입금액	+ 배당가산액	= 배당소득금액
· 사업소득:	총수입금액	- 필요경비	= 사업소득금액
· 근로소득:	총급여액	- 근로소득공제	= 근로소득금액
· 연금소득:	총연금액	- 연금소득공제	= 연금소득금액
· 기타소득:	총수입금액	- 필요경비	= 기타소득금액
계			= 종합소득금액

종합소득금액

(-)	종합소득공제
(-)	조특법상 소득공제
	종합소득과세표준
(×)	기본세율(6%~42%)
	종합소득산출세액
(-)	세액감면 · 세액공제
	종합소득결정세액
(+)	가산세
	종합소득총결정세액
(-)	기납부세액
	종합소득차감납부세액

7) 세율

과세표준	세율	누진공제
14,000,000원 이하	6%	-
14,000,000원 초과 50,000,000원 이하	15%	1,260,000원
50,000,000원 초과 88,000,000원 이하	24%	5,760,000원
88,000,000원 초과 150,000,000원 이하	35%	15,440,000원
150,000,000원 초과 300,000,000원 이하	38%	19,940,000원
300,000,000원 초과 500,000,000원 이하	40%	25,940,000원
500,000,000원 초과 1,000,000,000원 이하	42%	35,940,000원
1,000,000,000원 초과	45%	65,940,000원

09

개인사업자의 성실신고확인제도란?

나창업 씨는 세무사에게 종합소득세에 대한 설명을 들었습니다. 세무사는 개인사업자가 충수입금액이 업종에 따라 일정금액 이상인 경우 성실신고확인대상자에 해당하여 성실신고확인서를 작성하여 제출해야 된다고 설명했습니다.

그래서 나창업 씨는 성실신고확인대상자란게 무엇인지 정셈에게 문의를 하였고, 정셈은 아래와 같이 설명을 하였습니다.

1) 성실신고확인제 도입 취지

수입금액이 업종별로 일정규모 이상인 개인사업자가 종합소득세를 신고할 때 장부기장 내용의 정확성 여부를 세무사 등에게 확인받은 후 신고하게 함으로써 개인사업자의 성실한 신고를 유도하기 위해 도입한 제도입니다.

2) 성실신고 확인서 제출시기

종합소득세 신고를 할 때 성실신고확인서를 작성하여 납세지 관할세무서장에게 제출해야 합니다. 성실신고확인대상자는 종합소득세를 5월 1일부터 6월 30일까지 신고납부를 합니다.

3) 성실신고확인에 대한 혜택

성실신고확인대상자는 아래와 같은 지원을 받을 수 있습니다.

(1) 신고 · 납부기한 연장

성실신고확인서 제출자는 종합소득세 신고 · 납부기한이 다음연도 5월 31일에서 6월 30일까지로 1개월 연장을 받을 수 있습니다.

(2) 성실신고확인비용 세액공제

성실신고확인대상 사업자가 성실신고확인서를 제출하는 경우 성실신고 확인에 직접 사용한 비용의 60%를 사업소득(부동산임대소득 포함)에 대한 산출세액에서 공제(120만 원)를 합니다.

(3) 의료비 · 교육비세액공제

성실신고확인대상 사업자가 성실신고확인서를 제출하는 경우 의료비 · 교육비세액공제를 적용받을 수 있습니다.

지출한 금액의 15%(난임시술비의 경우에는 20%)에 해당하는 금액을 사업소득에 대한 산출세액에서 공제합니다.

(4) 월세세액공제

성실신고확인대상사업자로서 성실신고확인서를 제출한 자가 월세액을 지급하는 경우, 그 지급한 금액의 10%(해당 과세연도의 종합소득과세표준에 합산되는 종합소득금액이 4,000만 원 이하의 성실신고확인대상사업자로서 성실신고확인서를 제출한 자의 경우에는 12%)에 해당하는 금액을 해당 과세연도의 소득세에서 공제합니다.

다만, 해당 월세액이 750만 원을 초과하는 경우 그 초과하는 금액은 없는 것으로 합니다

(5) 의료비·교육비·의세액공제액을 추징하는 경우

아래에 해당하는 경우 위 (2), (3)의 공제받은 세액공제를 추징합니다.

① 해당 과세기간에 대하여 과소 신고한 수입금액이 경정(수정신고로 인한 경우를 포함)된 수입금액의 20% 이상인 경우

② 해당 과세기간에 대한 사업소득금액 계산 시 과대계상한 필요경비가 경정(수정신고로 인한 경우를 포함)된 필요경비의 20% 이상인 경우

※ 추징일이 속하는 다음 과세기간부터 3개 과세기간 동안 세액공제 배제

(6) 성실신고확인비용 세액공제액을 추징하는 경우

해당 과세연도의 사업소득금액을 과소 신고한 경우로서 그 과소신고한 사업소득금액이 경정(수정신고로 인한 경우를 포함)된 사업소득금액

의 10% 이상인 경우 성실신고확인비용 세액공제액을 추징합니다.

또한 과소신고로 사업소득금액이 경정된 성실신고확인대상자에 대해서는 경정일이 속하는 과세연도의 다음 과세연도부터 3개 과세연도 동안 성실신고 확인비용에 대한 세액공제를 허용하지 않습니다.

〈농어촌특별세 및 최저한세 적용 검토〉

구분	농어촌특별세	최저한세 적용대상
성실신고확인대상자의 의료비·교육비·월세	과세	대상
성실신고 확인비용 세액공제	비과세	배제

4) 성실신고확인의무 위반에 대한 불이익

(1) 개인사업자에 대한 가산세 부과

성실신고확인대상자가 성실신고확인서를 제출하지 않은 경우 성실신고확인서 미제출 가산세를 부과합니다. 가산세는 아래의 산식으로 계산합니다.

산출세액 × (미제출 사업장의 소득금액 / 종합소득금액) × 5%

(2) 사업자에 대한 세무조사

성실신고확인서 제출 등의 납세협력의무를 이행하지 아니한 경우 수시 세무조사대상으로 선정될 수 있습니다.

(3) 성실신고 확인자에 대한 제재

세무조사 등을 통해 세무대리인이 성실신고확인을 제대로 하지 못한 사실이 밝혀지는 경우 성실신고확인 세무대리인에게 징계 책임이 있습니다.

5) 성실신고확인대상자의 수입금액 기준

업종별	수입금액
① 농업·임업 및 어업, 광업, 도매 및 소매업(상품중개업을 제외한다), 부동산매매업, 그 밖에 ②, ③에 해당하지 아니하는 사업	해당년도 수입금액 15억 원 이상
② 제조업, 숙박 및 음식점업, 전기·가스·증기 및 공기조절 공급업, 수도·하수·폐기물처리·원료재생업, 건설업(비주거용 건물 건설업은 제외), 부동산 개발 및 공급업(주거용 건물 개발 및 공급업에 한함), 운수업 및 창고업, 정보통신업, 금융 및 보험업, 상품중개업	해당년도 수입금액 7.5억 원 이상
③ 부동산 임대업, 부동산업(부동산매매업은 제외한다), 전문·과학 및 기술 서비스업, 사업시설관리·사업지원 및 임대서비스업, 교육 서비스업, 보건업 및 사회복지 서비스업, 예술·스포츠 및 여가관련 서비스업, 협회 및 단체, 수리 및 기타 개인 서비스업, 가구 내 고용활동[별표3의3] 사업서비스업	해당년도 수입금액 5억 원 이상

직원 채용하기

창업할 때 직원을 채용해서 회사를 경영하거나 창업 초기에는 직원 없는 1인 기업으로 유지하다가 어느 정도 매출이 일어나면 직원을 채용합니다.

직원을 채용하면 반드시 유의할 몇 가지가 있습니다.

첫째, 직원을 채용할 때 근로계약서를 반드시 작성해야 하고 4대보험 가입을 해야 합니다.

둘째, 급여를 지급할 때 원천징수 하고 원천세 신고납부를 해야 합니다.

셋째, 급여는 정해진 날짜에 계좌로 지급해야 합니다.

넷째, 직원이 1명이라도 회사에 노동법이 적용됩니다.

다섯째, 외국인을 직원으로 채용하려면 국적과 비자를 확인해야 합니다.

여섯째, 불법체류자를 직원으로 채용하면 안 됩니다.

※ 직원과 관련한 근로기준법 등 궁금한 사항은 공인노무사에게 문의
하시길 바랍니다.

10

직원을 채용하면 원천세 신고의무와
4대보험 가입의무가 있다

나창업 씨는 스타트업을 창업하여 1인 기업으로 운영을 해오다, 직원을 채용하려고 합니다. 그래서 구직사이트 몇 군데에 채용 공고를 냈습니다.

지인과의 모임에서 직원을 채용하여 급여를 어떻게 지급해야 할지 고민을 털어놓으니, 급여를 지급할 때 원천징수를 해서 원천세 신고를 해야 하고, 4대보험에도 가입을 해야 한다고 합니다. 또 어떤 지인은 급여에 3.3%만 공제하고 주면 된다고 합니다. 직원이 퇴사하면 퇴직금을 줘야 한다고 하고, 어떤 이는 퇴직금을 안 줘도 된다고 합니다. 서로 말이 달라 혼란스럽습니다.

어떤 말이 맞는 것일까요?

이에 대해 나창업 씨는 정셈에게 문의했습니다. 정셈은 다음과 같이 설

명했습니다.

직원채용은 스타트업뿐만 아니라 모든 사업자가 공통적으로 고민하는 것이고, 회사가 성장을 하면 직원은 반드시 필요합니다.

1) 직원의 급여는 근로소득이고, 4대보험에 가입해야 한다.

직원의 급여는 세법상 근로소득에 해당합니다. 근로자를 채용하면 4대 보험을 가입해야 합니다. 직원에게 급여를 지급할 때 간이세액표에 따라 세금을 원천징수를 해야 하고, 4대보험도 공제를 해야 합니다.

국민연금, 건강보험(노인장기요양보험 포함), 고용보험, 산재보험에 가입신고를 하고 직원과 회사가 보험료를 절반씩 분담을 합니다. 산재보험료는 회사가 전액 부담을 합니다.

회사는 원천세 신고를 하면서 원천징수한 세금을 납부해야 하고, 직원 급여에서 공제한 4대보험료를 납부해야 합니다.

직원이 퇴사하면 보험공단에 4대보험 상실신고를 합니다.

2) 1년 이상 근무한 직원이 퇴사하면 퇴직금을 지급해야 한다.

직원이 1년 이상 근무한 경우 퇴직금을 지급해야 합니다. 근무한 날짜 기준이 아니고 근속기간을 기준으로 합니다.

직원만 퇴직금을 받을 수 있는 것이 아니라, 일용직도 근속연수가 1년 이상이면 노동법상 퇴직금을 받을 수 있는 권리가 있습니다.

직원(일용직 포함)이 근로계약에 따라 주 5일 근무나 4일 근무 또는 2일 근무를 했는지 여부와 관계없이 근속기간이 1년 이상이면 퇴직금 지급의무가 있고, 직원이 퇴직하면 14일 이내에 퇴직금을 지급해야 합니다.

만일 회사가 퇴직금을 지급하지 않으면 임금체불을 한 것과 동일합니다. 퇴직금을 못 받은 직원은 고용센터에 회사를 고발 할 수 있습니다.

11

프리랜서 채용과 용역계약서 작성

회사는 직원만 채용하는 것이 아니라 필요에 따라서 프리랜서도 채용합니다. 영업사원, 특정 연구개발 프로젝트 등 프리랜서를 채용할 필요가 있습니다.

스타트업을 창업한 나창업 씨는 프리랜서를 몇 명 고용하려고 합니다. 지인들 얘기로는 프리랜서를 고용할 때 주의해야 한다는데, 프리랜서를 채용할 때 어떤 주의할 점이 있을까요?

이에 대해 나창업 씨는 정셈에게 문의했습니다. 정셈은 다음과 같이 설명했습니다.

직원과 프리랜서는 비슷해 보이지만 다릅니다.

1) 프리랜서는 근로자가 아니다

직원을 프리랜서로 해서 급여를 지급한다는 것은 직원을 사업자로 계약을 해서 수당을 지급하는 것입니다.

프리랜서는 근로자가 아닙니다. 근로자가 아니기 때문에 4대보험 가입 대상자에 해당하지 않습니다. 또한 근로자가 아니기 때문에 퇴직금, 연차 휴가, 주휴수당 등에 지급받을 대상자에도 해당하지 않습니다.

2) 프리랜서에게 지급하는 급여는 사업소득이다.

회사가 프리랜서가 지급하는 수당은 세법상 사업소득에 해당합니다. 수당 명칭에 관계없이 사업소득으로 과세가 됩니다. 회사는 지급하는 수당에 3.3%를 원천징수를 하고 원천세 신고납부를 합니다.

회사 입장에서 보면 근로자보다 프리랜서가 매력적입니다. 수당에서 3.3%만 공제해서 지급하면 되기 때문입니다. 그런데 중요한 것이 있습니다. 프리랜서를 고용하고 프리랜서를 근로자처럼 근무를 시키면 직원이 프리랜서가 아니라 근로자가 될 수 있습니다. 프리랜서가 일을 할 때는 문제가 없는데, 일이 끝나고 계약관계가 종료가 되면 고용센터에 자기들이 프리랜서가 아니라 근로자로 일을 했으니 근로자의 신분을 인정해 달라고 요구할 수 있습니다. 이 요구가 인정이 되면 회사는 이들에게 퇴직금과 주휴수당을 지급해야 합니다. 또한 보험공단에서 근무기간에 해당하는 보험료 고지서를 발송하여 납부할 것을 요구받을 수 있습니다.

3) 근로계약서가 아닌 용역계약서를 작성한다.

회사가 직원을 근로자로 채용하는 경우 직원과 근로계약서를 작성합니다. 근로계약서 작성의 중요성은 앞에서 얘기했습니다.

프리랜서로 채용하는 경우에도 계약서를 작성합니다. 이때 근로계약서가 아닌 용역계약서(또는 프리랜서계약서)를 작성합니다. 절대로 근로계약서를 작성해서는 안 됩니다. 근로계약서를 작성하는 순간 직원은 프리랜서가 아닌 근로자로 채용한 것으로 간주 됩니다.

업무는 프리랜서처럼 하지만, 직원의 신분은 근로자이기 때문에, 나중에 주휴수당, 연차휴가, 퇴직금, 4대보험 가입을 요구할 수 있고, 회사는 이 요구를 들어주지 않는 경우 노동청에 진정을 하는 경우가 있을 수 있습니다.

12

직원을 근로자가 아닌 프리랜서로 신고해도 될까?

직원을 채용하면 회사가 지켜야 하는 의무가 많습니다. 우선 노동법 자체가 근로자를 보호하기 위한 법이라 회사 입장에서는 불만이 많습니다. 직원을 채용하면 해고하기가 어렵고, 자칫 잘못하면 부당해고가 돼서 회사가 낭패 보는 일이 있을 수 있습니다.

직원을 채용할 때 지원자에게 근로자가 아닌 프리랜서로 세금신고를 하는 것으로 서로 합의를 봤습니다. 이렇게 해도 될까요?

이에 대해 나창업 씨는 정셈에게 문의했습니다. 정셈은 다음과 같이 설명했습니다.

1) 직원 채용과 4대보험 가입의무

직원을 근로자로 채용한 경우에는 4대보험에 가입해야 합니다. 국민연금, 건강보험(노인장기요양보험 포함), 고용보험은 직원과 절반씩 부담을 하고, 산재보험은 회사가 전액 부담을 합니다. 직원을 채용하면 4대보험 가입은 선택이 아니라 의무이고 보험료 부담도 의무입니다.

프리랜서를 채용한 경우에는 4대보험 적용을 하지 않습니다. 프리랜서 본인이 국민연금과 건강보험(노인장기요양보험 포함)을 지역가입자로 적용이 되고, 보험료 전부를 부담합니다.

2) 근로자와 프리랜서 차이

회사 입장에서 4대보험과 퇴직금 및 노동법이 보장하는 근로자의 권리를 고려하면 직원을 프리랜서로 채용하는 것이 유리합니다.

프리랜서는 회사에 일의 결과에 대해서만 책임을 지는 것이고, 근로자는 회사와 계약한 근로조건으로 회사가 지시한 업무에 근로를 제공하는 것입니다.

예를 들어 회사에서 어떤 프로젝트를 위해 프리랜서와 계약할 경우 프로젝트를 언제까지 완성하는 조건에 따른 보수를 지급하는 조건으로 용역계약을 하는 것입니다.

만일 프리랜서가 노동청에 자신은 회사에서 프리랜서가 아니고 직원과 다름없이 근무했다고 주장할 경우 노동청은 어떤 기준으로 프리랜서가 직원인지 판단을 할까요?

3) 대법원 판례에 따른 근로자성 판단기준-사용관계종속 의무

회사에서 프리랜서로 계약을 했지만 근로자로 인정을 받는 사례가 많습니다. 보통 회사와 계약기간이 끝날 때 프리랜서가 자신은 직원이라고 주장을 하면서 회사와 다툼이 발생합니다. 그리고 노동청에 진정을 하고, 노동위원회의 결정에 따르거나 그다음 단계인 법원에 소송을 합니다.

프리랜서를 회사에서 사업소득자로 세금을 신고해 왔고, 국민연금과 건강보험을 지역가입자로 적용받아 왔다는 것은 근로자성 판단기준에 관련성이 없습니다.

대법원 판례에 따른 근로자성을 판단하는 기준은 아래와 같은데, 사용종속관계 유무를 판단하는 것입니다.

① 사용자가 업무 내용을 정하고, 업무 수행 과정에서 상당한 지휘 감독을 하는지 여부
② 회사의 취업규칙 또는 복무(인사)규정 등의 적용을 받는지 여부
③ 사용자가 근무시간과 근무장소를 지정하고, 근로자가 이에 구속을 받는지 여부
④ 노무제공자가 작업도구 등을 소유하거나 제3자를 고용하여 업무를 대행하는 등 독립하여 자신의 계산으로 사업을 영위할 수 있는지 여부
⑤ 노무제공을 통한 이윤의 창출과 손실의 초래 등 위험을 스스로 안고 있는지 여부
⑥ 보수의 성격이 근로 자체의 대상적 성격인지 여부

 정셈의 창업 · 스타트업을 위한 세무관리

⑦ 근로제공 관계의 계속성과 사용자에게 얼마나 전속되어 있는지 여부

⑧ 기본급이나 고정급이 정해져 있거나, 근로소득세를 원천징수 하였

는지, 고용보험에 가입하였는지 여부

13

만일 회사가 임금을 체불하면 어떻게 될까?

스타트업을 창업한 나창업 씨는 바로 직원을 채용했습니다. 그런데 기대와는 달리 출근 첫날부터 지각을 하더니 업무 태도와 일처리 등 마음에 들지 않습니다.

지각한 날이 지각하지 않는 날보다 많고, 근무 중에 인터넷이나 스마트폰을 하면서 업무에 소홀히 할 때가 많습니다. 나창업 씨가 업무 방법을 알려줘도 배우려고 하지 않고, 업무 실수도 많아서 나창업 씨가 수습하느라 진땀을 흘릴 때가 많습니다.

나창업 씨는 직원에 대한 스트레스가 이만저만이 아닙니다. 월급을 주는 게 너무나 아깝고, 월차를 사용할 때면 너무나 얄밉습니다. 나창업 씨는 이 직원을 채용한 것이 너무나 후회되어 해고 하고 싶습니다. 그런데 요즘 해고하는 것이 싫지 않아 고민만 계속하는 상황입니다.

직원 월급을 줄 때, 회사 사정이 어렵다는 핑계로 월급을 늦게 줄려고 합니다. 월급을 아예 안 주는 것도 아니고, 월급 주는 것을 미루다가 문제가 될 때 밀린 월급을 주면, 직원이 기분 나쁠지는 모르지만 월급은 지급이 되었으니 문제될 것이 없지 않을까 생각합니다. 뉴스에 보도된 회사처럼 직원 월급을 아예 안 주는 것도 아니니, 나창업 씨는 이렇게 하는 것이 도의적인 것은 문제가 되겠지만 법적인 것은 문제가 되지 않을 것이라 생각합니다.

회사가 직원 월급을 회사 사정을 핑계로 한 주, 두 주 또는 한 달을 미뤄서 지급해도 아무 문제가 없을까요?

이에 대해 나창업 씨는 정셈에게 문의했습니다. 정셈은 다음과 같이 설명했습니다.

1) 직원을 채용하면 급여를 지급해야 한다.

회사는 직원을 채용하면 급여를 지급해야 합니다. 이는 당연한 것입니다. 그런데 회사가 어떤 사정으로 인해 직원 급여를 지급하지 못하는 일이 발생할 수 있습니다. 즉 임금 체불이 발생하는 것입니다.

회사가 임금 체불을 하는 이유는 여러 가지가 있겠지만, 회사 사정이 월급을 줄 수 없을 정도로 재무상태가 안 좋은 경우가 있고, 채용한 직원이 마음에 들지 않아 급여를 지급하기 싫은 경우로 구분해 볼 수 있습니다.

2) 근로기준법에 따른 급여 지급의무

회사가 직원을 채용하면 「근로기준법」이 적용됩니다. 「근로기준법」은 근로자를 보호하기 위한 법률로, 근로자에게 무척 유리한 법입니니다.

「근로기준법」에서는 사용자로 하여금 근로자에게 반드시 임금을 지급하도록 강제하고 있습니다. 사용자가 임금을 지급할 때는, 법령 또는 단체협약에 특별한 규정이 있는 경우 외에는 통화(한국 돈)로 직접 근로자에게 그 전액을 날짜를 정하여 지급해야 합니다.

대법원은 '임금'의 정의를 사용자가 근로를 제공한 근로자에게 근로의 대가로 임금, 봉급 그 밖에 어떠한 명칭으로든지 지급하는 일체의 금품을 말하며, 그 형식이 비록 위임계약, 도급계약이더라도 그 계약의 실질적 내용이 근로자가 임금을 목적으로 종속적인 관계에서 사용자에게 근로를 제공하는 것이라면 임금에 해당한다고(대법원 1996.07.30. 선고 96도 732 판결) 판시하고 있습니다.

회사가 임금 체불을 하면 처벌대상에 해당할까요?

3) 회사가 임금 체불을 하면 처벌대상에 해당할까?

회사가 임금을 체불한 것은 중요한 문제입니다. 단순히 민사상 채권채무의 문제가 아닙니다. 회사가 임금을 체불하면, 직원은 이를 노동청에 회사를 형사처벌 해 줄 것을 요구하는 진정·고소를 할 수 있기 때문입니다.

근로기준법은 근로자를 보호하기 위한 법으로, 사용자가 임금체불을 하면 처벌을 하도록 규정되어 있기 때문입니다.

회사가 임금 체불을 하는 경우 체불 임금액과 근로자의 수에 따라 벌금형 이상의 처벌을 받을 수도 있으므로 주의가 필요합니다.

> **근로기준법 제109조(벌칙)**
> ① <u>제36조(금품 청산)</u>, <u>제43조(임금 지급)</u>, 제44조(도급 사업에 대한 임금 지급), 제44조의2(건설업에서의 임금 지급 연대책임), 제46(휴업수당), <u>제56조(연장·야간 및 휴일 근로)</u>, 제65조(사용 금지) 또는 제72조(갱내근로의 금지)를 위반한 자는 3년 이하의 징역 또는 2천만 원 이하의 벌금에 처한다.

4) 회사가 임금 체불로 고발된 경우 해결책이 있을까?

만일, 나창업 씨가 임금체불로 고발된 경우 해결책이 있을까요?

임금체불에 관한 근로기준법 위반의 죄는 반의사불벌죄입니다. 반의사불벌죄는 피해자인 직원이 범죄자(사용자인 회사 대표자 나창업 씨)의 처벌을 원하지 않는다는 의사를 표시하면 처벌할 수 없는 범죄를 말한다. 다시 말해 피해자의 명시한 의사에 반하여 공소를 제기할 수 없습니다.

따라서 나창업 씨는 직원에게 체불 임금을 지급하고 합의서를 작성하는 것이 좋습니다. 만약 수사단계에서 합의가 이루어지면 '공소권 없음' 처분으로 사건이 종결되며, 공판단계에서 합의가 이루어지면 '공소기각' 판결로 사건이 종결됩니다.

만일 직원과 합의가 이루어지지 않는다면 나창업 씨는 형사처벌을 받을 수밖에 없으므로, 임금은 미리 지급하기로 한 날짜에 지급하는 것이 좋습니다.

정셈의 창업 · 스타트업을 위한 세무관리

14

사업주가 임금체불로 형사처벌을 받아도
체불 임금은 지급해야 한다

나창업 씨는 마음에 들지 않는 이나태 직원의 월급을 빈번하게 체불하다가 이나태 직원의 신고로 노동관서에 고발당했습니다. 나창업 씨는 이나태 직원과 합의를 하려고 노력했지만, 이나태 직원은 합의를 계속 거절하였습니다.

결국 이 문제가 법원 재판까지 가서 결국 나창업 씨는 벌금형을 받았습니다. 나창업 씨는 항소하지 않고 벌금을 납부했고, 이제 이걸로 모든 문제가 다 끝났다고 생각했습니다.

그런데 얼마 지나지 않아, 나창업 씨는 소장을 받았습니다. 이나태 직원이 회사에 체불 임금을 지급하라고 민사소송을 제기한 것입니다.

나창업 씨는 이해가 되지 않습니다. 이미 임금체불 때문에 수사도 받았고, 재판에서 벌금형을 받는 것으로 임금체불 문제가 다 끝났다고 생각했는데, 왜 민사소송까지도 당해야 하는지 도저히 이해를 할 수 없습니다.

임금체불로 재판에서 벌금을 받은 나창업 씨는 이나태 직원에게 체불된 월급을 꼭 지급해야 되나요? 만일 체불된 월급을 지급하지 않으면 어떻게 될까요?

이에 대해 나창업 씨는 정셈에게 문의했습니다. 정셈은 다음과 같이 설명했습니다.

1) 「근로기준법」의 근로자 보호

「근로기준법」은 근로자를 보호하기 위한 법입니다. 사업주를 보호하기 위한 법이 아닙니다. 「근로기준법」에서 사용자는 근로자에게 임금을 지급할 경우에는 통화 지급원칙, 직접 지급원칙, 전액 지급원칙, 정기 지급원칙에 따라 지급할 것을 원칙으로 하고 있습니다. 만약 위의 원칙을 하나라도 어길 경우에는 형사상 처벌을 받습니다. 그래서 임금을 체불한 나창업 씨는 형사처벌을 받았습니다.

2) 체불 임금의 채권·채무 관계

「형법」에 따른 처벌과 「민법」에 따른 채권·채무 또는 손해배상은 별개입니다. 그래서 형사상 처벌을 받았다 하더라도 민사상 채권·채무는 여전히 존재합니다. 이나태 직원은 체불된 임금을 받을 권리가 있기 때문에, 법원을 통해 회사에 체불된 임금을 지급명령신청이나 본안 소송으로 체불된 임금을 청구할 수 있습니다.

한 가지 유의하여야 할 사항이 있습니다. 일반적인 민사소송에서 채무자가 채권자에게 지급하여야 할 법정 이자는 연 5%이고, 소장이 송달되면 연 12%의 지연이자가 원금에 부가됩니다. 그러나 임금채권에 있어서는 근로기준법 제37조 및 근로기준법 시행령 제17조에서 채무자는 채권자에게 연 20%의 지연이자를 지급하도록 규정하고 있습니다, 즉 채권에 있어서 이자의 부담이 아주 크다는 것을 명심하여야 합니다.

3) 가압류 신청

또한 이나태 직원은 법원을 통해 회사 재산에 대하여 가압류를 할 수도 있습니다. 가압류는 금전채권이나 금전으로 한산할 수 있는 채권에 관하여 장래 그 집행을 보전하려는 목적으로 미리 채무자의 재산을 압류하여 채무자가 처분하지 못하도록 하는 제도입니다.

만일 회사가 사용하는 통장에 가압류가 되면, 통장을 사용하는 데 제한이 있으므로 꼭 유의 하여야 합니다.

4) 임금채권보장제도

사업주가 경영상의 악화로 인하여 임금을 지급하지 못하는 경우에는 임금채권보장제도에 의해 근로자는 보호받을 수 있습니다.

임금채권보장제도란 사업주가 다음의 어느 하나에 해당하는 경우 퇴직한 근로자가 지급받지 못한 임금·퇴직금·휴업수당의 지급을 청구하면 그 근로자의 미지급 임금·퇴직금·휴업수당을 고용노동부 장관이 사업주를 대신하여 지급하는 제도를 말합니다.

5) 회사 대신 대표이사의 재산을 강제집행?

만약 회사가 이나태 직원에게 체불된 임금을 지급하지 못할 경우, 이나태 직원은 회사의 대표이사인 나창업 씨 개인 재산에 대해 강제집행을 할 수 있을까요?

이나태 직원은 회사 대표이사의 개인 재산에 대해서는 강제집행을 할 수 없습니다. 민법은 법인에게 별도의 법인격을 부여하기 때문에 법인과 대표자는 엄격히 분리하는 것이 원칙입니다. 근로계약을 법인과 체결했다면 법인만이 채무자가 되며, 대표자는 경영자일 뿐 법인의 채무에 대해 책임지지 않기 때문입니다. 그렇다고 하여 임금 지급 의무를 소홀이 생각한다면 더 큰 문제가 있습니다.

대표자는 형사상 책임을 피할 수 없으므로 임금은 꼭 지급하여야 합니다. 다만, 회사의 재정상황이 어렵다면 법인파산이나 법인회생을 통해 임금지급의무를 해결하여야 합니다.

15

상시근로자 5인 미만 사업장에
근로기준법 적용되는 규정

「근로기준법」은 근로조건의 기준을 정함으로 근로자의 기본적 생활을 보장하고 향상시키기 위해 제정된 법률입니다.

즉, 근로자를 보호하기 위한 법률입니다. 최저임금, 해고의 제한, 휴가, 임산부와 소년의 보호, 근로시간, 휴일, 연장, 야간, 휴일 근로 수당 등에 대해 전반적인 사항을 규정하고 있습니다.

직원이 5명 미만인 회사는 「근로기준법」에 특히 관심이 많습니다. 직원 수가 5명이 되는지에 따라 「근로기준법」 규정 중에 적용되는 범위가 다르기 때문입니다. 회사가 직원을 5명 이상 고용하고 있는 경우 「근로기준법」 전체를 적용합니다.

직원을 5명 미만 고용하는 경우에는 「근로기준법」의 일부 규정만 적용하는데 아래와 같습니다.

1) 5인 미만 사업장에 적용되는 규정

항목	관련 근거
근로조건의 명시	「근로기준법」 제17조
해고의 예고	「근로기준법」 제26조
휴게시간	「근로기준법」 제54조
주휴일	「근로기준법」 제55조
출산휴가	「근로기준법」 제74조
육아휴직	「남녀 고용 평등과 일 가정 양립 지원에 관한 법률」 제19조
퇴직급여	「근로자퇴직급여보장법」 제4조
최저임금	「최저임금법」 제6조

회사가 직원을 5명 미만 고용하는 경우 근로기준법 규정 중 적용되지 않는 규정을 아래와 같습니다.

2) 5인 미만 사업장에 적용되는 않는 규정

항목	관련 근거
부당 해고	「근로기준법」 제23조 제1항
부당 해고 구제신청	「근로기준법」 제28조
근로시간	「근로기준법」 제50조
주12시간 연장 한도	「근로기준법」 제53조
연장·휴일·야간근로의 가산수당 적용	「근로기준법」 제56조 제1항, 제2항
연차 휴가	「근로기준법」 제60조 제2항

직원이 5명 미만인 회사는 위의 규정을 적용하지 않지만, 주의할 것이 있습니다.

예를 들어 회사가 직원에게 연장근로 등의 가산수당을 적용하기로 했으면 가산수당을 지급해야 합니다. 만일 가산수당을 지급하지 않으면 「근로기준법」을 위반한 것이 됩니다.

회사가 연차 휴가를 적용하기로 했다가, 5인 미만 회사는 연차 휴가를 적용하지 않아도 되니 다음 연도부터는 연차 휴가를 제공하지 않기로 정한 것도 「근로기준법」 위반입니다. 회사가 연차 휴가를 제공하지 않으려면 반드시 직원들과 합의가 되어야 합니다.

※ 근로자를 1달 이내에 해고하는 경우 해고 예고 수당으로 30일 분의 통상임금을 지급해야 합니다. 다만, 근로기간이 3개월 미만인 경우, 천재지변 등의 부득이한 사유로 사업을 계속하는 것이 불가능한 경우, 근로자가 고의로 사업에 막대한 손해를 끼친 경우에는 해고 예고 수당을 지급하지 않을 수 있습니다.

16

회사가 외국인을 직원으로 채용하려면

회사가 마음에 드는 직원을 채용하고 싶지만 쉽지 않습니다. 특히 요즘은 직원 채용하기가 더 쉽지 않습니다.

필요한 인재를 채용하고 싶어도 채용기준에 맞는 지원자가 없고, 힘들게 직원을 채용했지만 기대했던 근무환경과 다르다며 출근하지 몇 일이 안 되어 퇴사하는 경우가 있습니다. 채용한 직원 중에 근무태도가 불량하고, 업무처리가 미숙한 것이 시간이 지나도 나아지지 않아 답답한 경우도 있습니다.

그래서 회사 중에 직원을 한국인 말고 외국인 중에 채용하는 것을 고민하는 회사들도 많습니다. 특히 기술을 중시하는 스타트업은 외국인 중에 정말 채용하고 싶은 인재가 있을 수도 있습니다.

나창업 씨는 직원을 채용하려고 하는데, 마땅한 지원자가 없습니다. 지원자가 있어도 보내온 이력서와 자기소개서를 검토했을 때 기준이 많이 부합하지 않는 경우가 있고, 괜찮다 싶은 지원자가 면접을 보는데 정작 원하는 직원이 아니어서 채용을 포기했습니다. 그래서 직원을 외국인으로 채용할까 고민을 계속하다가, 외국인 직원을 채용하기로 결심 했습니다.

그런데 지인들이 직원을 외국인으로 채용할 때 조심해야 된다고 충고를 합니다. 왜냐하면 외국인을 직원으로 채용하는 것은 단지 국적만 다른 사람을 채용하는 것이 아니기 때문입니다.

나창업 씨는 직원을 채용할 때 한국인이나 외국인을 국적만 다른 것으로 생각하고 채용하면 될까요?

나창업 씨는 고민 끝에 인도 출신의 외국인을 채용했습니다. 급여도 정상적으로 결정하여 원천세와 4대보험 신고를 했습니다. 그러던 어느 날 나창업 씨에게 출입국관리사무소로부터의 우편물이 왔습니다. 무슨 내용인가 보니 과태료와 벌금 등에 관한 것이었습니다.

나창업 씨는 너무나 황당해서 출입국관리사무소에 바로 통화를 해보았지만 담당직원은 규정상 어쩔 수 없다는 것입니다.

이에 대해 나창업 씨는 정셈에게 문의했습니다. 정셈은 다음과 같이 설명했습니다.

외국인을 채용할 때는 절차가 매우 중요하고, 또 비자 종류도 중요합니다.

1) 외국인 근로자 채용

외국인을 채용하려면 내국인 구인노력 의무를 부여하게 되어 있습니다. 일정기간의 구인노력기간에도 내국인을 채용할 수 없게 된 경우, 고용허가서라는 것을 발급받고 외국인을 채용할 수 있게 됩니다.

외국인 근로자를 채용하려는 사업주는 외국인고용법의 적용을 받습니다. 외국인고용법에 따르면, 사업주는 외국인을 채용하는 데 있어 외국인의 체류자격에 따른 취업 가능한 사업과 그 허용범위를 따라야 합니다. 또한 일정한 채용절차를 거쳐야지만 합법적으로 외국인 근로자를 사용할 수 있습니다.

외국인은 그 체류자격과 체류기간의 범위에서 대한민국에 체류할 수 있습니다. 다만, 체류 가능한 외국인이 국내에서 취업하기 위해서는 취업활동을 할 수 있는 체류자격을 받아야 합니다.

2) 취업활동이 가능한 체류자격

외국인이 국내에서 출입국관리법에 따라 취업활동이 가능한 체류자격은 ①단기취업(C-4)와 ②교수(E-1)부터 선원취업(E-10)까지 그리고 ③방문취업(H-2) 등이 있습니다. 이 경우 취업활동은 해당 체류자격의 범위에 속하는 활동으로 합니다.

예를 들어 방문취업(H-2)의 외국인을 채용하려는 경우 해당 회사는 작물 재배업, 축산업, 작물 재배 및 축산 관련 서비스업 등의 사업을 하는 회사여야 합니다. 따라서, 이외의 사업을 하는 회사에서는 H-2 비자의 외국인 채용을 하면 안 됩니다.

거주(F-2), 결혼이민(F-6), 재외동포(F-4)의 비자는 일반적으로 취업제한을 받지 않습니다. 다만, 재외동포(F-4) 비자의 경우 단순노무 행위, 선량한 풍속이나 그 밖의 사회질서에 반하는 행위, 공공의 이익이나 국내 취업질서 등을 유지하기 위해 그 취업을 제한할 필요가 인정되는 경우에는 취업이 제한될 수 있습니다. 특히, 단순노무 행위의 취업이 제한된다는 점에서 사용자는 주의해야 합니다.

외국인이 국내에서 일을 하려면 그 목적에 맞는 비자가 있어야만 일을 할 수가 있습니다. 외국인의 받은 비자가 목적에 맞지 않는 경우에는 법 위반 등의 문제점을 야기할 수 있습니다.

그렇기 때문에 나창업 씨는 외국인을 채용하기 위해서는 회사에서 어떤 비자의 외국인을 채용할 수 있는지 등의 검토가 필요합니다. 외국인을 채용하는 것이 간단한 문제가 아니므로 세밀한 검토를 하여 외국인 채용 여부를 결정하는 것이 중요합니다.

또한 외국인을 채용하는 경우에도 4대보험(국민연금, 건강보험 고용보험, 산재보험) 등의 가입의무가 있습니다. 다만, 고용보험은 비자 종류에

    정셈의 창업 · 스타트업을 위한 세무관리

따라서 임의가입할 수 있는 경우가 있고, 국민연금의 경우 상호주의 원칙에 따라서 면제받을 수가 있습니다.

<참고: 외국인의 주요 체류자격 종류>

체류자격	체류자격에 해당하는 사람 또는 활동범위
1. 단기취업(C-4)	일시흥행, 광고·패션모델, 강의·강연, 연구, 기술지도 등 수익을 목적으로 단기간 취업활동을 하려는 사람
2. 교수(E-1)	「고등교육법」에 따른 자격요건을 갖춘 외국인으로서 전문대학 이상의 교육기관 또는 이에 준하는 기관에서 전문분야의 교육 또는 연구지도 활동에 종사하려는 사람
3. 회화지도(E-2)	법무부장관이 정하는 자격요건을 갖춘 외국인으로서 외국어전문학원, 초등학교 이상의 교육기관 및 부설어학연구소, 방송사 및 기업체부설 어학연수원 그 밖에 이에 준하는 기관 또는 단체에서 외국어 회화지도에 종사하려는 사람
4. 연구(E-3)	대한민국 내의 공공기관·민간단체로부터 초청되어 각종 연구소에서 자연과학·사회과학·인문학·예체능 분야의 연구 또는 산업상의 고도기술의 연구개발에 종사하려는 사람[교수(E-1)자격에 해당하는 사람은 제외]
5. 기술지도(E-4)	자연과학 분야의 전문지식 또는 산업상의 특수한 분야에 속하는 기술을 제공하기 위해 대한민국 내의 공공기관·민간단체로부터 초청되어 종사하려는 사람
6. 전문직업(E-5)	대한민국의 법률에 의해 자격이 인정된 외국의 변호사, 공인회계사, 의사 그 밖에 국가공인 자격이 있는 사람으로서 대한민국의 법률에 따라 할 수 있도록 되어 있는 법률, 회계, 의료 등의 전문업무에 종사하려는 사람[교수(E-1)자격에 해당하는 사람는 제외]
7. 예술흥행(E-6)	수익이 따르는 음악, 미술, 문학 등의 예술활동과 수익을 목적으로 하는 연예, 연주, 연극, 운동경기, 광고·패션모델 그 밖에 이에 준하는 활동을 하려는 사람

8. 특정활동(E-7)	대한민국 내의 공공기관·민간단체 등과의 계약에 따라 법무부장관이 특별히 지정하는 활동에 종사하려는 사람
9. 계절근로(E-8)	농작물 재배·수확·원시가공, 수산물 원시가공 분야에서 취업활동을 하려는 사람으로서 법무부장관이 인정하는 사람
10. 비전문 취업(E-9)	「외국인근로자의 고용 등에 관한 법률」에 따른 국내 취업요건을 갖춘 사람(일정 자격이나 경력 등이 필요한 전문직종에 종사하려는 사람은 제외)
11. 선원취업(E-10)	사업체에서 6개월 이상 노무를 제공할 것을 조건으로 선원근로계약을 체결한 외국인으로서 「선원법」 제2조 제6호에 따른 부원(部員)에 해당하는 사람
12. 거주 (F-2)	가. 국민의 미성년 외국인 자녀 또는 영주(F-5) 체류자격을 가지고 있는 사람의 배우자 및 그의 미성년 자녀 나. 국민과 혼인관계(사실상의 혼인관계 포함)에서 출생한 사람으로서 법무부장관이 인정하는 사람 다. 난민의 인정을 받은 사람 라. 「외국인투자 촉진법」에 따른 외국투자가 등으로 다음 어느 하나에 해당하는 사람 1) 미화 50만 달러 이상을 투자한 외국인으로서 기업투자(D-8) 체류자격으로 3년 이상 계속 체류하고 있는 사람 2) 미화 50만 달러 이상을 투자한 외국법인이「외국인투자 촉진법」에 따른 국내 외국인투자기업에 파견한 임직원으로서 3년 이상 계속 체류하고 있는 사람 3) 미화 30만 달러 이상을 투자한 외국인으로서 2명 이상의 국민을 고용하고 있는 사람 마. 외교(A-1)부터 협정(A-3)까지의 체류자격 외의 체류자격으로 대한민국에 5년 이상 계속 체류하여 생활 근거지가 국내에 있는 사람으로서 법무부장관이 인정하는 사람 바. 비전문취업(E-9), 선원취업(E-10) 또는 방문취업(H-2) 체류자격으로 취업활동을 하고 있는 사람으로서 과거 10년이내에 법무부장관이 정하는 체류자격으로 4년 이상의 기간 동안 취업활동을 한 사실이 있는 사람 중 다음 요건을 모두 갖춘 사람 1) 법무부장관이 정하는 기술·기능 자격증을 가지고 있거나 일정 금액 이상의 임금을 국내에서 받고 있을 것 2) 법무부장관이 정하는 금액 이상의 자산을 가지고 있을 것

	3) 대한민국 「민법」에 따른 성년으로서 품행이 단정하고 대한민국에서 거주하는 데에 필요한 기본 소양을 갖추고 있을 것 사. 나이, 학력, 소득 등이 법무부장관이 정하여 고시하는 기준에 해당하는 사람 아. 투자지역, 투자대상, 투자금액 등 법무부장관이 정하여 고시하는 기준에 따라 부동산 등 자산에 투자한 사람 또는 법인의 임원, 주주 등으로서 법무부장관이 인정하는 외국인 자. 법무부장관이 대한민국에 특별한 기여를 했거나 공익의 증진에 이바지했다고 인정하는 사람 차. 위의 사.부터 자.까지에 해당하는 사람의 배우자 및 자녀 (법무부장관이 정하는 요건을 갖춘 자녀만 해당)
13. 재외동포(F-4)	외국국적동포에 해당하는 사람. 다만, 다음의 어느 하나에 해당하는 경우는 제외합니다. 가. 단순노무행위를 하는 경우 나. 선량한 풍속이나 그 밖에 사회질서에 반하는 행위를 하는 경우 다. 그 밖에 공공의 이익이나 국내 취업질서 등의 유지를 위해 그 취업을 제한할 필요가 있다고 인정되는 경우 ※ 외국국적동포란 1. 출생으로 대한민국의 국적을 보유했던 사람(대한민국정부 수립 이전에 국외로 이주한 동포 포함)으로서 외국국적을 취득한 사람 2. 1에 해당하는 사람의 직계비속으로서 외국국적을 취득한 사람
14. 결혼이민(F-6)	가. 국민의 배우자 나. 국민과 혼인관계(사실상의 혼인관계 포함)에서 출생한 자녀를 양육하고 있는 부 또는 모로서 법무부장관이 인정하는 사람 다. 국민인 배우자와 혼인한 상태로 국내에 체류하던 중 그 배우자의 사망이나 실종, 그 밖에 자신에게 책임이 없는 사유로 정상적인 혼인관계를 유지할 수 없는 사람으로서 법무부장관이 인정하는 사람
15. 관광취업(H-1)	대한민국과 '관광취업'에 관한 협정이나 양해각서 등을 체결한 국가의 국민으로서 관광과 취업활동을 하려는 사람 (협정 등의 취지에 반하는 업종이나 국내법에 따라 일정한 자격요건을 갖추어야 하는 직종에 취업하려는 사람은 제외)

16. 방문취업(H-2)	가. 체류자격에 해당하는 자: 외국국적동포(「재외동포의 출입국과 법적지위에 관한 법률」 제2조 제2호)에 해당하고, 다음의 어느 하나에 해당하는 18세 이상인 사람 중에서 나목의 활동범위 내에서 체류하려는 사람으로서 법무부장관이 인정하는 사람 [재외동포(F-4)자격에 해당하는 사람은 제외] 1) 출생 당시에 대한민국 국민이었던 사람으로서 가족관계등록부, 폐쇄등록부 또는 제적부에 등재되어 있는 사람 및 그 직계비속 2) 국내에 주소를 둔 대한민국 국민, 영주(F-5) 제5호에 해당하는 사람의 8촌 이내의 혈족 또는 4촌 이내의 인척으로부터 초청을 받은 사람 3) 국가유공자와 그 유족 등(「국가유공자 등 예우 및 지원에 관한 법률」 제4조)에 해당하거나 독립유공자와 그 유족 또는 그 가족(「독립유공자 예우에 관한 법률」 제4조)에 해당하는 사람 4) 대한민국에 특별한 공로가 있거나 대한민국의 국익증진에 기여한 사람 5) 유학(D-2) 자격으로 1학기 이상 재학 중인 사람의 부모 및 배우자 6) 국내 외국인의 체류질서 유지를 위해 법무부장관이 정하는 기준 및 절차에 따라 자진해서 출국한 사람 7) 1)부터 6)까지에 해당되지 않는 사람으로서 법무부장관이 정하여 고시하는 한국어시험, 추첨 등의 절차에 의해 선정된 사람 나. 활동범위 1) 방문, 친척과의 일시 동거, 관광, 요양, 견학, 친선경기, 비영리 문화예술활동, 회의 참석, 학술자료 수집, 시장조사 · 업무연락 · 계약 등 상업적 용무나 그 밖에 이와 유사한 목적의 활동 2) 「통계법」 제22조에 따라 통계청장이 작성 · 고시하는 한국표준산업분류에 따른 산업 분야에서의 활동

17

외국인 근로자와 불법체류

건설, 물류, 단순 서비스 등 많은 현장에서 외국인이 일하고 있습니다. 한국인이 3D현장의 일을 기피하는 점과 인건비 부담 등으로 외국인을 고용하는 사례는 이미 오래되었습니다.

나창업 씨는 제품 수요가 증가하여 물류 업무량이 해소하기 위해 직원을 고용하자니 인건비 부담이 고민이 됩니다. 그래서 상대적으로 인건비가 낮은 외국인을 채용 했습니다. 그 외국인 근로자는 불법체류 신분이었으나, 나창업 씨는 이러한 사실을 전혀 알지 못했습니다.

나창업 씨의 사업이 잘되는 것을 시기한 회사 인근의 모회사 대표가 그 외국인 근로자가 불법체류자인 것을 고발했습니다.

이 경우 나창업 씨와 회사는 이에 대한 책임이 있을까요?

이에 대해 나창업 씨는 정셈에게 문의했습니다. 정셈은 다음과 같이 설명했습니다.

1) 외국인 근로자란

외국인 근로자란 대한민국 국적을 가지지 않은 자로서 대한민국에 소재하고 있는 사업 또는 사업장에서 임금을 목적으로 근로를 하고 있거나 제공하려는 자를 발합니다(외국인 근로자의 고용 관한 법률).

외국인 근로자가 대한민국에 취업하려면 출입국관리법에 따라 취업활동을 할 수 있는 체류자격을 받아야 합니다. 외국인 근로자가 취업활동을 할 수 있는 비자의 종류는 다음과 같습니다.

체류자격	체류자격에 해당하는 자
단기취업(C-4)	일시흥행, 광고패션모델, 강의강연, 연구, 기술지도 등 수익을 목적으로 단기간 취업활동을 하려는 자
연구(E-3)	대한민국 내의 공사기관으로부터 초청되어 각종 연구소에서 자연과학분야의 연구 또는 산업상의 고도기술의 연구개발에 종사하려는 자[교수(E-1) 자격에 해당하는 자는 제외]
기술지도(E-4)	자연과학분야의 전문지식 또는 산업상의 특수한 분야에 속하는 기술을 제공하기 위해 대한민국 내의 공사기관으로부터 초청되어 종사하려는 자
전문직업(E-5)	대만민국의 법률에 의해 자격이 인정된 외국의 변호사, 공인회계사, 의사 그 밖에 국가공인 자격을 소지한 자로서 대한민국의 법률에 따라 행할 수 있도록 되어 있는 법률, 회계, 의료 등의 전문업무에 종사하려는 자[교수(E-1) 자격에 해당하는 자는 제외]

예술흥행(E-6)	수익이 따르는 음악, 미술, 문학 등의 예술활동과 수익을 목적으로 하는 연예, 연주, 연극, 운동경기, 광고패션모델 그 밖에 이에 준하는 활동을 하려는 자
특정활동(E-7)	대한민국 내의 공사기관 등과의 계약에 의해 법무부 장관이 특히 지정하는 활동에 종사하려는 자
비전문취업(E-9)	외국인 근로자의 고용 등에 관한 법률에 따른 국내 취업 요건을 갖춘 자[일정 자격이나 경력 등이 필요한 전문직종에 종사하려는 자는 제외]
관광취업(H-1)	대한민국과 '관광취업'에 관한 협정이나 양해각서 등을 체결한 국가의 국민으로서 관광을 주된 목적으로 하면서 이에 수반되는 관광경비 충당을 위해 단기간 취업활동을 하려는 자(협정 등의 취지에 반하는 업종이나 국내법에 의하여 일정한 자격요건을 갖추어야 하는 직종에 취업하려는 자는 제외)
방문취업(H-2)	H-2 비자는 대한민국에 거주할 수 있는 동포에게 발급되는 '방문취업 비자'로, 주로 중국 및 구소련(CIS) 지역의 만 18세 이상 동포가 해당됩니다.

사업주가 외국인 근로자를 고용할 경우에는 반드시 체류자격이 있는지 여부를 잘 살펴보아야 합니다.

외국인 근로자가 단기취업(C-4), 교수(E-1), 회화지도(E-2), 연구(E-3), 기술지도(E-4), 전문취업(E-5), 예술흥행(E-6), 특정활동(E-7), 비전문취업(E-9), 선원취업(E-10), 관광취업(H-1) 또는 방문취업(H-2)의 체류자격에 해당하는 경우에는 첫째, 해당 외국인 근로자는 지정된 근무처 외에서 근무해서는 안되며, 둘째, 해당 외국인 근로자가 그 체류자격의 범위에는 근무처를 변경하거나 추가하려면 미리 법무부 장관의 허가를 받아야 합니다.

참고로 외국인 근로자가 거주(F-2), 재외동포(F-4), 영주(F-5) 또는 결혼이민(F-6)의 체류자격에 해당하는 경우에는 취업활동의 제한을 받지 않습니다.

〈법적 근거〉

출입국관리법 제18조(외국인 고용의 제한)

① 외국인이 대한민국에서 취업하려면 대통령령으로 정하는 바에 따라 취업활동을 할 수 있는 체류자격을 받아야 한다.

② 제1항에 따른 체류자격을 가진 외국인은 지정된 근무처가 아닌 곳에서 근무하여서는 아니 된다.

③ 누구든지 제1항에 따른 체류자격을 가지지 아니한 사람을 고용하여서는 아니 된다.

④ 누구든지 제1항에 따른 체류자격을 가지지 아니한 사람의 고용을 알선하거나 권유하여서는 아니 된다.

⑤ 누구든지 제1항에 따른 체류자격을 가지지 아니한 사람의 고용을 알선할 목적으로 그를 자기 지배하에 두는 행위를 하여서는 아니 된다.

만약, 불법체류자를 고용한다면?

취업활동을 할 수 있는 체류자격을 받지 않은 외국인을 고용하거나 그 고용을 업으로 알선 또는 권유하면, 3년 이하의 징역 또는 2천만 원 이하의 벌금에 처해집니다(출입국관리법 제94조 제9, 10호). 대박스타씨에게는 사업주로서 외국인 적법한 체류자격을 가지고 있는지 확인해야 할 의무가 있습니다. 나관중이 불법체류자라는 사실을 알지 못하였다 할지라도 대박스타씨는 형사처벌을 피할 수 없습니다. 따라서 눈앞의 비용 절감을 위해서 불법체류자를 고용하는 것은 큰 낭패를 불러올 수 있으니, 외국인 근로자를 고용할 경우 신중히 결정하길 바랍니다.

그리고 외국인 근로자도 근로자로서의 지위를 당연히 갖습니다. 노동 관계 법령, 사회보장 관계 법령에 의하여 노동기본권을 보호받기 때문에 외국인이라고 하여 국민과 차별하는 어리석은 행동은 삼가 하여야 합니다.

법원도 불법체류자의 산업재해를 인정하는 판단을 하는 등 노동기본권을 보장하고 있습니다.

18

직원을 채용할 때는
근로계약서를 반드시 작성하자

스타트업을 창업할 때 직원을 채용하여 시작하는 경우도 있고, 창업 초기에는 대표자 혼자서 회사를 운영하다가 직원이 필요할 때 채용합니다. 이는 대표자 혼자서 모든 업무를 다 할 수가 없기 때문에, 직원 채용은 필수라고 볼 수 있습니다.

나창업 씨는 구직사이트에 직원채용 공고를 내고, 지원자들이 제출한 이력서 등을 검토해서 면접을 보아 채용하기로 했는데, 아직까지 원하는 직원을 채용을 못했습니다. 어느 날 친한 지인으로부터 괜찮은 학교 후배가 있는데 직원으로 소개시켜 주겠다고 제안을 받았습니다. 그래서 이 제안을 흔쾌히 수락하고 면접을 진행했습니다. 그 자리에서 바로 임금, 근로시간, 휴가 등에 관해 조율을 하고 합의도 해서 채용하기로 결정했습니다. 근로계약서는 작성하지 않았습니다.

나창업 씨와 구직자가 서로가 구두로 근로조건에 합의를 했으니 근로계약서를 작성하지 않아도 아무런 문제가 없을까요?

채용된 그 직원이 나중에 근로계약서를 작성하지도 않았고 교부받은 적이 없다고 신고해도 나창업 씨에게 문제가 없을까요?

이에 대해 나창업 씨는 정셈에게 문의했습니다. 정셈은 다음과 같이 설명했습니다.

1) 직원을 채용하면 근로계약서를 반드시 작성해야 한다.

직원을 채용할 때는 근로계약서를 반드시 작성해야 된다는 말을 귀에 못이 박이도록 들었을 것입니다. 그런데 이를 간과하는 경우가 많습니다.

회사가 채용하려는 직원이 능력도 있고 신뢰게 가는 사람이라면 당연히 채용하는 것이 좋습니다. 다만, 아무리 신뢰하는 사람이라 할지라도 회사가 직원에게 근로기준법상 의무를 이행하지 않으면, 나중에 회사는 책임을 피할 수 없습니다.

그래서 직원을 채용할 때는 근로계약서를 반드시 작성해야 하고, 이는 당연한 것입니다.

2) 직원을 채용했다가 출근한 날 그만두어도 근로계약서를 작성해야 한다.

회사가 직원을 채용을 했습니다. 그 직원이 출근한 날 그만두어도 근로계약서를 작성해야 한다.

왜냐하면 회사가 근로계약서 미작성 하거나 미교부 하는 경우 노동법상 벌금 500만 원 이하 또는 과태료 500만 원 이하를 부과하도록 하고 있습니다. 직원이 근무한 기간에 관계없이, 한 달도 다니지 않고, 2-4일 이라도 다니다가 퇴직해도 회사가 근로계약서를 작성하지 않은 것을 지방노동청에 고발하면, 회사는 근로계약서를 작성하지 않은 것에 대해 처벌을 받습니다.

3) 채용한 직원이 근로계약서를 작성하지 않으려고 하면은 어떻게 해야 할까?

노동법은 사용자로 하여금 근로계약을 체결할 때에 근로자에게 일정한 근로조건을 근로계약에 반드시 명시하도록 하고, 서면으로 명시하여 근로자에게 교부하도록 하고 있습니다.

근로자가 근로계약서 교부를 원치 않아도 사용자는 이를 작성하여 교부해야 하고, 근로자가 근로계약서 수령을 안 하는 경우 근로계약서를 근로자의 이메일이나 SNS, 또는 문자메시지로 전송하여 의무를 이행해야 합니다.

4) 회사의 근로조건은 취업규칙이나 단체협약에 명시를 하면 된다.

단순 명시 근로조건의 명시방법에 관하여는 아무런 제한을 두고 있지 않으므로, 문서 또는 구두 등의 어떠한 방법에 의하더라도 상관이 없습니다. 보통의 경우에는 취업규칙이나 단체협약 등에 통일적으로 정하는 것이 일반적입니다.

단체협약은 근로조건, 기타 근로자의 대우에 관한 기준 등에 관한 사항을 정하는 협정으로서 서면으로 작성하여 노사 쌍방이 서명 또는 날인하여야 하고, 유효기간에 있어서 일정한 제약이 따르며, 원칙적으로 노동조합원 이외의 자에 대하여는 그 규범적 효력이 미치지 아니하는 것을 특징으로 합니다. 이에 비하여 취업규칙은 사용자가 근로자의 복무규율과 임금 등 당해 사업의 근로자 전제에 적용될 근로조건에 관한 준칙을 규정한 것을 말합니다.

그러나 ①임금의 구성항목·계산방법·지급방법, ② 소정근로시간, ③ 주휴일, ④ 연차 유급휴가에 관한 사항은 서면으로 명시하고 근로자에게 교부하여야 합니다.

근로기준법 제17조 (근로조건의 명시)

① 사용자는 근로계약을 체결할 때에 근로자에게 다음 각호의 사항을 명시 하여야 한다. 근로계약 체결 후 다음 각호의 사항을 변경하는 경우에도 또한 같다.

1. 임금

2. 소정근로시간

3. 제55조에 따른 휴일

4. 제60조에 따른 연차 유급휴가

5. 그 밖에 대통령령으로 정하는 근로조건

② 사용자는 제1항 제1호와 관련한 임금의 구성항목·계산방법·지급방법 및 제2호부터 제4호까지의 사항이 명시된 서면을 근로자에게 교부하여야 한다. 다만 본문에 따른 사항이 단체협약 또는 취업규칙의 변경 등 대통령령으로 정하는 사유로 인하여 변경되는 경우에는 근로자의 요구가 있으면 그 근로자에게 교부하여야 한다.

"취업규칙"이란 근로계약관계에 적용되는 근로조건이나 복무규율 등에 대하여 사용자가 일방적으로 작성하여 자신의 근로자들에게 공통적으로 적용하는 규칙을 말합니다.

상시 10명 이상의 근로자를 사용하는 사용자는 다음의 사항에 관한 취업규칙을 작성하여 고용노동부장관에게 신고해야 합니다. 이를 변경하는 경우에도 또한 같습니다.

- 업무의 시작과 종료 시각, 휴게시간, 휴일, 휴가 및 교대 근로에 관한 사항
- 임금의 결정·계산·지급 방법, 임금의 산정기간·지급시기 및 승급(昇給)에 관한 사항
- 가족수당의 계산·지급 방법에 관한 사항
- 퇴직에 관한 사항
- 「근로자퇴직급여 보장법」 제4조에 따른 퇴직금, 상여 및 최저임금에 관한 사항
- 근로자의 식비, 작업 용품 등의 부담에 관한 사항
- 근로자를 위한 교육시설에 관한 사항
- 출산전후휴가·육아휴직 등 근로자의 모성 보호 및 일·가정 양립 지원에 관한 사항
- 안전과 보건에 관한 사항
- 근로자의 성별·연령 또는 신체적 조건 등의 특성에 따른 사업장 환경의 개선에 관한 사항
- 업무상과 업무 외의 재해부조(災害扶助)에 관한 사항
- 직장 내 괴롭힘의 예방 및 발생 시 조치 등에 관한 사항
- 표창과 제재에 관한 사항

- 그 밖에 해당 사업 또는 사업장의 근로자 전체에 적용될 사항

사용자는 위에 따라 취업규칙을 신고하거나 변경신고하려면 취업규칙 신고 또는 변경신고서에 다음의 서류를 첨부하여 관할 지방고용노동관서의 장에게 제출해야 합니다.
- 취업규칙(변경신고하는 경우에는 변경 전과 변경 후의 내용을 비교한 서류)
- 근로자의 과반수를 대표하는 노동조합 또는 근로자 과반수의 의견을 들었음을 증명하는 자료
- 근로자의 과반수를 대표하는 노동조합 또는 근로자 과반수의 동의를 받았음을 증명하는 자료(근로자에게 불리하게 변경하는 경우에만 첨부함)

PART 03

세무상 비용과
세액감면공제

창업을 준비 중이거나 창업 초기인 기업뿐만 아니라 모든 기업 및 개인 사업자는 세금에 관심이 많습니다. 어떻게 하면 세금을 줄일 수 있을지 궁금하고, 세금을 가능하면 적게 내고 싶기 때문입니다.

회사가 지출한 금액은 회계상으로 비용이지만, 세법에서는 비용으로 인정하지 않을 수 있습니다.

세법에서 비용을 규제하는 이유를 몇 가지로 설명하면,

회사 자금을 개인적 용도로 사용하는 것을 규제하기 위해,

회사 자금을 본래 사업목적 외에 사용하는 것을 방지하기 위해,

회계정책에 따라 이익이 변동되서 조세부담이 달라지는 것을 규제하기 위해,

관계회사로 과도한 자금지원을 규제하기 위해서입니다.

이를 두 가지로 정리하면 첫째 조세회피 방지 목적과 둘째 회사의 자금을 본래 사업을 위해 사용되도록 유도하기 위한 목적으로, 기업이 지출한 비용을 세무상 규제하고 것입니다.

세무상 비용으로 인정되지 않으면 그 금액만큼 이익에 가산이 되고, 법인의 경우 해당 금액이 귀속되는 자에게 소득처분 합니다.

소득처분은 대표이사 등 임직원에게 귀속이 되는 경우 상여로 소득처분 하고,
해당 기업의 임직원이 아닌 주주에게 귀속되는 경우 배당으로 소득처분 하고,
법인이나 개인사업자에게 귀속되는 경우 기타사외유출로 소득처분하고,
임직원이나 주주 및 개인사업자가 아닌 개인에게 귀속되는 경우 기타소득으로 소득처분하고,

해당 금액이 외부로 유출되지 않은 경우 유보로 소득처분을 합니다.

절세에서 중요한 것은 세액감면 · 공제를 놓치지 않고 적용받는 것입니다. 국세에 대한 세액감면 · 공제는 조세특례제한법에서, 지방세에 대한 세액감면 · 공제는 지방세특례제한법에서 규정하고 있습니다.

기업이 일정 요건을 충족하여 세액감면 · 공제를 적용받을 수 있는 경우 세금 신고 시 이를 누락하지 않도록 주의해야 합니다.

19

기업회계상 수익 · 비용 vs 세무상 익금 · 손금

기업은 영리를 목적으로 사업을 영위합니다. 재화나 서비스를 고객에게 제공하여 수익을 창출합니다. 기업은 수익을 창출하기 위해 비용을 지출합니다.

수익에서 비용을 차감하여 이익을 계산하는데, 이익에서 세금을 공제하여 순이익을 창출하여 기업에 이익잉여금으로 적립을 하거나 배당을 합니다.

나창업 씨는 회사를 창업하여 경영을 하고 있는데, 지인들이 회계와 세법은 다르다며 세금관리를 잘 해야 한다고 조언했습니다.

나창업 씨는 회계와 세법이 어떻게 다른지 궁금해서 정셈에게 문의를 했습니다. 정셈은 다음과 같이 설명했습니다.

일반적으로 기업회계상 수익·비용과 세무상 익금·손금은 비슷하지만, 차이점이 있습니다.

1) 기업회계와 세무회계의 목적

기업회계는 일반적으로 공정·타당하다고 인정되는 기업회계기준에 의하여 기업의 경영성과를 정확히 계산하는 것이 목적입니다.

세무회계는 세법 규정에 의하여 정확한 과세소득을 계산하는 것이 목적입니다.

2) 기업회계와 세무회계의 수익·비용 차이

기업회계에서 수익은 기업이 재화나 서비스를 판매하여 얻은 금액을 의미합니다. 비용은 수익을 창출하기 위해 사용한 자원을 의미합니다. 수익에서 비용을 차감하여 이익을 계산합니다.

세무회계에서 익금은 법인의 순자산을 증가시키는 이익 또는 수입의 금액을 뜻하고, 손금은 법인의 순자산을 감소시키는 손실 또는 비용의 금액을 뜻합니다. 그 사업연도에 속하는 익금 총액에서 손금 총액을 차감하여 각 사업연도 소득금액을 계산합니다.

3) 세무조정이란

기업은 회계상 장부와 세무상 장부를 각각 작성하지 않고 회계상 장부만 작성합니다. 비용이 두 배로 발생하기 때문입니다.

회계상 기장을 하고 결산을 하여 재무제표를 작성합니다. 그러고 나서 세무상 재표제표로 수정 및 과세소득을 계산합니다. 이러한 절차를 세무조정이라고 합니다.

4) 세무조정에 따른 금액 차이

세무조정은 회계상 세전 순이익에서 시작합니다. 세무조정에 따른 회계상 세전 이익과 각 사업연도 소득금액 차이는 아래와 같습니다.

구분	내용
회계상 세전 순이익	회계상 영업이익에서 영업외손익을 반영한 금액
(+) 익금산입	회계상으로 수익이 아니지만 세법상으로는 수익인 경우
(+) 손금불산입	회계상으로 비용이지만 세법상으로는 비용이 아닌 경우
(-) 손금산입	회계상으로 비용이 아니지만 세법상으로는 비용인 경우
(-) 익금불산입	회계상으로 수익이지만 세법상으로는 수익이 아닌 경우
세무상 세전 순이익	세법상 익금 총액에서 손금 총액을 차감한 금액

(1) 익금산입

기업회계에서는 수익이 아니지만 세무상으로는 수익인 경우입니다. 대표적인 예로 가지급금 인정이자 등의 규정이 있습니다.

(2) 손금불산입

기업회계에서는 비용이지만 세무상으로는 비용이 아닌 경우입니다. 세법은 비용에 대해 엄격히 규제하고 있습니다. 대표적인 예로 기업업무추진비, 기부금 등의 규정이 있습니다.

(3) 익금불산입

기업회계에서는 수익이지만 세무상으로는 수익인 아닌 경우입니다. 대표적인 예로 자산의 평가이익, 수입배당금 익금불산입 규정이 있습니다.

(4) 손금산입

기업회계에서는 비용이 아니지만 세무상으로는 비용인 경우입니다. 대표적인 예로 압축기장충당금, 일시상각충당금이 있습니다.

5) 결산조정사항과 신고조정사항

(1) 결산조정사항

세법은 기업이 지출한 비용에 대해 결산에 계상해야 손금으로 반영할 수 있도록 규정하고 있는데, 이를 결산조정이라고 합니다. 비용은 기업 입장에서 유리한 것이고, 기업의 의사결정에 따라 자의적으로 정할 수 있어 과세소득에 영향을 미치기 때문입니다.

예를 들면 감가상각비, 대손충당금 등이 있습니다.

(2) 신고조정사항

신고조정은 결산조정과는 달리 법인세 신고 시 재무제표상의 당기순손익에 익금산입·손금불산입과 손금산입·익금불산입을 가감조정하여 과세표준을 계산하는 것을 의미합니다.

예를 들면 대표자 등의 가지급금 인정이자의 익금산입 등이 있습니다.

20

기업업무추진비(구 접대비)

스타트업을 창업한 나창업 씨는 열정적으로 회사를 경영하고 있습니다. 회사를 성장시키기 위해 휴일 없이 일하며 거래처를 늘리기 위해 동분서주하고 있습니다.

거래처와 미팅할 기회를 만들며, 접대하는 자리도 많습니다. 거래처 접대로 지출하는 비용도 예전보다 크게 증가했습니다.

지인들 얘기로는 접대로 지출하는 비용이 세법에서 다 인정되는 것은 아니라고 조언했습니다.

나창업 씨는 접대비에 대해 정셈에게 문의했습니다. 정셈은 다음과 같이 설명했습니다.

기업의 비용 중에 세법에서 한도액으로 규제하는 비용이 기업업무추진비(구 접대비)입니다.

기업업무추진비에 대해 여러 논란이 있는데, 규제를 엄격하게 해야 된다는 주장과 한도액을 늘려줘야 한다는 주장이 있습니다. 전자는 유흥업소와 골프장 등에 사적 유용을 규제해야 한다는 것이고, 후자는 소비진작을 위해 한도액을 높이자는 주장입니다.

세법에서 기업업무추진비는 증빙 수취에 대한 규제와 한도액 계산에 대한 규제가 있습니다.

1) 기업업무추진비란

기업업무추진비는 업무와 관련하여 무상으로 특정인에게 지출한 금액을 말합니다.

이러한 접대비는 법인의 순자산을 감소시킨 손비이지만, 소비성경비의 억제측면과 불건전한 서비스산업의 억제를 위해 기업규모에 맞는 접대비만 손금에 산입합니다. 특히 기업경영의 투명성제고 및 과세표준양성화를 위해서 증빙이 불명확한 기업업무추진비는 손금으로 인정하지 않고 있습니다.

2) 기업업무추진비의 범위

기업업무추진비란 접대비·교제비·사례금 등 기타 명목여하에 불구하고 유사한 성질의 비용으로서 법인이 업무와 관련하여 지출한 금액을 포함합니다.

기업업무추진비 관련 몇 가지 판정기준을 확인하면 다음과 같습니다.

(1) 주주 등이 부담할 비용을 대신 지급하는 경우

주주·사원 또는 출자자("주주 등")나 임원 또는 사용인이 부담하여야 할 성질의 접대비를 법인이 지출한 것은 이를 기업업무추진비로 보지 않습니다. 이 경우에는 손금불산입하고 해당 주주나 임원에게 배당·상여 등으로 소득처분 합니다.

(2) 법인이 그 사용인이 조직한 조합 또는 단체에 지출한 복리시설비

당해 조합이나 단체가 법인인 때에는 이를 기업업무추진비로 보며, 당해 조합이나 단체가 법인이 아닌 때에는 그 법인이 경리의 일부로 봅니다.

(3) 광고선전 목적의 지출

법인이 광고선전 목적으로 견본품·달력·수첩·부채·컵 기타 이와 유사한 물품을 불특정 다수인에게 기증하기 위하여 지출한 비용은 이를 기업업무추진비로 보지 아니하고, 광고선전비 등으로 인정합니다.

(4) 약정에 의한 채권의 포기

거래처와의 협의에 의한 매출채권 포기금액도 부당행위계산부인이 적용되지 않는 경우에는 이를 기업업무추진비에 포함합니다. 약정에 의한 채권포기의 경우 다음의 표와 같이 처리됩니다.

구분		세무상 처리
특수관계가 있는 경우		부당행위계산부인
특수관계가 없는 경우	정당한 사유가 있는 경우	대손금
	정당한 사유가 없는 경우	기업업무추진비 또는 기부금

(5) 회의비와 기업업무추진비의 구분

정상적인 업무를 수행하기 위하여 지출하는 회의비로서 사내 또는 통상 회의가 개최되는 장소에서 제공하는 다과 및 음식물 등의 가액 중 사회통념상 인정될 수 있는 범위 내의 금액("통상회의비")은 손금에 산입합니다.

그러나 통상회의비를 초과하는 금액과 유흥을 위하여 지출하는 금액은 이를 기업업무추진비로 봅니다.

구분	세무상 처리
사내·통상 회의가 개최되는 장소에서 다과 및 음식물 등	통상회의비로 인정
㉠ 통상회의비를 초과하는 금액과 ㉡ 유흥을 위하여 지출하는 금액	기업업무추진비로 분류

3) 소액 광고선전비 등은 전액 손비 인정

소액 광고선전비, 특수관계자 여부에 관계없이 매출 관련 판매장려금 등에 대하여 전액 손비로 인정합니다.

4) 기업업무추진비 한도금액 계산

기업업무추진비 한도금액 = [기본한도] + [수입금액 기준 한도]

(1) 기본한도

기업업무추진비의 기본한도는 다음과 같이 계산됩니다.

$$1,200만원(중소기업\ 3,600) \times \frac{해당\ 사업연도\ 월수}{12개월}$$

(2) 수입금액기준 한도

당해 법인의 수입금액에 대하여 일정한 율을 적용하여 금액을 수입금액기준 기업업무추진비 손금산입한도로 합니다. 여기서 수입금액이란 기업회계기준에 의한 총매출액(사업연도 중에 중단된 사업부분의 매출액을 포함한다)에서 매출에누리와 환입 및 매출할인을 차감한 금액으로 합니다.

구분		적용율
수입금액 (회계상 매출액)	100억 원 이하	20/10,000
	100억 원 이상 500억 원 이하	10/10,000
	500억 원 초과	3/10,000

5) 기업업무추진비 한도 초과액의 처리 및 세무조정

① 일정금액이상의 접대비를 신용카드 등을 사용하지 아니하여 손금불산입된 금액과, 기업업무추진비 한도초과액 등의 금액은 손금불

산입하고 기타사외유출로 처분합니다.

② 기준금액(경조사비 20만 원, 기타 3만 원)을 초과한 금액에 대해 신
용카드 등 적격증빙을 갖추어야 하며, 그렇지 않은 경우 손금불산입
하고 기타사외유출로 처분합니다.

21

광고선전비

스타트업을 창업한 나창업 씨는 매출을 증대시키기 위해 회사와 제품 광고를 고민 중입니다.

지인들과 식사 모임에서 이 고민을 털어놓으니, 어느 지인은 비용을 들어 광고를 할 때 주의하지 않으면 세금 신고 시 비용으로 인정되지 않을 수 있다고 조언했습니다.

이에 대해 나창업 씨는 정셈에게 문의했습니다. 정셈은 다음과 같이 설명했습니다.

1) 광고선전비란

광고선전비는 기업이 제품이나 서비스의 판매를 촉진하고 기업 이미지를 높이기 위해 불특정 다수인을 대상으로 지출하는 비용을 말합니다.

기업회계에서는 판매관리비에 속하는 계정 과목으로 분류합니다.

2) 광고선전비의 목적 및 대상

① 기업 제품 또는 서비스의 판매 촉진, 기업 이미지 개선, 브랜드 인지도 향상 등을 목적으로 합니다.

② 상대방이 특정인이 아닌 불특정 다수여야 합니다. 특정인에게 지출하는 비용은 기업업무추진비로 분류될 수 있습니다.

3) 비용 처리

① 손금 인정: 광고선전비는 전액 손금으로 인정됩니다.

② 매입세액 공제: 광고선전비 중에 제품이나 용역에 대한 대가를 지급한 경우 부가가치세 매입세액공제가 가능합니다.

4) 견본품 · 증정품 · 사은품 · 경품 등을 제공한 경우

광고선전 목적으로 기증한 물품의 구입비용[특정인에게 기증한 물품(개당 3만 원 이하의 물품은 제외한다)의 경우에는 연간 5만 원 이내의 금액에 한정한다]은 법인의 손금에 산입합니다.

이에 해당할 경우에는 당해 물품가액에 대하여 별도로 기업업무추진비 해당 여부를 가리지 않고 손금으로 용인합니다.

22

기부금 경비처리

나창업 씨는 평소에 돈을 벌면 기부를 많이 하고자 하는 생각이 어렸을 때부터 있었습니다. 부모에게 용돈을 받을 무렵에는 용돈을 아껴 기부를 했고, 회사에 취직해서 월급을 받을 때는 월급의 일부를 기부했습니다.

스타트업을 창업한 지금은 회사 매출에 일정 부분을 기부하는 것에 고민하고 있습니다. 지인은 회사가 기부하는 금액에 세법에서 다 비용으로 인정되는 것이 아니라고 조언합니다.

나창업 씨는 기부금은 사회에 좋은 일을 하는 것인데 왜 비용으로 다 인정되지 않는지 궁금합니다. 이에 대해 정셈에게 문의했습니다. 정셈은 다음과 같이 설명했습니다.

1) 기부금이란

기부금이란 사업과 직접적인 관계없이 무상으로 지출하는 금액을 말합니다.

사회에서 기부를 하는 것을 장려하고 있지만, 세법은 기부금은 지출의 임의성과 비공익적 목적에의 지출을 통한 부의 이전 등의 부작용을 방지하기 위해 한도금액 이내로 기부한 금액만 비용으로 인정합니다.

법인은 지출한 기부금에 대해 한도 금액 이내로 손금처리하고, 개인사업자는 기부금으로 지출한 금액을 한도 금액 이내로 필요경비에 반영할 수 있습니다.

2) 한도 금액 계산

(1) 법인

구분	기부금 한도액
특례기부금	(기준소득금액-이월결손금) × 50%
우리사주조합기부금	(기준소득금액-이월결손금-특례기부금) × 30%
일반기부금(지정기부금)	(기준소득금액-이월결손금-특례기부금-우리사주조합기부금) × 10%(사회적기업 20%)

기준소득금액은 양도손익은 제외하고 특례기부금, 일반기부금, 우리사주조합 기부금을 손금에 산입하기 전 해당 사업연도의 소득금액을 의합니다.

(2) 개인사업자

구분	기부금 한도액
특례기부금	기준소득금액 × 100%
우리사주조합기부금	[기준소득금액-정치자금 · 고향사랑 · 특례기부금] × 30%
일반기부금 (지정기부금)	종교단체 기부금이 없는 경우: [기준소득금액-정치자금 · 고향사랑 · 특례기부금-우리사주조합기부금] × 30% 종교단체 기부금이 있는 경우: ① × 10% + Min[① × 20%, ②] ① [기준소득금액-정치자금 · 고향사랑 · 특례기부금-우리사주조합기부금] ② 종교단체 외에 지급한 일반기부금

기준소득금액=종합소득금액+사업소득금액 계산 시 필요경비 산입한 기부금 - 원천징수세율 적용 금융소득

3) 한도초과된 기부금

당해 연도 한도를 초과한 기부금은 이월하여 10년간 공제 가능합니다.

4) 기부금의 손금 또는 필요경비 산입 순서

당해 과세기간에 지출한 기부금을 우선적으로 손금 또는 필요경비에 산입합니다. 기부금 한도 내에서 당해 연도 기부금을 모두 공제하고 잔여 한도가 있는 경우 이월된 기부금을 공제합니다.

이월된 기부금은 먼저 지출한 연도의 기부금부터 순차적으로 공제합니다.

5) 비지정기부금

비지정기부금이란 특례기부금, 우리사주조합기부금, 일기부금을 제외한 나머지 기부금을 말합니다. 예로 동창회나 향우회에 기부금을 들 수 있습니다. 비지정기부금은 전액 손금불산입(기타사외유출) 또는 필요경비불산입 합니다.

23

광고선전비, 기업업무추진비(구 접대비),
기부금의 차이점

나창업 씨는 창업한 회사는 초창기 몇 년 동안 경영성과가 부진하다가 최근 사업이 번창하고 있습니다. 이 기회에 매출을 극대화하기 위해 마케팅과 거래처를 늘리기 위해 영업활동도 적극적으로 하고 있습니다.

이로 인해 광고선전비 등 비용 지출이 크게 늘었습니다. 기업 이미지를 위해 기부금 지출도 증액했습니다.

나창업 씨가 생각하기에 광고선전비 등의 비용은 회사의 매출 증대, 이익 극대화를 위해서 하는 것인데, 세법은 각 바용별로 다르게 규제를 하고 있는지 궁금합니다.

이에 대해 정셈에게 문의를 했습니다. 정셈은 다음과 같이 설명했습니다.

기업이 지출하는 비용 중에 광고선전비, 판매부대비, 기업업무추진비

(구 접대비)는 비슷한 점이 있습니다. 기업의 매출 증대를 위해 지출한다는 점에서 공통점이 있습니다.

또한 기업업무추진비와 기부금도 비슷한 점이 있는데, 세법에서 한도액 계산을 하여 한도액을 초과하는 지출은 손금불산입 한다는 것이 같습니다.

이들 비용들을 비교하면 다음과 같습니다.

1) 광고선전비

광고선전비는 법인 또는 개인의 사업과 관련된 재화 또는 용역의 판매, 공급의 촉진을 위하여 불특정다수에게 광고선전을 목적으로 지출하는 비용을 말합니다.

2) 판매부대비

판매부대비란 상품, 제품의 판매에 부수해서 발생되는 비용을 말합니다. 다만, 거래와 관련 없이 일정한 영업활동 규모 이상을 갖춘 대리점에 지급하는 금액은 판매부대비에 해당하지 않습니다.

3) 기업업무추진비

기업업무추진비란, 사업자가 직접 또는 간접적으로 업무와 관련이 있는 자와 업무를 원활하게 진행하기 위하여 접대·교제·사례 등의 명목으로 지출한 비용을 말하며, 기존 "접대비"라는 명칭으로 널리 알려져 있습니다.

4) 기부금

기부금이란 타인을 돕기 위해 대가 없이 내놓는 돈이나 물품을 의미하며, 사회적 공헌을 위한 목적으로 사용됩니다. 기부자는 기부금에 대해 연말정산 등에서 세액공제 혜택을 받을 수 있으며, 국세청은 투명한 기부 문화 조성을 위해 '전자기부금영수증' 발급 제도를 시행하고 있습니다.

5) 기업업무추진비와 기부금 비교

① 사업과 관련 있는 자에게 지출 또는 기증한 경우: 기업업무추진비

② 사업과 관련 없는 자에게 기증한 경우: 기부금

6) 판매부대비와 기업업무추진비 비교

① 판매한 제품 관련 판매장려금, 판매수당, 제품 관련 포장비, 운반비 등: 판매부대비

② 지출의무가 없고, 지출이 수익실현에 직접 대응되지 않아서 지출 효과가 계측되지 않는 경우: 기업업무추진비

7) 광고선전비와 기업업무추진비 비교

① 불특정 다수에게 선전 효과를 얻고자 지출하는 비용: 광고선전비

② 특정 고객만을 위해 지출하는 광고선전비: 기업업무추진비

8) 광고선전비와 기업업무추진비 및 기부금 비교표

구분	업무 관련 여부	지출대상	손금산입
기업업무추진비	업무 관련	특정인	한도 이내
광고선전비	업무 관련	불특정 다수	한도 없음
기부금	업무 무관	특정인	한도 이내

24

대손금의 손금산입과 손금불산입

기업은 영리를 추구하는 것이 당연합니다. 매출을 증대시키고 비용을 감소시켜 이익을 극대화하는 것을 목표로 합니다.

나창업 씨는 그동안 거래처를 늘려 매출을 증대시켰는데, 거래처의 사정 등으로 미수금이 발생하고 있어 고민입니다. 계속해서 쌓인 미수금은 이미 적지 않은 금액입니다.

미수금이 큰 거래처 몇 군데에서 파산할지도 모른다는 얘기를 들었을 때 가슴이 철렁거렸습니다. 그런데 이 소문은 사실이었습니다.

나창업 씨는 거래처에 제품을 납품하면서 거래대금을 못 받았지만, 이에 따른 세금의 신고납부를 했습니다.

거래처로부터 거래대금을 받지도 못한 채 세금을 회사 자금으로 직접

납부했는데, 거래처의 파산으로 거래대금을 아예 받을 수도 없는 것에 대해 세금 구제를 받을 수 없는지 나창업 씨는 너무나 답답합니다.

이에 대해 정셈에게 문의를 했습니다. 정셈은 다음과 같이 설명했습니다.

거래처에서 받을 미수금이 있는데, 그 거래처가 파산한 것은 해당 미수금이 대손 된 것입니다.

세법은 대손금을 경비로 산입하는 것에 대해 엄격하게 규제하고 있습니다. 대손금은 세금에 영향을 미치기 때문입니다.

대손 요건을 충족해야 손금에 산입할 수 있고, 대손처리가 불가능한 채권에 대해서도 규정하고 있습니다.

1) 대손금이란

대손금이란 법인(또는 개인사업자)이 보유하고 있는 채권 중 채무자의 재산·능력 등으로 인해 회수할 수 없는 상태에 있거나 법률 규정에 의하여 채권을 회수할 수 없는 상태인 채권에 대해 각 사업연도 소득금액(또는 사업소득금액) 계산 시 손금에 산입하는 금액을 말한다.

2) 대손 요건

대손 요건을 충족하는 경우 손금에 산입할 수 있습니다. 대손 요건은 두 가지로 구분할 수 있습니다. 첫째 법률 규정에 따른 소멸시효가 완성되어 대손 요건을 충족하는 경우가 있고, 둘째 세법 규정에 따라 채권의 회수가능성이 희박하여 대손 요건을 충족하는 경우가 있습니다.

(1) 각 법률 규정에 따른 소멸시효 완성[신고조정가능]

해당 사유가 발생한 날이 속하는 사업연도에 손금산입을 합니다.

① 「상법」에 따른 소멸시효가 완성된 외상매출금 및 미수금

② 「어음법」에 따른 소멸시효가 완성된 어음

③ 「수표법」에 따른 소멸시효가 완성된 수표

④ 「민법」에 따른 소멸시효가 완성된 대여금 및 선급금

⑤ 「채무자 회생 및 파산에 관한 법률」에 따른 회생계획인가의 결정 또는 법원의 면책결정 에 따라 회수불능으로 확정된 채권

⑥ 「민사행정법」 제 102조에 따라 채무자의 재산에 대한 경매가 취소된 압류채권

⑦ 물품의 수출 또는 외국에서의 용역제공으로 발행한 채권으로서 외국환거래에 관한 법령에 따라 한국은행총재 또는 외국환은행의 장으로부터 채권회수의무를 면제받은 것

(2) 채권의 회수가능성이 희박한 경우[결산조정]

해당 사유가 발행하여 손금으로 계상한 날이 속하는 사업연도에 손금산입 합니다.

① 채무자의 파산, 강제집행, 형의 집행, 사업의 폐지, 사망, 실종 또는

행방불명으로 회수 할 수 없는 채권

② 부도발생일로부터 6개월 이상 지난 수표 또는 어음상의 채권 및 외상매출금(중소기업의 외상매출금으로서 부도발생일 이전의 것에 한정한다).

③ 회수기일이 6개월 이상 지난 채권 중 채권가액이 20만 원 이하(채무자별 채권가액의 합계액을 기준으로 한다)인 채권

④ 「중소기업창업 지원법」에 따른 중소기업창업투자회사의 창업자에 대한 채권으로서 중소기업청장이 기획재정부장관과 협의하여 정한 기준에 해당한다고 인정한 것

3) 대손처리가 불가능한 채권

세법은 다음 중 어느 하나에 해당하는 채권에 대하여는 대손금의 손금산입을 인정하지 않습니다.

① 채무보증에 의한 구상채권
② 특수관계자에 대한 업무무관 가지급금

이는 관계기업들 사이에 채무보증으로 인한 과다한 차입에 의존하는 것을 규제하고자 채무보증에 의한 구상채권은 대손 가능 채권에서 제외하고 있습니다. 또한 업무와 무관한 가지급금에 대해서도 대손금 처리대상에서 제외하고 있습니다.

4) 대손금으로 처리한 금액을 회수한 경우

손금에 산입한 대손금 중 회수한 금액은 그 회수한 날이 속하는 사업연도의 소득금액을 계산할 때 익금으로 산입합니다.

정셈의 창업 · 스타트업을 위한 세무관리

25

대손세액공제

나창업 씨는 미수금이 많은 거래처가 파산하여 미수금을 회수할 수 없게 되어 무척이나 속상합니다. 해당 매출액은 대손금으로 경비처리 할수 있어 법인세 절감이 가능한데, 해당 부가가치세를 회사 자금으로 직접부담한 것을 돌려받을 수 없는지 궁금합니다.

이에 대해 나창업 씨는 정셈에게 문의했습니다. 정셈은 다음과 같이 설명했습니다.

사업자가 재화나 용역을 공급하고 세금계산서를 발급하였는데, 거래상대방으로부터 그 대가를 못 받아도 부가가치세 신고를 할 때 발급한 세금계산서를 포함해서 신고·납부를 해야 합니다.

예를 들어 4월에 제품을 납부하면서 1억 1천만 원(공급가액 1억 원, 부가가치세 1천만 원)의 세금계산서를 발급했습니다. 그런데 거래처가 자금 부족으로 5월까지 1억 1천만 원을 지급하기로 했는데 그러지 못했습니다. 7월에 부가가치세 신고를 하면서 부가가치세 1천만 원은 거래처에 받지 못했어도 회사 자금으로 납부해야 합니다.

그런데 거래처가 부도가 나서 폐업한 경우 거래대금 1억 1천만 원을 아예 한 푼도 받을 수 없게 되었습니다. 거래대금을 못 받아 회사의 손실이 큰데 세금을 자기 돈으로 내야 할까요?

1) 대손세액공제란

사업자가 공급한 재화 또는 용역에 대한 외상매출금 및 기타 매출채권(부가가치세가 포함된 것)의 전부 또는 일부가 거래상대방의 부도·파산 등으로 대손되어 부가가치세를 회수할 수 없게 된 경우에는, 그 징수하지 못한 부가가치세액을 대손이 확정된 날이 속하는 과세기간의 매출세액에서 공제하여 주는데, 이를 '대손세액공제'라 합니다.

대손세액 공제제도는 거래상대방으로부터 부가가치세를 징수하지 못했음에도 부가가치세를 납부하였을 때 이에 대한 세부담을 완화시켜 주기 위한 제도로, 부가가치세를 신고·납부하지 아니한 부분에 대하여는 대손세액공제를 받을 수 없습니다.

2) 대손사유

대손세액공제를 받기 위해서는 거래상대방에게 다음 중 하나에 해당하는 사유가 발생하여야 합니다.

   정셈의 창업·스타트업을 위한 세무관리

① 파산법에 의한 파산(강제화의를 포함)

② 민사집행법에 의한 강제집행

③ 행방불명·사망·실종신고

④ 회사정리법에 의한 회사정리계획인가의 결정 또는 화의법에 의한
  화의인가 결정으로 채권이 회수불능으로 확정된 경우

⑤ 어음법·수표법·민법·상법상의 소멸시효가 완성된 경우

⑥ 수표 또는 어음의 부도발생일부터 6월이 된 경우(사업자가 채무자
  의 재산에 대하여 저당권을 설정하고 있는 경우는 제외)

⑦ 회수기일이 6월 이상 경과한 채권 중 채권가액이 20만 원 이하인 채권

⑧ 결손처분 채무자에 대한 채권 등

3) 대손세액공제를 받을 수 있는 기간

대손세액공제는 재화나 용역을 공급한 날부터 5년이 경과된 날이 속하는 과세기간에 대한 확정신고기한까지 대손이 확정된 것에 한하여 공제를 받을 수 있습니다.

만일 재화나 용역을 공급한 날부터 5년이 경과하여 대손이 확정된 경우에는 대손세액공제를 받을 수 없습니다.

4) 대손세액공제 절차

대손세액공제를 받고자 하는 사업자는 위의 대손사유가 발생한 과세기간의 부가가치세 확정신고서에 「대손세액공제신고서」와 대손사실을 증명할 수 있는 아래와 같은 서류를 첨부하여 관할 세무서장에게 제출하

여야 합니다.

① 파산, 강제집행 : 매출세금계산서 사본과 채권배분명세서

② 실종선고 : 매출세금계산서 사본과 법원 판결문 사본, 채권배분계산서

③ 회사정리계획의 인가 결정 : 매출세금계산서 사본과 법원이 인가한

   회사정리 인가안

④ 부도어음(수표) : 매출세금계산서 사본과 부도어음(수표) 사본

　　정셈의 창업·스타트업을 위한 세무관리

26

감가상각제도

나창업 씨가 창업한 회사는 연구개발이 마무리 되어 시제품을 제작할 단계까지 왔습니다. 시제품이 기대한 정도의 품질을 갖춘 것으로 충족되면 제품을 본격적으로 생산하려고 합니다.

이를 위해 필요한 설비 등을 설치하기 위해 예산도 편성했습니다. 지인들은 공장을 설치하는 데 많은 자금을 투입했는데도 비용처리가 몇 년 걸쳐 이루어지기 때문에 세금 관리를 주의해야 한다고 조언했습니다.

나창업 씨는 이 조언에 대해 궁금해서 정셈에게 문의를 했습니다. 정셈은 다음과 같이 설명했습니다.

기업이 고유목적 업무를 위해 지출하는 비용은 경비로 인정이 됩니다. 지출한 모든 비용이 당기 비용으로 처리되는 것이 아닙니다. 회사 건물이나 공장 건물 및 설비 같은 자산 유형자산과 소포트웨어, 특허권 같은 무형자산은 취득한 연도에 당기 비용으로 처리하지 않고 감가상각을 하여 비용처리를 합니다.

1) 감가상각비란

감가상각비는 기업의 건물, 기계, 차량 등과 같은 유형자산이나 특허권, 소프트웨어 등 무형자산이 시간의 경과나 사용에 따라 가치가 감소하는 것을 회계상 비용으로 처리하는 항목입니다.

자산의 취득 원가, 내용연수, 잔존가액을 고려하여 계산하며, 주로 정액법이나 정률법 같은 방법을 통해 매년 일정액을 비용으로 인식하여 자산의 가치 감소를 수익 창출 기간에 배분하는 것을 목적으로 합니다.

2) 감가상각비 계산 방법

감가상각비의 계산 방법으로는 다음과 같은 것들이 있습니다. 이 중에서 정액법과 정률법이 가장 많이 사용되고 있습니다.

① 정액법: 매년 동일한 금액의 감가상각비를 인식하는 방법입니다. 취득 원가에서 잔존가치를 뺀 금액을 내용연수로 나누어 계산합니다.
감가상각비 = (취득원가 - 잔존가치) ÷ 내용연수

② 정률법: 매년 자산의 미상각 잔액에 일정한 비율을 곱하여 감가상각비를 계산하는 방법입니다. 초기에는 많은 금액을 상각하고 시간이 지날수록 상각 금액이 줄어드는 특징이 있습니다.

감가상각비 = 미상각 잔액 × 상각률

③ 연수합계법: 내용연수의 합계를 분모로 하고 잔여 내용 연수를 분자로 하여 감가상각률을 구한 후 감가상가 대상 금액에 매년 감가상각률을 곱하여 계산하는 방법입니다.
감가상각비 = (취득원가 - 잔존가치) × (잔여 내용연수/내용연수의 합)

④ 생산량 비례법: 자산의 전체 예상 조업도 또는 예상 생산량을 추정한 뒤 실제 발생한 조업도 또는 생산량에 비례하여 감가상각비를 계산하는 방법입니다.
감가상각비 = (취득원가 - 잔존가치) × (실제 연간 생산량/예상 총 생산량)

잔존가치는 해당 자산의 내용연수 종료 시점에 남는 금액이나 가치를 말합니다.

내용연수는 자산의 사용 가능한 기간을 뜻하며, 기업회계에서는 내용연수에 대한 추정을 허용하고 있지만, 세법에서는 내용연수에 대해 업종과 자산 종류에 따라 일정한 기준으로 제한하고 있습니다.

만일 내용연수를 변경하려면 변경할 내용연수를 적용하고자 하는 사업연도의 종료일까지 과세관청에 변경 신청서를 제출하고 승인을 받아야 합니다.

3) 감가상각비 세무조정

각 사업연도에 손금으로 계상한 감가상각비가 상각범위액을 초과하는 경우 그 초과액은 상각부인액으로 손금불산입(유보)합니다.

4) 상각부인액 및 시인부족액 처리

법인이 손금으로 계상한 감가상각액이 상가범위액에 미달하는 경우 그 시인부족액은 해당 연도에 소멸하지만, 전기에 상각부인액이 있는 경우 시인부족액의 한도 내에서 손금으로 추인합니다.

5) 감가상각 의제 규정

감가상각비는 법인이 결산에 계상해야 경비로 반영할 수 있습니다. 감가상각을 하지 않는 경우 경비처리되지 않습니다.

그러나 법인이 조특법상 세액감면·공제를 받는 경우 감가상각자산에 대해 감가상각을 의무적으로 해야 합니다.

이는 법인이 조특법상 세액감면·공제를 받으면서 세금혜택 기간이 종료된 이후 감가상각비를 계상하는 방법을 통해 의도적으로 조세회피를 하는 것을 방지하기 위함입니다.

27

업무용승용차 경비처리

나창업 씨가 창업한 회사는 임직원이 사업과 관련하여 거래처와 정부 기관 등에 출장 및 방문할 일이 많습니다. 그래서 승용차를 구입하기로 결정했습니다.

지인들에 의하면 세법이 몇 년 전에 개정되어 회사 승용차 관련 세무관리가 많이 깐깐해져서 주의해야 한다고 조언했습니다.

나창업 씨는 회사가 업무에 필요해서 승용차를 구입한 것인데 왜 세법이 깐깐하게 규제를 하는지 의문입니다.

이에 대해 정셈에게 문의를 했습니다. 다음과 같이 설명했습니다.

기업이 지출하는 비용 중에 차량 취득과 유지비로 지출하는 비용이 있습니다. 기업 입장에서 승용차, 승합차, 트럭 등 차량이 필요한 것은 당연합니다.

그런데 기업 명의로 고가의 승용차를 취득하여 사적으로 사용하면서 해당 차량 관련 비용 등을 경비로 처리하는 것이 사회적 문제가 되어 세법에 업무용승용차 규정을 제정하여 비용에 대해 규제를 하고 있습니다.

업무용 승용차와 관련된 비용은 취득 또는 임차와 관련된 비용과 주유비와 수선비 등 차량유지비와 관련된 비용으로 구분할 수 있습니다.

1) 업무용 승용차란

업무용 승용차는 개별소비세가 부과되는 승용차로 사업에 직접 사용하는 승용차를 의미합니다.

개별소비세 과세대상 차량은 다음과 같습니다.
① 정원 8인 이하 승용차(배기량 1,000cc 이하 승용차 제외)
② 배기량 125cc 이상 이륜자동차
③ 캠핑용 자동차

2) 업무용 승용차 관련 비용이란

업무용 승용차의 취득, 사용 및 유지를 위해 지출한 비용으로, 차량의 취득가액, 리스료, 렌트비, 주유비, 수리비, 보험료, 통행료 등이 있습니다.

   정셈의 창업·스타트업을 위한 세무관리

3) 업무용 승용차 관련 비용 한도 계산

업무용 승용차 비용 한도는 감가상각비 상당액과 차량운행일지 작성 여부에 따라 계산합니다.

(1) 감가상각비 상당액

구입 및 금융리스의 감가상각비 계산: 취득가액 ÷ 5년(정액법으로 감가상각)

렌트의 감가상각비 계산: 연간 렌트료의 70%

운용리스의 감가상각비 계산: 연간 리스료 - (리스료에 포함된 보험료와 자동차세, 수선유지)비

(2) 그 외의 비용

차량운행일지를 작성한 경우: 업무사용비율만큼 인정

차량운행일지를 미작성한 경우: 감가상각비 상당액을 포함하여 1,500만 원까지 인정

차량운행일지란 차량별 사용일자, 사용내역, 주행 거리 등을 기록하는 서식입니다.

4) 업무용 승용차 규정 제외 차량은

사업용으로 사용한 승용차는 업무용 승용차 규정을 받는 것이 원칙입니다. 예외적으로 규정을 받지 않는 경우가 있습니다.

차량 자체가 사업을 하는 데 있어서 필수적이고 직접 사용해야 하는 택

시, 렌터카 등의 업종은 해당 차량이 필수이고 차량이 없으면 사업 자체를 할 수가 없습니다. 이들 업종은 업무용 승용차 규정을 적용하지 않습니다.

또한 경차(1,000cc 이하 승용차)에 대해서도 업무용 승용차 규정을 적용하지 않습니다.

5) 업무용 승용차 관련 비용 부가가치세 매입세액공제

업무용 승용차는 매입, 리스료, 렌탈료 및 유지비로 지출한 비용에 대해 매입세액 공제가 불가능합니다.

6) 업무용 승용차가 1대를 초과하는 경우 비용처리(개인사업자의 경우)

개인사업자(복식부기의무자의 경우)는 업무용승용차 1대 초과분부터 반드시 임직원 전용 보험에 가입해야 초과분 차량에 대하여 비용처리가 가능합니다.

임직원 전용 보험에 가입한 경우에는, 업무용 승용차가 1대인 경우와 마찬가지로 감가상각비 포함하여 차량 1대당 연간 1,500만 원 한도 내에서 비용처리가 가능합니다. 운행일지를 작성한 경우 업무사용비율만큼 비용처리할 수 있습니다.

28

인건비

나창업 씨는 회사를 창업한 초기에 직원 없이 혼자 업무를 하며 회사 운영을 했습니다. 회사 매출이 조금씩 증가하며, 업무도 많아지고 있어 직원을 채용하려고 합니다.

지인들은 직원을 채용하면 급여 등의 비용이 매달 발생하고 퇴직금, 복리후생비도 발생이 되는데, 이와 관련한 세무관리를 잘해야 한다고 조언했습니다.

나창업 씨는 이와 관련하여 정셈에게 문의를 했습니다. 정셈은 다음과 같이 설명했습니다.

기업 중에 직원 없는 1인 기업이 많아지고 있지만, 기업 규모가 커지면 직원이 필요합니다.

직원에게 지출되는 인건비는 급여, 상여금, 퇴직금 및 복리후생비로 구분할 수 있고, 이는 기업의 수익 창출을 위해 지출하는 비용으로 손금대상입니다.

인건비는 사회통념상 인정되는 범위 내의 금액이어야 하고, 특수관계자의 재산 형성을 위해 부당하게 지급해서는 안 됩니다.

1) 급여

기업이 임직원에게 지급하는 급여는 인건비로 손금대상입니다. 급여는 소득기준으로 근로소득자와 사업소득자로 구분할 수 있고, 정규직과 일용직 급여로 구분할 수 있습니다.

① 근로소득자 급여
② 사업소득자 수당(또는 수수료)
③ 일용직 급여

2) 상여금

상여금은 인건비로 손금대상이 원칙이지만, 임원에게 지급하는 상여금은 한도이내 금액만 손금으로 인정됩니다.

임원상여금은 정관에 지급 기준이 있어야 하고, 해당 상여금도 사회통념상 인정되는 범위 내의 금액이어야 합니다.

이익잉여금 처분에 의한 상여금은 이익잉여금의 감소이므로 비용 계

 정셈의 창업 · 스타트업을 위한 세무관리

상 및 손금산입 대상이 아닙니다.

3) 퇴직금

퇴직금은 원칙적으로 손금대상입니다. 그러나 현실적 퇴직이 아닌 비현실적 퇴직인 경우 손금불산입 대상입니다. 임원 퇴직금의 경우 한도금액 이내어야 하며, 한도을 초과하는 금액은 손금불산입합니다.

(1) 현실적 퇴직

① 법인의 사용인이 당해 법인의 임원으로 취임 또는 상근임원이 비상근 임원이 된 때

② 법인의 임원 또는 사용인이 그 법인의 조직변경·합병·분할 또는 사업양도에 의하여 퇴직한 때

③「근로자퇴직급여보장법」에 따른 퇴직금을 중간정산하여 지급한 때

④ 법인의 임원에 대한 급여를 연봉제로 전환함에 따라 향후 퇴직급여를 지급하지 아니하는 조건으로 그때까지의 퇴직급여를 정산하여 지급한 때

⑤ 정관 또는 정관에서 위임된 퇴직급여지급규정에 따라 장기 요양 등 「기획재정부령」으로 정하는 사유로 그때까지의 퇴직급여를 중간정산하여 임원에게 지급한 때

(2) 비현실적 퇴직

① 임원이 연임된 경우

② 법인의 대주주 변동으로 인하여 계산의 편의 등 전 사용인에게 퇴직

급여 지급한 경우

③ 외국법인의 국내지점 종업원이 본점으로 전출하는 경우

4) 복리후생비

법인이 그 임원 또는 사용인의 복리·후생·사기 진작을 위하여 지출한 복리후생비은 손금산입 대상입니다.

다음 비용 외의 금액은 손금불산입합니다.

① 직장체육비

② 직장문회비

②의2 직장회식비

③ 우리사주조합의 운영비

④ 「국민건강보험법」에 의하여 사용자로서 부담하는 건강보험료 기타 부담금

⑤ 「영유아보육법」에 의하여 설치된 직정어린이집의 운영비

⑥ 「고용보험법」에 의하여 사용자로서 부담하는 보험료

⑦ 기타 임원 또는 사용인에게 사회통념상 타당하다고 인정되는 범위 안에서 지급하는 경조사비 등 ① 내지 ⑥의 비용과 유사한 비용

29

세금과 공과금

스타트업을 창업한 나창업 씨는 어느 날에 회사가 지출하는 비용들을 한 번 검토했습니다. 비용 중에 각종 공과금 영수증과 고지서들이 있었습니다.

지인들은 세금과 공과금 중에 비용처리가 가능한 게 있고, 비용으로 불인정 되는 공과금이 있는데, 이유를 모르겠다고 합니다.

나창업 씨는 회사가 세금과 공과금을 지출한 것이 어떤 것은 비용으로 인정되고, 다른 것은 왜 비용으로 인정되지 않는지 이해가 되지 않습니다.

이에 대해 정셈에게 문의했습니다. 정셈은 다음과 같이 설명했습니다.

기업이 지출하는 비용 중에 세금과 공과금이 있습니다. 보통 제세공과금이라고 하는데, 제세는 세금으로 국세와 지방세를 의미하고, 공과금은 국가나 지방자치단체에서 강제적으로 부과하는 공적 부담금을 의미합니다.

세법에서 제세공과금은 손금대상이 당연하지만, 손금으로 인정하지 않는 것들이 있습니다.

1) 세금과 공과금 중에 손금불산입 하는 것들

세법은 기업이 부담한 공과금 중에 경비로 인정하지 않는 것을 다음과 같이 열거하고 있습니다.

① 각 사업연도에 납부하였거나 납부할 법인세(제18조의4에 따른 익금불산입의 적용 대상이 되는 수입배당금액에 대하여 외국에 납부한 세액과 제57조에 따라 세액공제를 적용하는 경우의 외국법인세액을 포함한다) 또는 법인지방소득세와 각 세법에 규정된 의무 불이행으로 인하여 납부하였거나 납부할 세액(가산세를 포함한다) 및 부가가치세의 매입세액(부가가치세가 면제되거나 그 밖에 대통령령으로 정하는 경우의 세액은 제외한다)

② 판매하지 아니한 제품에 대한 반출필의 개별소비세, 주세 또는 교통·에너지·환경세의 미납액. 다만, 제품가격에 그 세액상당액을 가산한 경우에는 예외로 한다.

③ 벌금, 과료(통고처분에 따른 벌금 또는 과료에 상당하는 금액을 포함한다), 과태료(과료와 과태금을 포함한다), 가산금 및 강제징수비

④ 법령에 따라 의무적으로 납부하는 것이 아닌 공과금

⑤ 법령에 따른 의무의 불이행 또는 금지·제한 등의 위반을 이유로 부

과되는 공과금

⑥ 연결모법인 또는 연결자법인에 제76조의19제2항 또는 제3항에 따라 지급하였거나 지급할 금액

2) 경비로 인정하지 않는 세금

법인세, 종합소득세, 신고불성실·무신고 및 납부지연가산세는 손금불산입 대상입니다.

또한 부가가치세, 개별소비세, 교통·에너지·환경세, 주세 및 원천세는 기업이 직접 부담하는 세금이 아니므로 손금대상이 아닙니다.

기업이 취득세 과세대상 자산을 취득하면서 부담한 취득세는 해당 자산 취득가액에 가산을 합니다. 건물·기계장비 등 상각자산에 가산한 취득세는 해당 자산의 감가상각으로 비용처리를 하며, 토지 취득가액에 가산한 취득세는 해당 자산이 처분될 때 비용처리가 됩니다.

3) 경비로 인정되는 세금

기업이 등록면허세, 재산세, 지역자원시설세, 종합부동산세, 주민세, 등을 부담한 것은 손금으로 인정됩니다.

4) 경비로 인정되는 공과금과 부담금

기업이 직원을 채용하면 부담해야 하는 4대보험료와 기업이 소유하는 시설물과 관련하여 고지되는 각 종 부담금은 의무적으로 납부해야 하는

것으로 손금대상에 해당합니다.

교통유발부담금, 환경개선부담, 연체료 등은 손금산입 대상입니다.

5) 경비로 인정되지 않는 공과금과 부담금

기업이 부담하는 공과금과 부담금 중에 경비로 인정되지 않는 것은 기업이 의무위반으로 부담한 경우입니다.

과태료, 가산금, 폐수배출부담금은 손금불산입대상입니다. 예를 들어 주정반위반으로 부담한 과태료, 4배보험료를 기한 내 납부하지 않아 해당 보험료에 부과되는 가산금, 공장에서 몰래 폐수를 배출하여 부과된 폐수배출부담금 등은 손금불산입합니다.

30

기업의 손해배상금

어느 날 나창업 씨가 창업한 회사에 손해배상금을 요구하는 내용증명 우편이 도착했습니다.

회사의 제품 안전과 관련된 것으로 제품을 구매한 소비자가 이를 사용하다가 부상으로 회사에 피해에 따른 배상금을 요구하는 내용입니다.

나창씨는 이 내용과 관련하여 경영진과 회의를 하고 배상하기로 결정했습니다.

지인들과 이 배상금 관련 얘기를 하는데, 지인들은 손해배상금 중에 경비로 인정되지 않는 것이 있다며, 주의해야 한다고 조언했습니다.

나창업 씨는 회사를 경영하면서 발생한 손해배상금인데 경비로 인정되는 것이 경비로 인정 안 되는 것이 있는지 이해가 되지 않습니다.

이에 대해 정셈에게 문의했습니다. 정셈은 다음과 같이 설명했습니다.

1) 손해배상금이란

손해배상은 위법 행위로 인해 발생한 손해를 전보하여 손해가 없었던 것과 같에 만들어 공평을 기하려는 제도입니다.

손해배상금은 손해배상에 따라 상대방에게 지급하는 금액입니다.

2) 손해배상금의 손금산입 여부

손해배상금의 손금산입 여부는 지급의 근거가 되는 행위의 성격에 따라 달라집니다.

회사가 실제 발생한 손해를 보전하는 배상금은 손금산입이 가능하지만, 법령 위반 행위에 대한 징벌적 성격의 배상금은 손금산입이 불가능합니다.

3) 손해배상금을 언제 손금산입할까?

손해배상금의 손금산입은 해당 손해배상액에 대한 권리와 의무가 확정된 날이 속하는 사업연도를 기준으로 합니다.

4) 손금산입이 가능한 경우

(1) 손해배상금의 성격이 실제 손해 보전인 경우

법인의 위법행위로 상대방에게 발생한 실제 손해를 보전하기 위한 손해배상금은 법인의 손금으로 인정됩니다.

(2) 사회통념상 적정한 범위 내의 보상금

법원의 재판 결과나 당사자 간의 합의에 따라 지급하는 금액이 사회통념상 적정하다고 인정되는 범위 내의 금액은 손금에 산입할 수 있습니다.

(3) 손해배상액이 확정된 사업연도 기준

손해배상액이 확정된 날이 속하는 사업연도를 기준으로 손금으로 인정됩니다. 손해배상금을 나누어 지급하더라도, 확정된 해에 전액 손금으로 간주합니다.

5) 손금불산입되는 경우

(1) 징벌적 손해배상금

법원 판결이나 법령에 따라 징벌적 성격으로 지급하는 손해배상금은 손금으로 인정되지 않습니다.

(2) 벌금, 과태료, 과료 등

법인세법에 따라 법인에게 부과된 벌금, 과태료, 과료 등은 손금에 산입되지 않습니다.

6) 법인세법에서 손금불산입 대상으로 규정하고 있는 손해배상금

법인세법은 아래 규정과 관련하여 법인이 지급한 손해배상금은 손금으로 인정하지 않습니다.

①「가맹사업거래의 공정화에 관한 법률」제37조의2 제2항

②「개인정보 보호법」제39조 제3항

③「공익신고자 보호법」제29조의2 제1항

④「기간제 및 단시간근로자 보호 등에 관한 법률」제13조 제2항

⑤「남녀고용평등과 일·가정 양립 지원에 관한 법률」제29조의2 제2항

⑥「농수산물 품질관리법」제37조 제2항

⑦「대규모유통업에서의 거래 공정화에 관한 법률」제35조의2 제2항

⑧「대리점거래의 공정화에 관한 법률」제34조 제2항

⑨「대·중소기업 상생협력 촉진에 관한 법률」제40조의2 제2항

⑩「독점규제 및 공정거래에 관한 법률」제109조 제2항

⑪「디자인보호법」제115조 제7항

⑫「부정경쟁방지 및 영업비밀보호에 관한 법률」제14조의2 제6항

⑬「산업기술의 유출방지 및 보호에 관한 법률」제22조의2 제2항

⑭「상표법」제110조 제7항

⑮「식물신품종 보호법」제85조 제2항

⑯「신용정보의 이용 및 보호에 관한 법률」제43조 제2항

⑰「실용신안법」제30조

⑱「자동차관리법」제74조의2 제2항

⑲「제조물 책임법」제3조 제2항

⑳「중대재해 처벌 등에 관한 법률」제15조 제1항

㉑「축산계열화사업에 관한 법률」제34조의2 제2항

㉒「특허법」제128조 제8항

㉓「파견근로자 보호 등에 관한 법률」제21조 제3항

㉔「하도급거래 공정화에 관한 법률」제35조 제2항

㉕「환경보건법」제19조 제2항

31

창업을 한 중소기업은 세금을 감면받을 수 있다

스타트업을 창업한 나창업 씨는 창업 전부터 사업아이템을 상품화하기 위해 매일 연구·개발을 하고 있었는데, 창업 첫 해에 제품개발을 완료하여 시장에 출시를 했습니다. 출시한 제품에 대한 걱정이 많았는데, 다행히 제품에 대한 반응이 좋습니다.

매출이 증가하면서 수익성도 좋아지고 있어 사업 전망도 기대가 긍정적입니다. 이익이 높아져서 기분이 좋은데, 내야 될 법인세도 많아져서 고민이 됩니다.

나창업 씨는 이 고민을 지인들과 식사 자리에서 털어놓았습니다. 지인은 창업으로 세금 감면을 받아서 세금을 줄일 수 있었다며, 세금 감면을 받을 수 있는지 알아보라고 조언을 했습니다.

창업을 하면 세금을 감면해 준다는데, 나창업 씨도 창업을 했으니 세금

감면을 받을 수 있을까요?

이에 대해 나창업 씨는 정셈에게 문의했습니다. 정셈은 다음과 같이 설명했습니다.

정부는 창업을 적극적으로 장려를 하면서 정책적으로 지원을 아끼지 않고 있습니다. 이는 창업을 통해 신규 일자리를 공급하고자 하는 것 외에, 4차 산업과 관련된 신사업을 발전 및 육성하고자 하는 목적에서 창업을 권장하고 있고, 최근에는 인구소멸지역에 창업도 지원하고 있습니다. 이러한 창업을 정부가 지원하기 위한 제도 중에서 조세지원을 하는 제도가 있습니다.

창업을 위한 조세지원 제도 중에 대표적인 것이 창업을 한 중소기업의 세금을 감면하는 제도입니다. 세금 감면을 받으려면 해당 요건을 충족해야 합니다.

1) 창업의 개념

창업은 중소기업을 새로이 설립하는 것을 말합니다.

(1) 창업일

창업일은 법인의 경우 법인설립등기일, 개인사업자의 경우 사업자등록일입니다.

　정셈의 창업 · 스타트업을 위한 세무관리

(2) 창업으로 보지 않는 경우

① 합병·분할·현물출자 또는 사업의 양수를 통하여 종전의 사업을 승계하거나 종전의 사업에 사용되던 자산을 인수 또는 매입하여 같은 종류의 사업을 하는 경우

② 거주자가 하던 사업을 법인으로 전환하여 새로운 법인을 설립하는 경우

③ 폐업 후 사업을 다시 개시하여 폐업 전의 사업과 같은 종류의 사업을 하는 경우

④ 사업을 확장하거나 다른 업종을 추가하는 경우 등 새로운 사업을 최초로 개시하는 것으로 보기 곤란한 경우

(3) 창업 업종

창업 업종은 세법에서 규정하고 있는 감면대상 업종이어야 하고, 업종 구분은 한국표준산업분류에 따른 세분류를 기준으로 합니다.

예: 제조업, 건설업, 물류산업, 정보통신업, 전문·과학·기술서비스업 등

2) 창업기업의 종류

창업기업을 창업중소기업과 창업보육센터사업, 벤처기업, 에너지신기술기업, 신성장서비스업으로 구분해서 감면을 적용합니다.

(1) 창업중소기업

창업중소기업은 대표자가 청년인 경우와 청년이 아닌 경우로 구분할

수 있습니다. 그리고 회사 소재지가 과밀억제권역 여부로 구부하여 감면
율을 차등 적용합니다.

① 청년창업중소기업
㉠ 개인사업자: 창업 당시 15세 이상 34세 이하인 대표사업자로 병역을
  이행한 경우에는 그 기간(6년을 한도)을 창업 낭시 연령에서 빼고
  계산한 연령이 34세 이하인 사람을 포함합니다. 공동사업자의 경우
  손익분배비율이 가장 크거나 같은 사업자를 말합니다.

㉡ 법인사업자: 창업 당시 법인설립등기일의 연령 조건을 갖춘 대표자
  로서 해당 법인의 최대주주 또는 최대출자자여야 합니다.

㉢ 감면율
〈2025년 12월 31일 이전 창업한 경우〉
- 수도권과밀억제권역 외의 지역에서 창업한 청년창업중소기업 :
  100% 감면
- 수도권과밀억제권역 외의 지역에서 창업한 일반창업중소기업 : 50%
  감면
- 수도권과밀억제권역 내의 지역에서 창업한 청년창업중소기업 : 50%
  감면

〈2026년 1월 1일 이후 창업한 경우〉
- 인구감소지역에서 창업한 청년창업중소기업 : 100% 감면

   정셈의 창업 · 스타트업을 위한 세무관리

- 인구감소지역에서 창업한 일반창업중소기업 : 50% 감면

- 수도권과밀억제권역 외의 수도권 지역에서 창업한 청년창업중소기업 : 75% 감면

- 수도권과밀억제권역 외의 수도권 지역에서 창업한 일반창업중소기업 : 25% 감면

- 수도권과밀억제권역 내의 지역에서 창업한 청년창업중소기업 : 50% 감면

(2) 벤처기업

창업 후 3년 이내에 벤처기업으로 확인을 받은 경우에는, 벤처기업으로 확인을 받은 날이 속하는 과세연도와 그다음 4개년 과세연도까지 사업에서 발생한 소득에 대한 소득세 또는 법인세를 50% 감면을 받을 수 있습니다.

(3) 에너지신기술중소기업

에너지신기술중소기업을 창업하는 경우 그 해당하는 날 이후 최초로 해당 사업에서 소득이 발생한 과세연도와 다음 과세연도의 개실일부터 4년 이내에 끝나는 과세연도까지 해당 사업에서 발생한 소득에 대한 소득세 또는 법인세의 50%를 감면합니다.

(4) 신성장서비스업을 영위하는 중소기업

2024년 12월 31일 이전에 창업을 한 중소기업이 신성장 서비스업을 영위하는 경우 최초로 세액을 감면받는 과세연도와 그다음 과세연도의 개

시일부터 2년 이내에 끝나는 과세연도에는 소득세 또는 법인세의 75%를 감면하고, 그다음 2년 이내에 끝나는 과세연도에는 소득세 또는 법인세의 50%를 감면합니다.

(5) 소규모 창업

위 (1)~(4) 감면 규정에도 불구하고 창업한 창업중소기업(청년창업중소기업)에 대해서는 최초로 소득이 발생한 과세연도와 그다음 과세연도의 개시일부터 4년 이내에 끝나는 과세연도까지의 기간에 속하는 과세연도의 수입금액(과세기간이 1년 미만인 과세연도의 수입금액은 1년으로 환산한 총수입금액을 말함)이 8,000만 원 이하인 경우

〈2025년 12월 31일 이전에 창업한 경우〉
① 수도권과밀억제권역 외의 지역에서 창업한 창업중소기업의 경우: 100%
② 수도권과밀억제권역에서 창업한 창업중소기업의 경우: 50%

〈2026년 1월 1일 이후에 창업한 경우〉
① 비수도권, 수도권의 인구감소지역에서 창업한 창업중소기업의 경우: 100%
② 수도권과밀억제권역 외의 지역에서 창업한 창업중소기업의 경우: 75%
③ 수도권과밀억제권역에서 창업한 창업중소기업의 경우: 50%

3) 감면배제 사유

다음의 사유에 따라 중소기업에 해당하지 아니하게 된 경우에는 해당
사유 발생일이 속하는 과세연도부터 감면을 적용하지 않습니다.

① 「중소기업기본법」의 규정에 의한 중소기업 외의 기업과 합병하는
　경우

② 유예기간 중에 있는 기업과 합병하는 경우

③ 제1항 제3호(「중소기업기본법 시행령」 제3조 제1항 제2호다목의 규
　정은 제외한다)의 요건을 갖추지 못하게 되는 경우

④ 창업일이 속하는 과세연도 종료일부터 2년 이내의 과세연도 종료일
　현재 중소기업 기준을 초과하는 경우

4) 최저한세 및 농어촌특별세가 적용이 되는지 여부

① 창업중소기업 등으로 세금을 감면받은 것에 대해 최저한세 적용대
　상입니다.

② 창업중소기업 등으로 세금을 감면받은 것에 대해 농어촌특별세가
　비과세됩니다.

5) 중복지원을 배제

다른 세금감면 제도와 중복 적용이 되는 것은 배제하고 있습니다.

① 일부 투자세액 공제 등과 중복적용을 하지 않습니다.

② 동일 사업장에 대하여 다른 세금감면과 중복적용을 하지 않습니다.

③ 창업중소기업 등으로 세금감면을 받으려면 감면신청서를 제출하여
　야 합니다.

④ 고용증대세액공제와는 중복적용이 가능합니다. 다만, 고용창출에 따른 추가 감면을 받는 경우 둘 중에 하나만 적용이 가능합니다.

⑤ 사회보험료세액공제와 중복적용을 하지 않습니다.

 정셈의 창업 · 스타트업을 위한 세무관리

32

중소기업은 세금 감면을 받을 수 있다

나창업 씨는 스타트업을 창업하여 성공적으로 사업을 운영해 오고 있습니다. 회사의 수익률도 좋습니다. 창업한 지도 벌써 몇 년이 지났습니다.

회사가 매년 내는 세금이 많아서 부담이 되는데, 창업중소기업으로 세금 감면을 이미 창업 첫해부터 5년간 다 받았습니다. 창업 감면이 끝나고 나니 갑자기 세부담이 높아져서 고민이 됩니다.

지인들과의 식사자리에서 나창업 씨는 이 고민을 털어놓았습니다. 지인은 회사가 중소기업이면 창업 감면만큼 세금을 감면받을 수 없지만 그래도 매년 10% 감면을 받고 있다고 조언을 해주었습니다.

나창업 씨는 지금 회사가 중소기업이니 자기도 세금 감면대상을 당연히 받을 것으로 생각합니다. 중소기업 세금 감면을 받을 수 있을까요?

이에 대해 나창업 씨는 정셈에게 문의했습니다. 정셈은 다음과 같이 설명했습니다.

1) 중소기업 특별세액감면

중소기업을 위한 조세지원 제도 중에 대표적인 것이 중소기업이 사업을 하면서 납부해야 하는 세금을 감면해 주는 '중소기업 특별세액감면'입니다.

중소기업이면 세금 감면을 받을 수 있는 것이 아닙니다. 중소기업이면서 감면대상 업종을 영위하고 있는 기업이어야 하고, 사업장 소재지가 수도권에 있는 있는지에 따라 감면 여부 및 감면 비율이 다릅니다.

2) 감면대상 업종을 영위

중소기업 특별세액감면 제도는 중소기업이면 세금 감면을 적용 받을 수 있는 것이 아니라, 법에서 규정하고 있는 감면대상 업종을 영위하고 있는 중소기업이 세금감면을 받을 수 있습니다.

(1) 소비성서비스업은 감면배제

아래의 업종을 영위하는 경우 세금 감면을 받을 수 없습니다.

① 호텔업 및 여관업(「관광진흥법」에 따른 관광숙박업은 제외한다)
② 주점업(일반유흥주점업, 무도유흥주점업 및 「식품위생법 시행령」
　　제21조에 따른 단란주점 영업만 해당하되, 「관광진흥법」에 따른 외

국인전용유흥음식점업 및 관광유흥음식점업은 제외한다)

③ 그 밖에 오락·유흥 등을 목적으로 하는 사업으로서 기획재정부령으로 정하는 사업(아직까지 기획재정부령으로 규정한 것은 없습니다)

(2) 감면대상 업종

감면대상 업종은「조세특례제한법」제7조에서 규정하고 있습니다. 창업 중소기업과 감면대상 업종이 대체적으로 유사하지만 차이가 있습니다. 작물재배업, 축산업, 어업 등은 중소기업 세금 감면대상 업종에 해당합니다.

그리고 의원·치과의원 및 한의원이 수입금액에서 요양급여비용이 차지하는 비율이 100분의 80 이상이고, 해당 과세연도의 종합소득금액이 1억 원 이하인 경우에는 중소기업 세금 감면대상 업종에 해당합니다.

3) 감면율

지역 구분		업종 구분	감면율	통관대리 및 관련서비스업
수도권	소기업	도·소매, 의료업	10%	
		그 외 해당 업종	20%	10%
	중기업	지식기반산업	10%	
비수도권	소기업	도·소매, 의료업	10%	
		그 외 해당 업종	30%	15%
	중기업	도·소매, 의료업	5%	
		그 외 해당 업종	15%	7.5%

사업장별로 수도권 소재 유무를 판단하여 감면율을 적용합니다. 다만, 내국법인의 본점 또는 주사무소가 수도권에 있는 경우에는 모든 사업장이 수도권에 있는 것으로 봅니다.

수도권이란 서울, 인천시, 경기도 전체 지역이 해당하며, 수도권과밀억제권역과는 구분하여야 합니다.

4) 감면한도

중소기업 특별세액감면은 다음의 구분에 따라 한도를 적용합니다.

(1) 해당 과세연도의 상시근로자 수가 직전 과세연도의 상시근로자 수보다 감소한 경우

1억 원에서 감소한 상시근로자 1명당 5백만 원씩을 뺀 금액(해당 금액이 음수인 경우에는 영으로 한다)

(2) 그 밖의 경우

1억 원(상시근로자 감소가 없는 경우)

5) 주의사항

① 창업중소기업, 벤처기업 세액감면 등 다른 세액감면과는 중복공제가 되지 않습니다.

② 세액공제 중에 연구인력개발비세액공제, 전자신고세액공제와 중복공제는 가능하나 각종 투자세액공제와는 중복공제가 되지 않습니다.

③ 고용증대세액공제, 사회보험료 세액공제와는 중복공제가 가능합니다.

④ 감가상각의제가 적용되므로 세법상 한도액까지 감가상각하여야 하며, 세액감면을 받은 세액에 대해 농어촌특별세는 없습니다.

⑤ 중소기업 특별세액감면을 적용한 경우 최저한세를 적용합니다.

⑥ 농어촌특별세는 비과세 됩니다.

33

연구 · 개발비세액공제를 놓치지 말자

4차 산업 관련 스타트업은 연구 · 개발은 필수가 아닌 끊임없이 연구 · 개발을 해야 하는 것이 당연합니다. 지금은 회사의 기술이 인정받고 있지만, 언제 경쟁업체에게 뒤쳐질지 모르고, 인정받고 기술이 새로운 기술의 등장으로 사양이 될지도 모릅니다.

사업 아이템에 관련된 기술을 개발하는 데 공헌을 한 임직원에게 직무발명보상금을 지급하고 있고, 제품 디자인 등에도 적지 않은 비용을 지출하고 있습니다. 이렇게 연구 · 개발에 비용을 지출하는 것은 회사가 사장에서 살아남기 위해서는 지속적인 연구 · 개발은 너무나 당연합니다.

어느 날 지인들과의 모임에서 연구 · 개발에 관한 얘기를 하다가 지인들이 연구 · 개발비로 지출한 비용에 대해 세금 감면을 받아서 세금을 아끼고 있다는 것입니다.

나창업 씨는 연구·개발비로 매년 큰 비용을 지출하고 있는데, 지인들처럼 세금 감면을 받을 수 있을지 궁금합니다.

이에 대해 나창업 씨는 정셈에게 문의했습니다. 정셈은 다음과 같이 설명했습니다.

1) 연구전담조직이란?

기술 집약적인 스타트업의 경우 아이템 개발에 시간과 비용이 발생하는 것은 기본이고, 회사의 경쟁력을 유지하기 위해 매년 매출액의 일정비율을 연구·개발비로 지출합니다.

기업부설연구소 및 연구전담부서 등 연구전담조직을 둔 경우 가장 큰 조세지원을 받을 수 있고, 기업이미지 제고에도 좋은 효과를 거둘 수 있습니다.

2) 연구·개발비란?

연구·개발이란 위탁받아 수행하는 연구 활동 등을 제외한 모든 과학적 기술 또는 기술적 진전을 이루기 위한 활동과 새로운 서비스 및 서비스전달체계를 개발하기 위한 활동을 말합니다.

그리고 인력개발이란 내국인이 고용하고 있는 임원 또는 사용인을 교육·훈련시키는 활동을 말합니다.

연구개발비는 세법에서 자체연구개발, 위탁 및 공동연구개발, 종업원 등에게 직무발명보상금으로 지출한 금액, 기술 자문료, 기술지도를 받고 지출한 비용, 고유디자인 개발을 위한 비용, 공업 및 상품디자인 개발지도를 위하여 지출한 비용을 말합니다.

인력개발비는 세법에서 위탁훈련비(전담부서 등의 연구요원에 한함), 사내직업능력개발훈련 실시 및 직업능력개발 훈련 관련 사업 실시에 소요되는 비용, 인력개발 및 기술지도를 위하여 지출하는 비용, 생산성 향상을 위한 자체교육비, 위탁훈련비 등 사내기술대학 및 사내대학의 운영에 필요한 비용을 말합니다.

3) 세법상 요건을 충족해야 한다

회사가 연구개발비로 지출한 것에 대해 세금을 감면받으려면 해당 규정의 요건을 충족해야 합니다. 해당 규정은 「조세특례제한법」 제10조입니다. 해당 요건을 충족하면 법인뿐만 아니라 개인사업자도 세금 감면을 받을 수가 있습니다.

<연구전담조직의 인적·물적요건>

구분			신고요건
인적 요건	기업부설 연구소	벤처기업	연구전담요원 2명 이상
		연구원 창업 중소기업	
		소기업	연구전담요원 3명 이상
		중기업	연구전담요원 5명 이상
		해외소재 연구소	
		대기업	연구전담요원 10명 이상
	연구개발 전담부서	기업규모에 상관없이 동등 적용	연구전담요원 1명 이상
	과학기술분야 영리연구법인		연구전담요원 2명 이상
물적 요건	연구시설 및 공간요건		연구개발 활동을 수행하는 데 필수적 인 독립된 연구공간과 연구시설 보유

(1) 연구시설이 있어야 한다.

세금 감면을 받으려면 회사에 연구시설이 있어야 합니다. 연구시설은 연구개발 활동을 위하여 배타적으로 사용하는 독립된 연구공간이어야 합니다. 독립된 연구공간으로서 출입문과 벽을 갖추어 다른 부서와 구분이 되어야 합니다. 하지만 면적이 50㎡ 이하의 경우는 칸막이 등으로 다른 부서와 구분해 공간을 구성할 수 있습니다.

연구시설에서 연구개발 외에 마케팅 같은 다른 활동을 하는 경우 세금 감면을 받을 수가 없습니다.

(2) 연구전담요원이 있어야 한다.

세금 감면을 받기 위해서는 연구전담요원이 있어야 합니다. 기업 규모별로 필수 확보 전담요원의 수는 다르지만, 각각 분야별 학위, 자격증, 경력 등의 요건을 갖춘 인력이어야 합니다.

연구전담요원은 연구개발만 해야하므로, 겸직을 하는 경우 해당 인건비는 감면대상 비용에서 제외합니다. 또한 연구원이 연구개발과제를 직접 수행하거나 보조하지 않고, 행정 사무를 담당하는 경우 해당 인거비는 감면대상 비용에서 제외합니다.

4) 세금 감면을 받으면 사후관리를 주의해야 한다.

세금 감면 규정에는 사후관리 규정을 두고 있습니다. 세금 감면을 받고 사후관리를 위반하는 경우 감면받은 세금을 추징할 때 가산세도 부과합니다.

연구소를 운영하면서 세액공제요건과 관련해 변동사항이 생기면 변경된 날부터 30일 이내에 변경신고를 해야 합니다.

연구소를 보유한 기업은 연구활동을 적은 연구개발활동조사표를 매년 제출해야 하는데요. 연구개발활동조사표를 제출하지 않으면 연구소 지위에 대한 인정이 취소될 수 있으니 주의해야 합니다.

연구인력개발비 세액공제는 관할 세무서에서 사후검증을 하기 때문

 정셈의 창업 · 스타트업을 위한 세무관리

에, 혹시나 감면요건을 위배하고 있는지를 검토해야 하고, 연구개발계획서, 연구개발보고서, 연구내역 기록 등 서류를 작성하여 5년 동안 보관해야 합니다.

34

벤처기업 인증과 세금 혜택

나창업 씨가 창업한 지 얼마 되지 않았을 때 지인들이 벤처기업 인증을 꼭 받으라고 했습니다. 벤처기업 인증을 받으면 여러 혜택을 받을 수 있는데, 세금 혜택도 받을 수 있다고 조언했습니다.

이에 대해 나창업 씨는 정셈에게 문의했습니다. 정셈은 다음과 같이 설명했습니다.

정부는 창업뿐만 아니라 벤처기업 육성을 위해 정책적으로 지원을 하고 있습니다. 벤처기업 인증을 받으면 세금 등의 혜택을 받을 수가 있습니다. 또한 기업의 신용평가에서도 유리해질 수 있습니다.

1) 벤처기업 인증을 받으면 세금 혜택을 받을 수가 있다.

(1) 창업에 따른 세금 감면

창업기업이 창업 후 3년 이내에 벤처기업 인증을 받으면, 법인세나 소득세를 5년간 50% 감면받을 수 있습니다.

정셈의 창업 · 스타트업을 위한 세무관리

벤처기업이 창업감면대상 업종에 해당하는지 주의가 필요하지만, 대부분의 벤처기업은 감면대상 업종에 해당합니다.

또한, 벤처기업 대표자가 청년인 경우 청년창업기업으로 감면을 적용받을 수 있습니다. 청년창업기업 감면과 벤처기업 창업감면 중 유리한 것을 선택해서 세금감면을 받으면 됩니다.

(2) 취득세와 재산세 감면

스타트업이 사업을 하면서 회사가 성장함에 따라 사옥이나 연구소 및 제조시설을 위해 부동산 등을 매입하는 경우가 있습니다. 창업일부터 3년 이내에 스타트업이 벤처기업 인증을 받은 상태에서 부동산을 매입하는 경우에는 취득세를 75% 감면받을 수 있고, 재산세는 3년간 100% 이후 2년간 재산세 50%를 감면받을 수 있습니다.

또한 스타트업이 벤처기업 인증을 받은 상태에서 벤처기업육성촉진지구에서 업무용으로 사용할 부동산을 취득하는 경우 취득세 37.5%, 재산세 37.5%를 감면합니다.

(3) 벤처기업 투자자의 소득공제

스타트업은 자금조달을 위해 투자를 받는 경우가 많습니다. 벤처기업 인증을 받은 스타트업은 투자자가 투자한 금액에 대해 소득공제를 받을 수 있습니다. 기술력이 있는 스타트업이라도, 벤처기업 인증을 받은 스타트업에 투자를 하면 투자자는 소득공제를 받아 절세를 할 수 있으므로,

투자유치에 유리할 수 있습니다.

　벤처기업 인증을 받은 기업에 투자하는 경우 투자자는 투자액 3000만 원 이하는 100%, 3000만 원 초과 5000만 원 이하는 70%, 5000만 원 초과분은 30%의 소득공제를 받을 수 있습니다. 다만 해당 과세연도의 종합소득금액 50%를 한도로 합니다.

2) 벤처기업 인증을 받으면 신용평가에 유리하다.

　벤처인증을 받으면 세금 외에도 기술보증기금 등의 보증을 통한 대출한도가 오르고, 각종 정부지원금을 신청할 때 가점이 부여되는 등의 혜택을 누릴 수가 있습니다.

　정부지원금은 상환의무가 있는 것과 없는 것으로 구분할 수 있습니다. 자금조달이 필요한 기업 입장에서는 정부지원을 받는 것이 중요하지만, 상환의무가 없는 정부지원금을 받는 것이 당연히 유리할 것입니다. 스타트업이 정부지원금을 신청할 때도 벤처기업 인증을 받은 스타트업은 일반 스타트업보다 유리합니다.

3) 벤처기업 인증의 유효기간

　벤처기업 인증은 한 번 인증을 받으면 계속해서 유효한 것이 아니라, 유효기간이 만기가 될 때 다시 인증을 받아야 합니다. 벤처기업확인서의 유효기간은 3년입니다.

35

직원을 추가로 고용하면
세금을 감면받을 수 있다

스타트업을 창업한 나창업 씨는 한 해가 지날수록 사업이 성장을 거듭하고 있습니다. 채용한 직원도 여러 명이 됩니다. 매달 인건비로 그리고 4대보험료와 복리후생비로 적지 않은 금액을 지출하고 있습니다. 그래서 나창업 씨는 인건비에 대해 부담을 느끼고 있습니다.

어느 날 지인들과 식사자리에서 지인 중에 한 명이 작년에 추가로 직원을 고용했는데 세금 감면을 받았다는 것입니다. 금액도 커서 회사의 자금부담을 완화할 수 있어서 도움이 많이 되었다고 합니다.

이에 대해 나창업 씨는 정셈에게 직원을 추가로 고용한 것에 대해 자기도 세금 감면을 받을 수 있는지 문의했습니다. 정셈은 다음과 같은 설명을 했습니다.

1) 고용증대세액공제란

정부의 일자리 창출을 통한 경제 활성화 정책목적으로 고용을 증대한 기업에 대해 세금을 3년간(중소기업과 중견기업 외는 2년) 감면해 주는 조세지원 정책입니다.

법인이나 개인사업자가 법인세 또는 종합소득세에서 공제를 받을 수가 있습니다.

2) 감면 요건

① 올해 상시근로자 수가 전년도 상시근로자 수보다 증가해야 합니다.
② 회사가 호텔업, 여관업, 주점업, 그 밖에 오락·유흥 등을 목적으로 하는 사업을 영위하지 않아야 합니다.

3) 공제 금액

공제금액은 회사의 규모, 사업장 소재지, 청년 등을 채용하였는지 여부에 따라 공제 금액이 다릅니다.
① 청년(15세~29세), 장애인, 60세 이상
② 그 외

구분	중소기업		중견기업	그 외
	수도권 내의 지역	수도권 외의 지역		
청년, 장애인, 60세 이상	1,100만 원	1,200만 원	800만 원	400만 원
그 외	700만 원	770만 원	450만 원	-

 정셈의 창업·스타트업을 위한 세무관리

4) 상시근로자의 개념

상시근로자는 「근로기준법」에 따라 근로계약을 체결한 내국인 근로자로 합니다. 다만, 다음의 어느 하나에 해당하는 사람은 상시근로자 수에서 제외합니다.

① 근로계약기간이 1년 미만인 근로자(근로계약의 연속된 갱신으로 인하여 그 근로계약의 총 기간이 1년 이상인 근로자는 제외)

②「근로기준법」에 따른 단시간근로자. 다만, 1개월간의 소정근로시간이 60시간 이상인 근로자는 상시근로자로 봅니다.

③ 해당 회사의 임원

④ 해당 기업의 최대주주 또는 최대출자자(개인사업자의 경우에는 대표자)와 그 배우자

⑤ 위 ④에 해당하는 자의 직계존비속(그 배우자를 포함) 및 친족관계인 사람

⑥ 근로소득원천징수부에 의하여 근로소득세를 원천징수한 사실이 확인되지 아니하고, 다음의 어느 하나에 해당하는 금액의 납부사실도 확인되지 아니하는 자

가. 「국민연금법」에 따른 부담금 및 기여금

나. 「국민건강보험법」에 따른 직장가입자의 보험료

5) 사후관리

고용증대세액공제를 받은 후 2년 내에 상시근로자 수가 감소하는 경우 감소한 인원에 상당하는 금액을 추징합니다.

6) 기타 사항

① 최저한세 적용대상

② 농어촌특별세 과세 대상

③ 임원은 지원대상이 아니며, 근로수 수에 포함하지 않습니다.

④ 중소기업특별세액가면과 중복 적용이 가능합니다.

⑤ 추계신고 시 공제를 받을 수가 없습니다.

 정셈의 창업 · 스타트업을 위한 세무관리

36

외국납부세액공제

나창업 씨가 창업한 회사는 몇 년 안 되어 크게 성장했습니다. 직원도 5명에서 10명으로, 이제 20명이 넘었습니다.

국내 시장에서 해외 시장으로 확장을 계획 중입니다.

지인들은 나창업 씨에게 해외에 직접 진출할 때 해외 자회사의 세금 관리를 잘해야 하고, 잘 못하면 세금을 두 번 낼 수 있다며 조언했습니다.

이에 대해 나창업 씨는 정셈에게 문의했습니다. 정셈은 다음과 같이 설명했습니다.

국내기업이 해외지점이나 자회사 형태로 해외에 진출하여 소득(국외원천소득)을 창출하는 경우 국외원천소득에 대해 그 나라에서 과세를 합니다.

국내기업은 해외 소득을 합산하여 법인세나 종합소득세를 신고합니다. 그런데 해외 소득에 대해서는 외국에서 세금을 납부하고, 국내에서도 세금을 납부하게 됩니다. 세금을 두 번 내는 문제가 발생합니다.

세법은 이 문제를 해결하기 위해 세액공제방법과 손금산입방법 중 하나를 선택하여 적용할 수 있도록 하고 있습니다.

1) 외국납부세액공제란

외국납부세액공제란 거주자의 경우 국내·외 모든 원천소득에 대해 과세되기 때문에 거주자의 국외소득이 외국에서 과세되고 국내에서 다시 과세하게 되면 이중과세가 되므로 이를 조정하기 위한 제도입니다.

2) 공제대상

국외원천소득이 있는 경우로

(1) 직접외국법인세액

외국법인세액은 각 사업연도의 과세표준금액에 포함된 국외원천소득에 대하여 외국정부(지방자치단체를 포함)에 의하여 과세되어 납부하였거나 납부할 것으로 확정된 금액입니다.

(2) 간주외국법인세액

국외원천소득이 있는 내국법인이 조세조약의 상대국에서 당해 국외원천소득에 대하여 법인세를 공제·감면받은 세액상당액입니다.

(3) 간접외국법인세액

2023년 1월 1일 이후 국내기업이 지분 10%이상, 6개월 이상 보유하고 있는 외국법인으로부터 배당 받는 경우 외국납부세액공제와 간접외국납부세액공제를 적용하지 않습니다.

배당소득의 95%를 익금불산입 적용합니다.

3) 환율 적용

외국세액을 납부한 때의 기준환율 또는 재정환율을 적용합니다. 분납세액에 대하여는 확정일 이후 최초로 납부하는 날의 기준환율 또는 재정환율을 적용할 수 있습니다.

4) 외국납부세액의 귀속연도

외국법인세액의 귀속연도는 해당 국외원천소득이 국내기업의 법인세 과세펴준에 산입된 사업연도입니다.

5) 외국납부세액공 공제 한도

$$\text{외국납부세액공제 한도액} = \text{해당연도 법인세 산출세액} \times \frac{\text{국외원천소득}}{\text{법인세 과세표준}}$$

해당연도 법인세 산출세액에는 토지등 양도소득에 따른 법인세액과 투자·상생협력촉진을 위한 법인세는 제외합니다.

국외사업장이 2이상의 국가에 있는 경우에는 국가별로 구분하여 국가별 한도방식에 따라 공제합니다.

6) 이월공제

공제한도 초과액은 이월된 연도의 공제한도액 범위안에서 15년간 이월하여 공제합니다.

37

세액감면·공제는
기업의 세후수익률에 영향을 미친다

스타트업 창업한 나창업 씨는 기발한 사업 아이템을 연구·개발 중입니다. 최고의 제품을 출시하고자 하는 의욕이 넘칩니다. 제품개발이 완료되어 제품 출시를 앞두고 있습니다.

출시할 제품의 관련 시장을 면밀히 분석하고, 마케팅과 홍보, 제품 가격의 책정과 유통 등을 검토하여 예상되는 매출과 영업이익을 검토를 했습니다. 그리고 이에 따른 필요한 예산을 편성하여 수익률을 산출했습니다. 수익률이 예상한 것보다 낮아 고민입니다.

나창업 씨는 수익률을 높이고 싶은데 방법이 없는지 정셈에게 문의했습니다. 정셈은 다음과 같이 설명했습니다.

1) 세전수익률과 세후수익률

수익률은 세전 수익률과 세후 수익률로 구분할 수 있습니다.

회사의 영업이익에서 영업외손익을 반영하면 법인세차감전순이익이 계산됩니다. 여기에 법인세를 차감하면 당기순이익이 계산됩니다.

2) 세금(법인세 또는 종합소득세)은 회사입장에서 비용이다.

세금(법인세 또는 종합소득세)은 어떻게 보면 회사 입장에서 비용과 같습니다. 경영성과가 좋아 이익이 증가하면 세금이 증가합니다. 반대로 경영성과가 저조하여 이익이 감소하면 법인세도 감소합니다. 법인세가 회사의 경영성과에 그대로 비례하는 것은 아닙니다.

사업을 하는 데 있어서 실질 수익률에 세금이 미치는 영향은 큽니다. 실질 수익률은 세금까지 반영된 당기순이익으로 계산하기 때문입니다. 또한 정확한 세후 수익률뿐만 아니라 줄이기 위한 대책도 세우고 준비하여야 합니다.

3) 실효세율

개인사업자는 6~45%의 초과누진세율, 법인은 9~24%의 초과누진세율, 지방소득세 10%까지 고려하면 6.6~49.5%, 9.9~26.4%의 세율이 적용됩니다.

단순하게 매출액이 20억 원이고, 과세표준이 5억 원인 경우 지방소득세를 포함한 개인사업자의 종합소득세는 191,466,000원, 법인세는 82,500,000원입니다.

 정셈의 창업·스타트업을 위한 세무관리

실효세율은 개인사업자의 경우 38.2932%, 법인은 16.5%로 차이가 있습니다. 이는 개인사업자보다 법인의 세율이 낮기 때문입니다.

4) 세후이익

세후이익(당기순이익)은 법인세차감전이익에서 법인세(또는 종합소득세)을 차감하여 계산합니다. 위의 사례에서 법인세차감전이익이 5억 원으로 당기순이익을 계산하면 개인사업자의 경우 308,534,000원이고, 법인은 417,500,000원입니다. 이익이 커질수록 법인이 유리합니다.

매출액이익률을 비교하면 개인사업장과 법인의 세전 매출액이익률은 25%로 동일하지만, 세금을 반영한 세후 수익률은 개인사업자가 15.4267%, 법인은 20.875%로 차이가 발생합니다. 세전 수익률과 세후 수익률을 비교하면 개인사업자는 약 10%p, 법인은 약 5%p가 차이납니다.

사업에 대한 계획과 예산을 편성할 때 세전 수익률 25%로 사업계획을 세우는 것과 세후 수익률 20.6%로 사업계획을 세우는 것은 차이가 있을 것입니다. 그리고 현금흐름 및 자금조달에도 영향을 미칠 것입니다.

5) 세액감면과 세액공제

세후 수익률 차이는 세액감면과 세액공제로 발생할 수 있습니다.

예를 들어 매출과 이익이 동일한 A회사와 B회사가 있습니다. A회사는 세금을 감면받고, B회사는 세금 감면을 못 받는다면 세후이익은 어떻게 될까요? 감면받은 세금만큼 이익과 현금흐름에 영향을 미칠 것입니다.

　세법에는 회사의 세금을 감면해 주는 규정이 있습니다. 정부는 정책목적을 위해 세금을 감면 규정을 두고 있습니다. 중소기업의 경영지원을 위한 세금감면, 연구·개발 장려를 위한 세금감면, 설비투자에 대한 세금감면, 고용지원을 위한 세금감면 등이 있습니다.

　정부는 IT, 바이오, 제조업, 4차산업 등에 창업지원과 경영지원 등을 적극적으로 하고 있습니다. 지원 정책 중에 세금 감면을 통해 세부담을 낮춰주는 조세지원정책이 있습니다.

　세금은 금전으로 납부를 하는 것이 원칙입니다. 기업 입장에서 납부해야 하는 세금이 클수록 현금유출에 의한 부담이 있습니다. 세금 감면을 받으면 그만큼 납부해야 하는 세금이 적어져서 현금유출이 줄어듭니다.

　모든 기업이 세금 감면을 받을 수 있는 것이 아니고, 각 감면 규정마다 요건이 있는데, 해당 요건을 충족하면 세금감면을 받을 수 있습니다.

　또한 세금감면과 못지않게 중요한 것이 사후관리를 주의해야 하는 것입니다. 감면을 받고 나서 사후관리를 위반하면 감면받은 세금을 추징받게 되는데, 이때 신고불성실가산세(10%)와 이자성격의 납부지연가산세(연 9.125%)도 같이 부과되니 주의해야 합니다.

38

회사 사옥 마련과 취득세 중과

나창업 씨는 스타트업을 창업해 사업이 잘 정착하고 수익도 내고 있습니다. 회사를 창업한 이후 사무공간을 월세로 부담하면서 회사를 운영해 오고 있는데, 이제는 회사 사옥을 마련하면 어떨까 하고 고민을 하고 있습니다.

괜찮은 물건이 있는지 알아보고 있는데, 지인은 법인이 부동산을 구입하면 취득세가 중과세되니 주의해야 한다고 조언했습니다.

회사가 사옥이 필요해서 취득하는 것인데, 법인이 부동산을 구입했다고 취득세를 중과하는 것이 맞는지 궁금합니다.

나창업 씨는 이에 대해 정셈에게 문의했습니다. 정셈은 다음과 같이 설명했습니다.

1) 법인의 취득세 중과세란

중과세 제도는 특정 과세대상(세원)에 대해 표준세율보다 높은 세율을 적용하여 과세함으로써 특정 행위를 억제시기거나 위험의 정도에 따라 차등적인 세부담을 지우는 등의 목적을 달성하고자 하는 취지를 갖습니다.

지방세법에 대도시 내 인구집중을 억제하고 공해 유발을 방지함으로써 대도시의 기능을 유지하고 활성화하는 데 기여하기 위해 법인이 부동산을 취득하는 것에 대해 취득세를 중과세하도록 규정을 두고 있습니다.

2) 법인에게 취득세를 중과세 하는 경우

① 법인이 수도권과밀억제권역에서 본점 및 주사무소용 부동산을 취득하는 경우 취득세를 중과세합니다.
② 대도시에서 법인을 설립하거나 지점 또는 분사무소를 설치하는 경우 및 법인의 본점, 주사무소지점, 분사무소를 대도시로 전입함에 따라 대도시의 부동산을 취득하는 경우에는 취득세를 중과세합니다.

3) 중과대상에 해당하는 경우

① 도시형공장을 영위하는 공장의 구내에서 본점용 사무실을 증축하는 경우
② 본점의 사무소전용 주차타워를 신증축하는 경우
③ 임대한 토지에 공장을 신설하여 운영하다가 토지 내에 본점 사업용 건축물을 신증축하는 경우
④ 대도시 외에서 대도시 내로의 주소이전한 경우

⑤ 대도시 내에서 서울특별시로 주소이전한 경우

4) 중과대상에 해당하지 않는 경우

① 병원의 병실을 증축 취득하는 경우

② 운수업체가 관련 법령에 따른 차고용 토지만을 취득하는 경우

③ 임대업자가 임대하기 위하여 취득한 부동산과 당해 건축물을 임차하여 법인의 본점용으로 사용하는 경우

④ 대도시 내에서 서울특별시로 주소이전

⑤ 서울시 내에서 서울시 내로 주소이전

5) 중과세율 적용

(1) 과밀억제권역 내 부동산 취득에 따른 중과세율

① 건물: 표준세율(원시취득 2.8%) + 중과기준세율(2%)의 2배

② 토지: 표준세율(증여 3.5%, 유상승계 4%) + 중과기준세율(2%)의 2배 - 신고당시 납부세액

(2) 대도시 내로 법인 설립·전입 등에 따른 취득세 중과세율

① 대도시 내로 전입과 부동산 취득중과: 표준세율 × 3 - 중과기준세율(2%) × 2

② 전입하면서 전입 이전 취득부동산 중과: [표준세율 × 3 - 중과기준세율(2%) × 2] - 취득당시 납부세액

39

세금관리와 절세의 기본은 증빙 수취이다

나창업 씨는 스타트업을 창업하여 사업에 열정과 의지를 쏟아부으며 오직 사업에만 집중했습니다. 창업을 준비하고, 1인 기업으로 사업을 시작하여, 회사가 성장한 지금도 나창업 씨는 휴일이 없다시피 일을 하고 있습니다.

회사는 창업 초기와 비교하여 매출도 많이 증가하고, 채용한 직원도 몇 명이나 됩니다. 그런데 주위의 동종업종 회사와 비교하면 왠지 세금을 더 많이 내고 있는 것 같습니다. 뭔가 손해 보는 것 같아 억울한 심정이 듭니다.

절세에 대해 어느 때보다 관심이 많습니다. 절세를 하려면 어떻게 해야 될지 모르겠습니다. 절세를 하려면 어떻게 해야 하고, 어떤 점이 중요한가요?

나창업 씨는 이에 대해 정셈에게 문의했습니다. 정셈은 다음과 같이 설명했습니다.

1) 법인세와 종합소득세는 이익에 대한 세금이다

법인세와 종합소득세는 이익에 대한 세금입니다. 법인(또는 개인사업자)의 매출이 증가하면 이익이 증가합니다. 비용이 감소하면 이익이 증가합니다. 반대로 매출이 감소하거나 비용이 증가하면 이익이 감소합니다. 이는 종합소득세도 마찬가지입니다.

매출은 매입과 직접 관련되어 있습니다. 예를 들어 회사 제품을 거래상대방에게 판매하는 입장에서는 매출이고, 거래상대방은 매입(매출원가)에 해당합니다.

회사의 매출을 낮출 수는 없습니다. 그래서 일반적으로 절세와 관련된 것은 바로 비용과 세액감면·공제입니다.

2) 세액감면과 세액공제 받기

세액감면과 세액공제는 해당 요건을 충족해야 받을 수가 있습니다. 회사가 원한다고 받을 수 있는 것이 아닙니다.

세액감면 중에 대표적인 창업중소기업세액감면을 적용받고 싶으면 해당 규정의 요건을 충족해야 합니다. 또한 세액공제 중에 대표적인 연구인력개발비세액공제도 적용받고 싶으면 해당 규정의 요건을 충족해야 합니다.

만일 세액감면이나 세액공제의 요건을 충족하지 않는데 적용을 하여 법인세를 신고하면 관할 세무서는 법인세 추징 및 가산세를 부과합니다.

세액감면이나 세액공제는 사후관리 요건이 있습니다. 사후관리 요건을 위반하는 경우 감면받은 금액을 추징당할 수 있으니 주의해야 합니다.

3) 비용

회사의 비용이 증가하면 이익이 감소합니다. 이익을 감소시키기 위해서는 비용이 클수록 좋다고 생각할 수 있습니다. 어디까지나 비용은 회사가 사업을 위해서 지출한 것이어야 합니다.

회사가 지출한 비용이 부족하다고 해서 임직원(또는 개인사업자 본인)의 가사용경비를 비용으로 반영해 달라고 요구하는 경우가 있습니다. 세금이 그래도 많다는 불만으로 비용을 더 반영할 것을 요구하여 증빙 자체가 없는 비용을 반영하여 법인세를 신고하는 경우도 있습니다.

위 전자의 경우는 사업 무관 비용이 반영된 경우이고, 후자의 경우는 가공경비가 반영된 경우입니다. 두 가지 모두 비용으로 반영해서는 안 됩니다. 특히 후자의 경우는 조세범처벌법으로 형사처벌을 받을 수 있습니다.

4) 기업회계와 세법의 차이에 따라 세법상 이익이 달라진다

법인세나 종합소득세는 소득에 대한 세금, 즉 이익에 대한 세금입니다.

　　　　　　　　　　정셈의 창업 · 스타트업을 위한 세무관리

회계에 따른 이익과 세법에 따른 이익은 비슷하지만 다릅니다. 그래서 세법에 따른 이익을 계산할 때는 회계에 따른 이익에서 회계와 세법의 차이를 조정하여 계산합니다. 이를 세무조정이라고 합니다.

회계상 이익에서 세무조정을 하여 소득금액을 계산합니다. 이월결손금과 소득공제를 차감하여 계산된 과세표준에 세율을 곱하여 산출세액을 계산합니다. 마지막으로 세액공제와 세액감면을 차감하면 납부해야 하는 세금이 계산됩니다.

세무조정에 따라 회계상 이익과 세법상 이익이 크게 차이가 날 수 있습니다. 특히 사업 초기에 예상했던 것과 달라 당황할 수 있습니다.

5) 절세와 증빙관리

비용에 있어 가장 중요한 것은 무엇일까요? 증빙서류를 잘 갖추는 것입니다. 증빙서류를 잘 갖추는 것이 절세의 기초이고, 매우 중요하기에 몇 번을 강조해도 부족하지 않습니다.

스타트업뿐만 아니라 어떤 회사이든 창업 초기에는 수익성을 올리는 것이 중요합니다. 수익성이 낮거나 손실이 계속되면 회사는 투자를 받기가 어렵고, 부족한 자금은 대출을 받아야 하는데 그러면 회사의 부채비율이 높아지고 정해진 이자를 지급해야 합니다. 그래도 손실이나 저조한 수익성이 계속되면 회사는 문을 닫을 수밖에 없습니다. 그래서 수익성을 내기 위해, 수익성을 올리기 위해 무척 노력합니다.

창업 초기부터 증빙을 잘 관리하면 문제가 없지만, 수익성을 올리는 것에 집중하다 보면 증빙 관리를 소홀히 할 수 있습니다.

증빙 관리를 소홀히 하는 것이 문제가 될까요?

비용과 직접적으로 관련 있는 것이 증빙입니다. 회사는 지출한 비용에 대해 증빙을 갖추어야 합니다. 비용을 지출하고 법정증빙(또는 적격증빙)인 세금계산서, 계산서, 신용카드매출전표, 현금영수증 중 한 가지를 수취해야 합니다.

부가가치세와 관련 해서 매입을 하면 부담한 부가가치세를 공제받을 수 있습니다. 그런데 세금계산서 등 법정증빙을 수취하지 않은 경우 부가가치세를 불공제합니다. 거래내역을 입증할 수 있어도 법정증빙을 수취하지 않았기 때문에, 회사가 매입할 때 부담한 부가가치세를 공제받을 수 없습니다.

법인세와 종합소득세를 신고할 때 비용 증빙이 없으면 비용 반영이 줄어들고 그만큼 이익이 증가하여 내야 될 세금이 증가합니다. 지출한 비용을 관련 서류와 금융거래내역으로 입증이 가능해도 법정증빙을 갖추지 못한 것에 대한 가산세 2%를 부담해야 합니다.

다만, 건당 3만 원 이하인 재화나 용역을 공급받은 경우는 간이영수증을 수취해도 비용으로 인정이 됩니다.

회사가 지출한 비용 중에 법정증빙을 수취하지 않은 금액의 비용이 많거나 건당 3만 원 이하 간이영수증 비용이 많은 경우, 이들 비용 지출의 적정 여부를 검토해서 이 비용을 부인하고 세금 추징할 수 있습니다. 또한 회사가 세금을 탈루하고 있는지 여부를 확인하기 위해 세무조사를 받을 수도 있습니다.

요즘 거래와 관련된 각종 증빙들이 전자적인 형태로 발급 및 수취되고 있습니다. 특히 과거와 다르게 전자결제시스템 이용 비중이 매년 증가하고 있습니다. 이러한 상황에 과세당국은 전자로 수집된 자료를 바탕으로 세금 신고 적정 여부를 검토하는 데 적극 활용하고 있습니다.

증빙 관리 세금 문제뿐만 아니라 회사의 재무제표의 정확성 및 품질에도 관련이 있으니 증빙 관리를 잘 하는 것이 무척 중요합니다.

법인세법 제75조의5(증명서류 수취 불성실 가산세)

① 내국법인(대통령령으로 정하는 법인은 제외한다)이 사업과 관련하여 대통령령으로 정하는 사업자로부터 재화 또는 용역을 공급받고 제116조 제2항 각 호의 어느 하나에 따른 증명서류를 받지 아니하거나 사실과 다른 증명서류를 받은 경우에는 그 받지 아니하거나 사실과 다르게 받은 금액으로 손금에 산입하는 것이 인정되는 금액(건별로 받아야 할 금액과의 차액을 말한다)의 100분의 2를 가산세로 해당 사업연도의 법인세액에 더하여 납부하여야 한다.

② 다음 각 호의 어느 하나에 해당하는 경우는 제1항의 가산세를 적용하지 아니한다.

1. 제25조 제2항에 따른 접대비로서 손금불산입된 경우

2. 제116조 제2항 각 호 외의 부분 단서에 해당하는 경우

③ 제1항에 따른 가산세는 산출세액이 없는 경우에도 적용한다.

소득세법 제81조의6 (증명서류 수취 불성실 가산세)

① 사업자(소규모사업자 및 소득금액이 추계되는 자 제외)가 사업과 관련하여 사업자(법인을 포함)로부터 재화 또는 용역을 공급받고 제160조의2 제2항 각호의 어느 하나에 따른 증명서류를 받지 아니하거나 사실과 다른 증명서류를 받은 경우에는 그 받지 아니하거나 사실과 다르게 받은 금액으로 필요경비에 산입하는 것이 인정되는 금액(건별로 받아아 할 금액과의 차액을 말한다)의 100분의 2를 가산세로 해당기간의 종합소득 결정세액에 더하여 납부하여야 한다, 다만. 제160조의2 제2항 각호 외의 부분 단서가 적용되는 부분은 그리하지 아니한다.

② 제1항에 따른 가산세는 종합소득산출세액이 없는 경우에도 적용한다.

 정셈의 창업·스타트업을 위한 세무관리

세무상 리스크 관리

세금 관련 리스크 중에 단골은 가지급금과 부당행위계산 부인입니다.

가지급금은 법인과 관련된 문제로, 여러 문제를 일으킵니다. 문제 해결 방법은 가지급금을 없애는 것으로, 회사에 가지급금이 계상되어 있는 이상 문제가 없어지지 않습니다.

특수관계자와 거래는 세금 문제를 일으킵니다. 세법은 부당행위계산 부인 규정을 두러 규제를 하고 있습니다. 부모는 자녀에게 어떤 특혜를 주고 싶습니다. 대표적인 것이 재산입니다.

회사가 어느 정도 성장하여 이익을 얻고 있는 경우 사옥을 마련하고 싶습니다. 회사는 제품 생산을 위탁 생산으로 하는 경우가 있고, 공장을 지어서 직접 생산을 하는 경우가 있습니다. 이와 관련하여 중요한 것이 취득세입니다.

회사를 창업할 때나 개인사업자를 시작할 때 자기 명의가 아닌 타인 명의를 빌려서 하는 경우가 있습니다. 이는 매우 위험한 것입니다.

회사에 세무상 리스크가 발생하지 않도록 주의해야 합니다.

40

법인과 가지급금·가수금 문제

스타트업을 법인으로 창업한 나창업 씨는 회사를 성장시키기 위해 모든 노력을 기울이고 있습니다.

법인을 설립할 때 납입한 자본금이 운영비로는 많이 부족하여 나창업 씨가 개인자금을 법인계좌로 송금하여 운영비로 충당하였습니다. 그렇게 하다 보니 금액이 많이 쌓였습니다.

회사의 매출이 조금씩 증가하면서, 회사에 투자를 하고 싶다는 제안도 받았습니다. 투자 심사를 거쳐 투자자는 회사에 투자하기로 결정을 했고, 약속한 날에 투자금이 회사 계좌로 입금이 되었습니다. 나창업 씨는 그동안 회사에 운영비로 개인자금을 입금했던 금액을 회수하기 위해 투자받은 금액의 일부를 개인통장으로 이체했습니다.

나창업 씨는 위 사례를 지인들과 저녁 식사자리에서 얘기 했는데, 지인들은 한목소리로 회사 돈을 개인통장에 함부로 이체를 하면 안 된다고 합니다.

나창업 씨처럼 회사 통장의 돈을 개인통장으로 이체하면 문제가 있을까요?

이에 대해 나창업 씨는 정셈에게 문의했습니다. 정셈은 다음과 같이 설명했습니다.

법인을 운영하다 보면 가지급금과 가수금이 발생할 수 있습니다. 가지급금과 가수금은 세무상 여러 문제를 일으킵니다.

1) 가지급금이란

"가지급금"이란 회계상 법인에서 현금 지출이 있었지만 거래 내용이 명확하지 않거나 거래가 완전히 종결되지 않아 계정과목이나 금액이 미확정인 경우, 임시계정으로 처리하는 것을 말합니다.

그러나 세법상 가지급금은 다른 의미로 사용합니다. 명칭 여하에도 불구하고 해당 법인의 업무와 관련이 없는 자금을 특수관계인(주로 대표이사나 주주)에게 대여한 금액을 말합니다. 법인 입장에서 가지급금은 자산으로 가지급금, 단기대여금 또는 '주임종(주주·임원·종업원) 단기대여금' 등의 계정과목으로 표시합니다.

가지급금은 법인자금을 대표이사나 임원이 적절한 절차없이 임의로 인출한 경우 발생하지만, 각 부서의 업무상 필요한 자금을 지출한 후 지출증빙서류를 정리하지 않은 경우, 납품이나 입찰에서 유리한 조건을 만들기 위해 실물 자산은 이동하지 않고 가공매출이나 경비축소 등으로 장기 미회수 매출 채권을 만드는 경우 등의 상황에서 발생합니다. 대부분의 법인은 가지급금을 보유하고 있으며, 이로 인해 세금 문제를 발생시킵니다.

2) 가수금이란?

회계상 "가수금"이란 회사에 수입으로 현금 유입이 있었지만, 그 원인이나 출처가 불분명한 경우 그 금액이 명확하게 구분되기까지 일시적으로 사용하는 임시계정입니다.

세법상 가수금은 특수관계자 등 개인이 기업에 자금을 대여한 것으로 부채에 해당합니다.

3) 가지급금의 세무상 불이익

법인에 가지급금이 있는 경우 다음과 같은 세무상 불이익을 받을 수 있습니다.

① 지급이자 비용 불인정
② 가지급금 인정이자와 소득처분
③ 가지급금은 대손충당금 설정대상 채권에서 제외
④ 가지급금은 대손금으로 인정 제외

4) 매출누락 등 귀속자가 불분명한 금액은 대표자 상여로 처분

세법은 법인의 매출누락 등 귀속자가 불분명한 금액은 대표이사 상여로 소득처분을 합니다. 이는 대표이사에게 경영상 책임을 묻는 성격에 따른 것입니다.

5) 가지급금·가수금은 회사 투명성에 영향을 미친다.

가지급금과 가수금은 회사 투명성에 영향을 미칩니다. 가지급금과 가수금이 발생하는 원인은 다양합니다. 대표자가 회사 자금을 임의로 사용하거나 회사 운영비가 부족하여 개인 자금을 회사에 송금하는 하여 가지급금과 가수금이 발생하는 경우도 있지만, 불분명한 비용지출, 사적목적으로 자금 사용, 매출누락이나 가공경비 등으로 가지급금과 가수금이 발생합니다.

이는 회사의 투명성에 큰 영향을 미치고, 관할 세무서에 세금 탈루 의혹을 받을 수 있고, 이로 인해 세무조사를 받을 수도 있습니다.

6) 가지급금·가수금과 회사의 신용문제

재무제표에 가지급금과 가수금이 계상되어 있다면 회사의 투명성에 영향을 미치고, 결국 회사의 신용평가와 외부투자 및 대출심사에서 불리하게 적용될 수 있습니다.

투자자 입장에서 회사에 가지급금이 있다는 것은 투자한 금액이 사업에 온저히 사용되지 않고 대표자가 사적으로 사용할 수 있다는 것을 알려주는 신호와 같습니다.

41

가지급금과 가수금이 있는 경우 세무상 불이익

스타트업을 창업한 나창업 씨는 회사 설립 때부터 자금 부족 문제로 회사에 개인 자금을 이체했습니다. 설립 이후 3년 정도 지나 회사가 안정화되고 나서는 회사 자금을 생활비 등에 사용하기도 했습니다.

나창업 씨는 회계·세무에 대해 궁금한 것이 많아 유튜브에 관련 영상을 찾아 보고 있는데, 가지급금 등의 문제에 대한 내용을 다루는 영상을 시청하고 나서 걱정이 들었습니다.

이에 대해 나창업 씨는 정셈에게 문의했습니다. 정셈은 다음과 같이 설명했습니다.

비상장법인에 있어서 가지급금은 골치아픈 문제입니다. 주주 1명이 회사 지분을 다 갖고 있거나 주주가 가족으로 구성된 회사는 법인을 개인사업장처럼 생각하기 쉽습니다. 그러다보니 회사의 자금을 개인 자금으로 생각할 수 있습니다.

또한 회사의 자금이 부족한 경우 법인 대표가 자신의 돈을 회사 자금으로 사용하는 경우도 있습니다. 이 경우 가수금 문제가 발생합니다.

가지급금이나 가수금이 있는 경우 세무상 어떤 영향이 있을까요?

이에 대해 나창업 씨는 정셈에게 문의했습니다. 정셈은 다음과 같이 설명했습니다.

1) 가지급금의 세무상 불이익

가지급금이 있는 경우 다음과 같은 세무상 불이익을 받게 됩니다.

(1) 지급이자 비용 불인정

법인 차입금에 대한 지급이자는 비용으로 인정이 됩니다. 그러나 가지급금이 있는 경우에는 차입금 중 가지급금 금액이 차지하는 비율에 해당하는 지급이자에 대해서는 비용으로 인정받지 못합니다. 따라서 비용으로 인정받지 못함에 따라 법인세 부담이 증가합니다.

(2) 가지급금 인정이자와 소득처분

가지급금은 법인자금을 임의로 사용 또는 인출한 것으로, 해당 자금을 사용한 자에게 돈을 상환받을 채권이 발생합니다. 해당 채권에 대한 세법이 정한 최소한의 이자율은 현재 4.6%입니다.

회사가 실제로 이자를 받지 못한 경우에도 해당 이자금액 만큼을 세무 조정으로 익금에 산입합니다. 인정이자로 법인세는 증가합니다.

(3) 가지급금은 대손충당금 설정대상 채권에서 제외

사업자는 매출채권에 대해 대손충당금을 설정합니다. 상거래로 발생한 매출채권은 사업자가 받아야 하는 거래대금으로 대손이 발생하지 않고 정상적으로 수금이 되는 것이 좋습니다.

그런데 현실적으로 거래처에서 대손 없이 거래대금을 100%로 수금하는 것은 매우 힘듭니다. 거래처의 재무적인 문제로 거래대금 지급이 지체되거나 대손이 발생하는 경우가 있습니다. 대손이 발생할 수 있는 것을 예상하여 매출채권의 일정비율에 해당하는 금액을 대손충당금으로 설정을 합니다.

가지급금은 업무무관자산으로 대손충당금을 설정할 때 설정대상 채권에서 제외를 합니다.

(4) 가지급금은 대손금으로 인정 제외

매출채권에서 대손이 발생하는 경우 해당 매출채권은 대손금으로 처리합니다. 그러나 가지급금은 업무무관자산으로 대손이 발생해도 대손금으로 인정이 되지 않습니다.

2) 가수금의 발생원인세무상 불이익

회계상 "가수금"이란 회사에 수입으로 현금 유입이 있었지만, 그 원인이나 출처가 불분명한 경우 그 금액이 명확하게 구분되기까지 일시적으로 사용하는 임시계정입니다.

세법상 가수금은 특수관계자 등 개인이 기업에 자금을 대여한 것으로 부채에 해당합니다. 거래가 매우 빈번한 회사의 경우 입금된 자금 출처를 파악하지 못해 이 금액을 가수금으로 계상하는 경우도 있습니다.

보통 가수금이 발생하는 이유는 일시적인 사업부진 등의 이유로 인하여 결제 대금, 인건비 지급 등 부족한 운영비를 위하여 대표자의 개인 자금을 회사에 입금할 경우 발생하게 됩니다.

3) 가수금은 상속 · 증여세 문제를 발생기킬 수 있다.

가수금은 법인이 대표이사에게 상환해야 하는 채무에 해당합니다. 가수금 귀속자의 사망 시 가수금 처리에 대한 입증이 불가능한 경우, 가수금은 상속개시 전 처분 재산의 상속재산 추정 규정에 따라 대표이사의 상속재산에 포함되어 상속세가 증가될 수 있습니다.

또한 상증세법에서 규정하고 있는 '특정법인과의 거래를 통한 이익의 증여의제'가 적용될 수도 있습니다. 이는 특정법인(결손금, 휴폐업)의 최대주주와 특수관계에 주주가 그 특정법인에게 가수금 형태로 자금을 대여한 경우 자금을 대여받은 특정 법인의 주주가 얻는 증여 이익이 1억 원

이상인 경우에 증여로 적용되는 것을 말합니다.

특정법인에 해당하지 않더라도 대부분의 가족 회사와 같이 지분비율을 50%이상 소유하는 최대주주가 회사에 가수금 형태로 자금을 대여하는 경우에도 증여 규정이 적용될 수 있기 때문에 주의해야 합니다.

정셈의 창업·스타트업을 위한 세무관리

42

가지급금과 가수금의 해결 방안

나창업 씨는 가지급금과 가수금으로 인한 세무상 불이익에 대해 설명을 들었습니다. 이러한 설명을 듣고 나자 갑자기 너무나 걱정이 들기 시작했습니다. 가지급금과 가수금을 처리할 수 있는 좋은 방법이 없는지 궁금합니다.

이에 대해 나창업 씨는 정셈에게 문의했습니다. 정셈은 다음과 같이 설명했습니다.

가지급금은 나창업 씨 입장에서는 상환을 해야 하는 빚입니다. 빚은 갚아야 해결이 됩니다. 빚을 갚으려면 자금이 있어야 합니다. 나창업 씨가 가지급금을 갚을만한 자금을 보유하고 있으면 문제가 없습니다. 그러나 자금이 부족하다면 다른 해결 방법이 없는지 고민할 수밖에 없습니다.

1) 가지급금 해결 방안

가지급금을 해결하기 위한 방법은 다음과 같습니다.

(1) 직무발명보상제도 활용

기업의 임원이 보유하고 있는 특허에 대한 보상금을 받음으로써 이를 통해 합법적인 자금을 확보할 수 있습니다. 소득세법 개정으로 직무발명보상금에 대한 비과세 혜택이 크게 줄어들었지만, 직무발명보상금으로 가지급금을 상환할 수 있는 방법입니다.

(2) 배당금을 활용

회사는 상법 절차에 따라 주주에게 정기배당과 중간배당을 할 수 있습니다. 그런데 배당을 하려면 회사에 배당가능이익이 있어야 합니다. 그리고 중간배당은 정관에 중간배당에 관한 규정이 있어야 배당을 할 수 있으며, 상법상 연 1회가 가능합니다.

회사로부터 지급 받은 배당금으로 가지급금을 상환할 수 있는 방법입니다.

(3) 대표이사 급여를 인상

위 방법보다 간단한 방법은 나창업 씨의 급여를 이전보다 인상하여, 급여로 가지급금을 상환하는 방법입니다. 급여가 인상되는 만큼 나창업 씨의 소득세 부담은 증가합니다. 대표이사의 급여는 회사 규모 등을 고려해서 상식적인 선에서 책정해야 인상을 해야 합니다. 세법에 적정 수준이라는 것이 정해져 있지 않지만, 건전한 사회 통념상 허용되는 범위 이내여야 합니다.

(4) 자기주식거래 활용

2011년 상법 개정으로 비상장법인도 자기주식 취득이 가능해짐으로써 법인이 활용할 수 있는 범위가 확대 되었습니다. 나창업 씨가 스타트업을 창업하면서 보유하고 있는 회사 주식을 회사에 양도하는 것입니다. 회사 주식을 양도하면서 회사가 지급해야 하는 양도대가와 가지급금을 상계하는 것입니다.

자기주식 거래를 하려면 회사에 배당가능이익이 있어야 합니다. 그리고 상법 절차를 지켜야 하고, 1주당 매매가액은 세법상 평가된 가액이어야 합니다.

자기주식처분이익에 대해서는 나창업 씨에게 주식 양도소득세가 과세됩니다.

(5) 특허권 등 지식재산권을 회사에 양도 또는 대여

나창씨가 보유하고 있는 지식재산권을 회사에 양도를 하거나 대여를 할 수 있습니다. 양도가액이나 대여료로 가지급금을 상환하는 방법입니다.

해당 지식재산권은 회사 사업에 직접적으로 관련 있는 것이어야 하고, 양도가액과 대여료는 세법상 적절한 금액이어야 합니다.

(6) 유상감자 활용

유상감자는 회사가 주식 대가를 지급하고 취득하여 감자를 하는 것입니다. 감자란 자본금을 감액하는 것을 말합니다. 상법상 감자 절차를 따라야 합니다.

나창업 씨가 스타트업 회사를 설립하면서 인수한 주식의 가액과 회사가 감자 대가로 지급하는 금액의 차액으로 이익을 얻는 경우 나창업 씨에게 의제배당이 과세됩니다.

회사로부터 지급 받아야 하는 감자대가로 가지급금을 상환할 수 있는 방법입니다.

(7) 보유하고 있는 재산을 회사에 양도

나창업 씨가 보유하고 있는 재산을 회사에 양도하는 즉, 거래를 하는 것입니다. 다만, 세법상 회사가 유용하게 사용할 수 있는 재산이어야 하고, 그 재산의 거래가액도 적정한 가격이어야 합니다.

예를 들어 회사에 PC가 필요한 경우, 업무용으로 사용할 승용차가 필요한 경우 나창업 씨가 보유하고 있는 PC나 승용차를 회사에 양도할 수 있습니다. 다만, 해당 재산의 양도가액은 세법상 적정한 금액이어야 합니다.

회사로부터 지급 받아야 하는 해당 재산의 대가로 가지급금를 상환할 수 있는 방법입니다.

　　　　정셈의 창업 · 스타트업을 위한 세무관리

<참고: 퇴직금 중간정산>

과거에 퇴직금 중간정산을 많이 활용했습니다. 그러나 세법이 개정되면서 퇴직금 중간정산은 해당 사유에 해당되어야 중간정산을 할 수 있게 되었습니다. 직원(근로자)은 근로자퇴직급여보장법에 규정하고 있는 중간정산 사유에 해당해야 하고, 임원은 법인세법 규정에 따른 임원 퇴직금의 중간정산 사유에 해당하여야 합니다.

- 무주택자인 경우로 주택을 취득하는 경우
- 본인이나 배우자 또는 생계를 같이 하는 부양가족이 3개월 이상 치료나 요양이 필요한 경우

나창업 씨는 대표이사로 임원에 해당합니다. 임원은 위 퇴직금 중간정산 사유에 해당 하여야 퇴직금을 중간정산 받을 수 있습니다.

나창업 씨가 무주택자로 주택을 취득하기 위해 회사로부터 퇴직금을 중간정산 하여 지급받은 경우, 해당 퇴직금은 주택 취득자금으로 사용해야 합니다. 그래서 중간정산으로 지급받은 퇴직금을 가지급금 상환자금으로 사용할 수 없습니다.

퇴직금으로 가지급금을 상환하려면 나창업 씨가 대표이사에서 사임해야 합니다. 대표이사에서 물러나고 대신 전무이사나 상무이사로 재직하는 것이 아니라, 회사의 이사에서 아예 물러나야 합니다. 다만, 회사에서 임원을 그만두고 직원으로 근무하게 되어 임원퇴직금을 지급받는 것은 가능합니다.

2) 가수금 해결 방안

가수금은 회사에서 갚아야 하는 부채입니다. 회사가 나창업 씨에게 가수금을 상환하면 해결이 됩니다.

그런데 회사가 가수금을 갚을 자금이 부족한 경우에는 어떻게 해야 될까요?

해당 가수금을 법인의 출자금으로 전환 할 수 있는 방법이 있습니다. 즉 스타트업이 증자를 하여 신주를 발행하는데, 주식발행 납입대금을 해당 가수금으로 대신하는 것입니다. 회사가 신주를 발행하는 것이기 때문에, 상법 절차에 따라야 합니다.

가수금이 존재하는 것을 문서로 입증이 가능해야 합니다. 법인 계좌로 나창업 씨가 가수금에 해당하는 금액을 이체하였다는 기록이 있어야 합니다. 해당 가수금은 재무상태표에 '가수금'이나 '단기차입금' 계정으로 계상되어 있어야 합니다. 또한 나창업 씨와 회사는 해당 가수금을 주식 인수가액으로 상계한다는 계약서를 작성해야 합니다. 이러한 서류들은 증자에 따른 법인등기를 할 때 제출해야 하는 서류이기 때문입니다.

가수금을 자본으로 전환하면 가수금이 해결이 되고, 나창업 씨의 회사 지분비율을 높일 수 있으므로 경영권을 안정화 시킬 수 있는 장점이 있습니다.

　　　　정셈의 창업·스타트업을 위한 세무관리

43

특수관계와 부당행위계산부인 규정

나창업 씨는 스타트업을 창업하여 회사를 유니콘으로 성장시키기 위해 매일 최선을 다하고 있습니다. 직원에게 동기부여 목적으로 스톡옵션을 부여했습니다. 또한 사업 투자 및 연구·개발에 위해 외부 투자자로부터 자금도 유치했습니다.

스타트업은 주식 거래가 빈번하게 발생합니다. 그럴 때마다 1주당 가치 평가가 중요합니다. 회사의 가치는 평가시점에 따라 다른 것처럼 1주당 가치도 평가시점마다 다르기 때문입니다.

회사의 경영성과가 좋고, 회사 가치를 높아졌을 때, 나창업 씨의 주식을 다른 이에게 양도하여 큰 차익을 남길 수 있습니다. 반대로 앞으로 회사의 경영성과가 좋아질 것으로 기대가 되는 경우 지분 일부를 가족에게 증여할 수도 있습니다.

지인들과의 식사자리에서 회사의 주식거래에 대해 얘기를 하다가, 지인으로부터 회사가 주식을 발행할 때, 보유하고 있는 지분을 양도나 취득할 때, 주식 가격 때문에 세법상 문제가 될 수 있다고 조언을 들었습니다. 이게 왜 문제가 되는지 이유가 궁금합니다

이에 대해 나창업 씨는 정셈에게 문의했습니다. 정셈은 다음과 같이 설명했습니다.

1) 세법상 부당행위계산부인 규정

세법에는 부당행위계산부인 규정이 있습니다. 법인세, 소득세, 부가가치세, 양도소득세, 증여세 등 거래와 상속·증여와 관련된 것에 부당행위계산부인 규정을 각각 두고 있습니다.

나창업 씨가 보유하고 있는 주식을 양도 하거나 증여를 하는 것은 문제가 되지 않습니다. 자기 재산을 처분하는 것은 자유이기 때문입니다. 다만, 세법에서는 거래행위에 조세회피 목적이 있는지 등을 문제 삼아 세금계산을 재계산 하여 추징을 하는 것입니다.

부당행위계산부인의 적용 요건은 다음과 같습니다.
① 특수관계 있는 자와의 거래
② 부당하다고 인식되는 거래행위
③ 이로 인해 조세의 부담이 부당히 감소

2) 특수관계인의 범위

법인과 특수관계 여부는 쌍방관계를 기준으로 판단합니다. 어느 한쪽이 특수관계에 해당하면, 다른 쪽도 특수관계에 해당합니다.

구분	특수관계인 범위
영향력 행사자	① 임원의 임명권 행사, 사업방침의 결정 등 해당 법인 경영에 사실상 영향력을 행사하고 있다고 인정되는 자와 그 친족
주주 등	② 주주 등(소액주주 제외)과 그 친족
임·직원 및 생계유지자	③ 법인의 임직권 또는 주주 등의 직원이나 직원외의 자로서 법인 또는 주주 등의 금전 기타 자산에 의하여 생계를 유지하는 자와 이들과 생계를 함께 하는 친족
지배적인 영향력 행사자	④ 해당 법인이 직접 또는 그와 ①~③까지에 해당하는 자를 통하여 경영에 지배적인 영향력을 행사하고 있는 법인 ⑤ 해당 법인이 직접 또는 그와 ①~④까지에 해당하는 자를 통하여 경영에 지배적인 영향력을 행사하고 있는 법인
2차 출자 법인	⑤ 해당 법인에 30% 이상을 출자하고 있는 버인에 30% 이상을 출자하고 있는 법인이나 개인
기타	⑥ 해당 법인이 공정거래법에 의한 기업집단에 속하는 법인의 경우 그 기업집단에 소속된 다른 계열회사 및 그 계열회사의 임원

3) 지분을 시가보다 저가로 양도하는 경우

예를 들어 나창업 씨가 삼촌에게 보유하고 지분 일부 1만 주를 주당 1만 원에 양도를 하면 양도가액은 1억 원입니다. 그런데 회사의 적정 주식 가격은 2만 원입니다. 적정 가격으로 거래금액을 적용하면 2억 원에 양도를 해야 하는데, 1억 원을 낮춰서 저가로 양도한 것입니다.

나창업 씨에게는 주식을 1억 원이 아닌 2억 원에 양도한 것으로 양도소득세를 재계산합니다.

주식을 저가로 취득한 삼촌에게는 다음의 산식에 따라 계산된 금액을 증여재산가액으로 하여 증여세를 과세합니다.

증여재산가액= (시가 - 대가) - (시가의 30%와 3억 원 중 적은 금액)

           = (2억 원 - 1억 원) - min[1억 원 × 30%, 3억 원]

           = 1억 원 - 3천만 원

           = 7천만 원

만일 회사의 제품을 가족이나 친·인척에게 1,000만 원(vat 별도)에 해당하는 제품을 500만 원에게 판매하면 어떻게 될까요? 회사는 제품을 저가로 판매하여 500만 원을 손해 봤고, 이에 따라 부가가치세도 50만 원이 덜 걷혔습니다.

회사는 부당행위계산부인 규정에 따라 부가가치세 50만 원을 추가로 납부해야 합니다. 또한 회사는 저가 판매에 따른 손해를 본 500만 원을 익금산입으로 세무조정을 하고, 소득처분은 기타로 처분을 합니다.

그리고 회사 제품을 500만 원에 구입한 가족이나 친·인척에게 이익을 본 500만 원에 대해 증여세를 과세합니다.

4) 지분을 시가보다 고가로 양수하는 경우

반대로 나창업 씨가 삼촌에게 적정 주식가격이 주당 1만 원인 주식 1만 주를 2억 원에 양도하면 어떻게 될까요? 이 경우에는 삼촌이 나창업 씨에게 증여한 것이 됩니다.

나창업 씨에게는 주식을 2억 원이 아닌 1억 원에 양도한 것으로 양도소득세를 재계산합니다. 그리고 다음의 산식에 따라 계산된 금액을 증여재산가액으로 하여 나창업 씨에게 증여세를 과세합니다.

증여재산가액= (대가 - 시가) - (시가의 30%와 3억 원 중 적은 금액)

= (2억 원 - 1억 원) - min[1억 원 × 30%, 3억 원]

= 1억 원 - 3천만 원

= 7천만 원

5) 지분을 시가보다 저가로 증여

나창업 씨가 가족에게 자기 지분의 일부를 증여하는데, 적정가격보다 낮은 가격으로 증여를 하고 싶은 마음이 들 수 있습니다. 왜냐하면 낮은 가격으로 증여가 되면 그만큼 증여세 부담을 낮출 수 있기 때문입니다.

그런데 관할 세무서는 주식 가격의 적정 여부를 검토 후 적정 가격과의 차액에 해당하는 증여세를 추징할 수 있습니다.

44

국세청에 기신고 된
표준재무제표는 수정이 안 된다

스타트업을 법인으로 창업한 나창업 씨는 회사를 유니콘 기업으로 만드는 것을 목표로 창업 전부터 사업 준비에 열심이었습니다. 특히 나창업 씨는 플랫폼으로 기반으로 하는 사업아이템을 하루 빨리 상품화하기 위해 모든 시간을 연구·개발에 몰두하고 있는데, 거의 회사에서 살다시피 합니다.

나창업 씨는 연구·개발에만 매진하다시피 해서 회사의 회계, 결산, 재무제표 작성, 법인세 신고 등을 지인에게 소개받아 채용한 직원에게 전부 다 맡기고 있습니다.

회사의 운영비와 연구개발비가 부족해서 나창업 씨는 대출이나 투자를 받으려고 알아보고 있습니다. 고민한 끝에 정책자금을 받기로 결정을 했습니다. 해당 기관에 방문해서 설명을 듣고 필요한 서류를 안내받았습니다. 이에 서류 등을 준비해서 제출을 했습니다. 그다음 날 해당 기관에 담당자로부터 연락이 왔는데, 제출한 표준재무제표에 문제가 있어서 정책자금 심사를 통과하기가 어렵다는 말을 하여 충격을 받았습니다.

나창업 씨는 홈택스에 법인세를 신고한 이후 다음 달에 홈택스에서 표준재무제표증명원을 출력해서 제출한 것인데, 왜 문제가 있는지 모르겠습니다.

이에 대해 나창업 씨는 정셈에 문의했습니다. 정셈은 다음과 같이 설명했습니다.

1) 재무제표

재무제표(finacial statements)란 기업의재무상태나 경영성과 등을 보여주는 문서입니다. 기본적인 재무제표로는 재무상태표, 손익계산서, 자본변동표, 현금흐름표가 있습니다.

(1) 재무상태표

재무상태표(balance sheet: B/S)는 특정 시점의 기업이 소유하고 있는 경제적 자원(자산), 그 경제적 자원에 대한 의무(부채) 및 소유주 지분(자본)의 잔액을 보고합니다. 재무상태표는 기업의 재무구조, 유동성과 지급능력, 영업환경변화에 대한 적응능력을 평가하는 데 필요한 정보를 제공합니다.

일반적으로 재무상태표에 표시되는 재무정보들의 기준일인 재무상태표일은 기업의 결산일(보통 12월 31일)이며, 필요에 따라 반기 또는 분기별로 작성되기도 합니다. 재무상태표를 통하여 기업의 자산과 부채, 자본의 총계와 그 과목별 내역을 확인할 수 있습니다.

(2) 손익계산서

손익계산서(profit and loss statement:P/L, 또는 income statement: I/S)는 그 회계기간에 속하는 모든 수익과 이에 대응하는 모든 비용을 적정하게 표시하여 손익을 나타내는 회계문서를 말합니다. 즉 기업의 경영성과를 나타내는 보고서를 의미합니다.

손익계산서는 회계기간의 경영성과를 나타낼 뿐만 아니라 기업의 미래현금흐름과 수익창출능력 등의 예측에 유용한 정보를 제공합니다. 손익계산서는 필요에 따라 반기 또는 분기로 작성할 수 있습니다.

(3) 자본변동표

자본변동표는 자본금, 자본잉여금, 자본조정, 기타포괄손익누계액, 이익잉여금의 변동내역을 나타내는 재무제표입니다.

(4) 현금흐름표

현금흐름표(cash flow statement: C/F)는 영업활동, 투자활동, 재무활동별로 기업의 일정기간 동안의 현금성 자산의 변동에 관한 정보를 제공하는 재무제표를 말합니다.

   정셈의 창업 · 스타트업을 위한 세무관리

손익계산서가 이익을 중심으로 만들어졌다면, 현금흐름표는 현금을 중심으로 만들어진 것으로 볼 수 있습니다. 손익계산서에 따라 매년 이익을 얻는다고 해서, 회사에 현금으로 이어지는 것이 아닙니다. 회사가 이익을 얻어도 현금이 부족할 수 있고, 현금 부족으로 채무상환을 못하면 흑자부도가 날 수 있습니다.

2) 표준재무제표란?

표준재무제표란 납세자가 과세관청에 최초로 신고한 재무제표입니다. 나창업 씨의 회사가 법인세 신고기한에 법인세를 신고하면서 제출한 재무제표가 표준재무제표입니다.

신고기한 이내에는 법인세를 수정해서 재신고할 수 있으므로, 신고기한 이내에 마지막으로 제출한 재무제표가 표준재무제표입니다.

또한 법인세를 무신고한 경우 재무제표도 제출되지 않은 상태가 됩니다. 이때 해당 법인세를 기한후 신고를 하면 관할 세무서는 신고내용을 검토한 후에 확정을 하게 됩니다. 기한후 신고가 확정이 되면 같이 제출된 재무제표가 표준재무제표가 됩니다.

3) 표준재무제표에 법적 성격

적법한 절차에 따라 결산을 확정하고 과세표준신고를 한 후에는 당초의 확정된 재무제표를 정정하여 수정신고 및 경정청구를 할 수 없으므로 특단의 사정이 없는 이상 홈택스서비스를 통하여 발급되는 '표준재무제표'는 납세자가 과세관청에 최초로 신고한 재무제표인 것이지만, 납세자가 제출한 '재무제표'는 진실한 것으로 추정(국세기본법 제81조의5 제1항)되는 데 지나지 않으며 그 작성절차의 적법성이나 내용의 진실성을 과세관청이 적극적으로 인정하는 것은 아닌 것입니다(서면인터넷방문상담1팀-540, 2005.05.20.).

4) 표준재무제표는 수정할 수 없다.

적법한 절차에 따라 결산을 확정하고 과세표준신고를 한 경우에는 당초의 확정된 재무제표를 정정해 수정신고하거나 경정 등의 청구를 할 수 없습니다(제도46019-11264, 2001.05.29.).

관할 세무서를 방문하여 담당공무원에게 통사정을 해도 절대 확정된 표준재무제표는 수정될 수 없습니다. 재무제표는 회사의 신용평가를 하는 데 있어서 매우 중요한 자료이고, 그 회사를 파악하는 데 있어서 가장 먼저 검토하는 자료이기 때문에, 재무제표 작성의 중요성을 재차 강조하는 것은 부족하지 않습니다.

법인세를 신고하기 전에, 아니 결산을 하기 전에 회사의 회계처리가 제대로 되어 있는지 검토를 하여 회계처리를 적절하게 하는 것이 중요합니다.

국세청 홈택스에서 발급 받은 표준재무제표에는 문서에 위변조 방지 등을 위한 기술 등이 적용되어 있습니다. 혹시나 표준재무제표를 위·변조를 하는 경우 형사상 처벌을 받을 수 있으므로 혹여나 조심해야 합니다. 또한 회사의 재무제표를 원하는 수치로 만들기 위해 수치 등을 조작하여 작성된 재무제표를 제출하는 것은 분식회계에 해당하므로, 이 또한 처벌 대상에 해당하니 주의해야 합니다.

45

회사 재산은
대표자 개인의 것이 아니고 회사 것이다

나창업 씨는 스타트업을 법인으로 창업하여, 휴일도 없이 자신의 모든 시간과 열정을 쏟아 부으며, 유니콘 기업을 목표로 달려 왔습니다.

회사를 설립할 때 나창업 씨는 개인재산의 거의 전부를 자본금으로 납입했습니다.

기술집약적인 회사 제품이 드디어 개발이 완료되어 시중에 출시되었습니다. 다행히 회사 제품이 인정을 받으면서 매출도 증가하고 있습니다. 나창업 씨는 이에 고무되어 회사 수익을 연구 · 개발에 계속 집중 투자하여 새로운 제품을 선보였는데, 인기가 좋습니다. 그래서 매출이 크게 증가하면서 회사 수익성을 높아졌습니다.

회사가 설립되고 지금까지 나창업 씨는 대표자임에도 제대로 된 급여를 책정해서 받지 않고, 최저임금에 가까운 금액을 급여로 받았습니다.

어느 날 가족이 크게 아파서 병원에 입원하여 검사를 받았습니다. 검사 결과 큰 수술을 해야 한다는 것입니다. 병원비 등이 부족해서 급한 김에 회사 돈을 인출해서 병원비로 사용하고, 요양비용도 회사 돈으로 지출을 했습니다.

수술 성과가 좋아 증세가 좋아지고 있어 나창업 씨는 안도를 했습니다. 그런데 나창업 씨는 경찰에서 출석하라는 통보를 받아 크게 당황했습니다.

경찰서에서 나창업 씨에게 출석 통보를 한 이유는 무엇일까요?

이에 대해 나창업 씨는 정셈에게 문의했습니다. 정셈은 다음과 같이 설명했습니다.

1) 직원 없는 주주 1인 주식회사와 개인사업장의 유사성

2001년 상법 개정에 따라 주식회사는 1인이 설립할 수 있게 되었습니다. 또한 법인설립 시 최소 자본금 기준도 완화되었습니다. 이로 인해 1인 주식회사가 급속도로 증가했습니다.

그런데 직원 없이 주주 1인이 운영하는 회사는 직원 없는 개인사업장과 비슷한 면이 많습니다. 두 사업장은 법인과 개인사업자로 회사형태가 다르지만, 실제 사업이 운영되는 모습은 크게 다르지 않아, 서류상으로만 다르다고 할 수 있기 때문입니다.

직원 없이 대표 혼자 운영하는 회사는 회사 재산을 본인의 재산으로 생각하기 쉽습니다. 대표 혼자서 운영하고 있다고 해서 회사 재산은 1인 주주이자 대표자인 본인의 것이 아닙니다. 회사와 주주는 별개의 인격체로 대표자 재산것과 회사 재산은 엄격하게 구별됩니다.

2) 횡령과 배임

(1) 횡령이란

"횡령"이란 누군가 타인의 재물을 권리가 없는데 가져온다거나 아니면 그것을 쓴다거나 아니면 반환을 거부하는 것을 말합니다.

(2) 배임이란

내가 누군가 다른 사람의 업무를 처리하는 일을 하는 경우 그 사람에게 이익이 되도록 처리해야 합니다. 그런데 업무를 나의 이익이나 아니면 제3자의 이익을 위해 일을 해서, 그 업무를 나한테 맡긴 사람한테 손해를 미친 범죄를 배임죄라고 합니다.

※ 현재 정부와 국회에서 배임죄 폐지 및 완화에 대한 논의가 진행 중입니다.

3) 1인 회사도 횡령죄나 배임죄가 가능하다

(1) 횡령죄 성립 가능 여부

주주 1인만 있는 회사는 그 1인 주주가 곧 대표이사입니다. 회사는 사실 그 주주의 개인 자금으로 설립되었기 때문에 개인사업장과 매우 유사

　　　　　　　　　　정셈의 창업·스타트업을 위한 세무관리

하고, 회사 재산을 자기 것이라고 생각하기 쉽습니다.

그래서 회사 돈을 인출해서 자기가 사용하는 것이 개인사업자가 자기 돈을 사용하는 것으로 착각하기 쉽습니다. 그러나 법은 그렇지 않습니다.

횡령이란 누군가 타인의 재물을 권리가 없는데 가져온다거나 아니면 그것을 쓴다거나 아니면 반환을 거부하는 것입니다.

판례는 주식회사의 주식이 1인의 주주에 귀속하는 1인 회사의 경우에도 회사와 주주는 별개의 인격체로서 1인 회사의 재산이 곧바로 그 1인 주주의 소유라고 볼 수 없으므로, 그 회사 소유의 금원을 업무상 보관 중 임의로 소비하면 횡령죄를 구성하는 것이다(대법원 1999. 7. 9. 선고 99도1040 판결)고 판시하고 있습니다.

즉, 1인 주주라 할지라도 회사에 출연한 재산이라면 그 재산은 회사의 소유물입니다. 이를 1인 주주가 임의로 처분하면 횡령죄를 구성할 수 있습니다.

또한 판례는 "회사의 대표이사가 업무상 보관 중인 금전이 회사장부상 위 대표이사의 가수금으로 처리되어 있다 하더라도 위 대표이사가 회사 소유의 자금인 위 금전을 개인용도에 임의 소비하였다면 이는 업무상 횡령죄를 구성한다(대법원 1988. 7. 26. 선고 88도936 판결)"고 대법원은 판시하고 있습니다.

그러므로 1인 주주가 회사의 재산을 아무런 근거 없이 인출하여 사용하는 것은 매우 조심해야 합니다.

(2) 배임죄 성립 가능 여부

배임죄란 내가 누군가 다른 사람의 업무를 처리하는 일을 하는 경우 그 사람에게 이익이 되도록 처리해야 합니다. 그런데 업무를 나의 이익이나 아니면 제3자의 이익을 위해 일을 해서, 그 업무를 나한테 맡긴 사람한테 손해를 미친 범죄입니다.

나창업 씨는 스타트업 회사의 대표이사로서 법인의 기관입니다. 대표이사로서 회사의 업무를 처리해야 합니다. 대표이사의 업무를 자기의 이익을 위해, 제3자의 이익을 위해 일을 해서 회사의 손해를 끼친 경우 배임죄에 해당할 수 있습니다.

판례는 형법 제355조 제2항의 배임죄에 있어서 타인의 사무를 처리할 의무의 주체가 법인이 되는 경우라도 법인은 다만 사법상의 의무주체가 될 뿐 범죄능력이 없는 것이며 그 타인의 사무는 법인을 대표하는 자연인인 대표기관의 의사결정에 따른 대표행위에 의하여 실현될 수밖에 없어 그 대표기관은 마땅히 법인이 타인에 대하여 부담하고 있는 의무내용대로 사무를 처리할 임무가 있다 할 것이므로 법인이 처리할 의무를 지는 타인의 사무에 관하여는 법인이 배임죄의 주체가 될 수 없고 그 법인을 대표하여 사무를 처리하는 자연인인 대표기관이 바로 타인의 사무를 처리하는 자, 즉 배임죄의 주체가 된다고(대법원 1984. 10. 10. 선고 82도

 정셈의 창업·스타트업을 위한 세무관리

2595 전원합의체 판결). 대법원은 판시하고 있습니다.

또한 판례는 "배임죄는 재산상 이익을 객체로 하는 범죄이므로, 1인 회사의 주주가 자신의 개인 채무를 담보하기 위하여 회사 소유의 부동산에 대하여 근저당권설정등기를 마쳐 주면 배임죄가 성립한다(대법원 2005. 10. 28. 선고 2005도4915판결)"고 대법원은 판시하고 있습니다.

4) 임직원의 횡령 방지 대책

뉴스에서 어느 회사의 임직원이 회사 돈을 횡령한 사건에 대한 기사 보도를 접하는 게 어렵지 않은 것이 현실입니다. 회사에서 횡령 사건이 발생하면 회사가 받는 충격이 무척이나 큽니다. 경제적인 충격뿐만 아니라 신뢰와 신용에도 큰 타격을 받을 수 있고, 횡령액이 거액인 경우 회사 존립이 위태로울 수도 있습니다.

금융감독원은 현금 및 예금 등에 대한 임직원 횡령 등의 회계부정 방지를 위해 아래와 같은 주요 체크포인트 7가지를 선정했습니다. 이를 참고로 하여 방지대책을 잘 만드는 것이 중요합니다.

① 자금 담당자와 회계 담당자는 반드시 분리하자
② 현금과 통장잔고는 사전 예고 없이 불시에 점검하자
③ 휴먼계좌 등 사용하지 않는 계좌는 즉시 해지하자
④ 현금을 출금할 때는 관리자의 승인절차를 갖추자
⑤ 통장, 법인카드, 인감, 유가증권 등은 각각 따로 보관하자

⑥ 같은 업무를 너무 오래 하지 않도록 업무를 바꿔주자

⑦ 외부감사를 통해 회사의 재무상태를 점검하는 기회로 삼자

 정셈의 창업·스타트업을 위한 세무관리

46

취득세를 또 낼 수 있다?
과점주주에 대한 간주취득세

나창업 씨는 동업자와 함께 스타트업을 법인으로 설립하여 경영을 해오고 있습니다. 첫 시작을 작은 사무실을 임차하여 매달 월세를 내며 유니콘 기업으로 성장하는 것으로 목표로 열심히 일했습니다.

회사가 직원을 채용하고 사업규모가 커짐에 따라 사무실을 큰 공간으로 이사를 했습니다. 직원 숫자도 증가함에 큰 건물의 한 층을 사용할 정도가 되었습니다.

유니콘 기업이 되는 목표 말고 다른 목표가 또 생겼습니다. 회사 사옥을 구입하는 것입니다. 그래서 사옥의 구입자금을 모으기 위해 매년 이익잉여금을 적립했고, 드디어 목표로 한 구입자금을 다 모았습니다. 건물주와 계약을 하기 위해 상의를 하여 계약을 하게 진행하게 되었습니다. 계약서를 작성하고, 계약금·중도금·잔금을 지급하고 등기권리증 등을 받아 등기를 했습니다.

회사 사옥을 갖게 되었다는 것에 너무나 기쁘면서, 회사를 설립하고 여기까지 달려오기 위해 쉴새 없이 일했던 지난 시간들이 그림처럼 스쳐 지나가는데 감회가 새롭습니다.

다음 해에 동업자들이 새로운 일을 해보고 싶다면 자기 지분을 나창업 씨에게 팔고 싶다고 합니다. 지분을 처분한 돈을 사업자금으로 사용할 거라서 거래에 동의해 달라고 요청을 한 것입니다. 그래서 나창업 씨는 동업자들의 지분을 인수했습니다.

그런데 얼마 지나지 않아 구청에서 나창업 씨에게 취득세 납부를 하라고 안내문이 온 것입니다. 나창업 씨는 회사가 사옥을 구입했는데 왜 자기한테 취득세를 내라고 하는지 도저히 이해가 되지 않습니다.

나창업 씨는 이 취득세 안내문이 잘못 나온 것으로 생각하고 무시하려고 합니다. 취득세를 안 내도 될까요?

이에 대해 나창업 씨는 정셈에게 문의했습니다. 정셈은 다음과 같이 설명했습니다.

간주취득세는 주주에게 무척 이해가 안 되는 취득세 규정입니다.

1) 과점주주에 대한 간주취득세란?
취득세는 부동산 · 선박 · 회원권 등 취득세 과세대상 자산의 취득에 대

하여 부과하는 지방세입니다. 이 자산을 유상이나 무상으로 취득하면 취
득세를 부과합니다.

법인의 주식 또는 지분을 취득함으로써 과점주주(법인설립 시에 발행
하는 주식 또는 지분을 취득함으로써 과점주주가 된 경우 제외)가 된 때
에는 법인 자산 중에 부동산·기계장비·골프회원권·콘도회원권·종합
체육시설이용회원권 등 지방세 과세대상 자산을 취득한 것으로 간주하
여 과점주주에게 취득세 납세의무가 있습니다. 이러한 과점주주들은 취
득세에 대하여 연대납세의무를 집니다.

2) 과점주주란?

주주 또는 유한책임사원 1명과 그의 특수관계인 중 대통령령으로 정하
는 자로서 그들의 소유주식의 합계 또는 출자액의 합계가 해당 법인의 발
행주식 총수 또는 출자총액의 50%를 초과하면서 그에 관한 권리를 실질
적으로 행사하는 자들을 말합니다.

3) 과점주주에 대한 간주취득세 납세의무자는?

특정 법인의 주식을 취득(지분율 50%를 초과하여 취득하는 경우)하여
과점주주가 되었을 경우 해당 법인의 부동산 등을 취득한 것으로 보아 취
득세를 과세합니다. 과점주주가 되면 해당 법인의 실질적 관리 권한을
갖게 되어 법인의 재산을 사실상 소유하는 것과 다를 바 없으므로, 해당
법인의 취득세 과세대상 재산을 취득한 것으로 보아 과세하는 것입니다.

다만, 법인설립 시에 발행하는 주식 또는 지분을 취득함으로써 과점주
주가 된 경우는 간주취득세 과세에서 제외합니다.

4) 과점주주에 대한 간주취득세 사례

과점주주 유형에 따른 취득세 납부의무 유형은 아래와 같습니다.

(1) 최초로 과점주주가 된 경우

다른 주주의 지분을 인수하는 등 사유로 인해 최초로 과점주주가 된 경우에는 과점주주가 보유하고 있는 법인의 주식을 모두 취득한 것으로 보아 취득세를 부과합니다.

예를 들어, 40%를 보유하던 주주가 추가로 20%를 인수하여 60%의 지분을 가지게 되었다면 60% 전체에 대한 취득세 납부의무가 발생합니다.

(2) 과점주주의 지분율이 증가하는 경우

이미 과점주주인 자가 추가로 주식을 취득하는 경우에는 그 증가분에 대해 취득세를 부과합니다. 예를 들어, 60%를 보유하여 과점주주인 주주가 추가로 10%를 인수하여 70%의 지분을 가지게 되었다면 증가 분인 10%에 대한 취득세 납부의무가 발생합니다.

(3) 과점주주가 일반주주로 되었다가 다시 과점주주가 되는 경우

과점주주였던 주주가 주식을 매각하여 일반주주가 되었다가 다시 주식을 인수하여 과점주주가 되었다면, 다시 과점주주가 된 당시의 주식비율이 그 이전에 과점주주였던 당시의 주식비율보다 증가된 부분에 대해

서만 취득세를 부과합니다.

예를 들어, 70%를 보유하여 과점주주였던 자가 30%를 매각하여 일반 주주가 되고 다시 40%를 인수하여 80%의 지분을 가지게 되었다면 증가분인 10%에 대한 취득세 납부의무가 발생합니다.

(4) 감자로 인한 과점주주가 되는 경우

유상감자나 무상감자로 인하여 주식보유비율이 증가하여 과점주주가 된 경우에는 취득세 납세의무가 없습니다. 주식소각을 위해 자기주식을 취득함으로써 과점주주가 된 경우에도 취득세 납세의무가 없습니다. 이는 간주취득세 과세요건인 법인의 주식 또는 지분을 취득함으로써 과점주주가 된 경우에 해당하지 않기 때문입니다.

감자로 인해 주식 취득행위 없이 주식보유비율만 증가한 경우에는 간주취득세가 과세되지 않습니다.

(5) 과점주주 간의 주식 이전

과점주주의 간주취득세는 과점주주가 보유하고 있는 지분이 증가한 경우에 그 증가부분에 대하여 취득세를 부과하는 것입니다. 따라서 과점주주 간에 주식이나 지분이 이전하는 것은 과점주주의 비율이 증가하지 않았으므로 취득세 납세의무가 없습니다.

예를 들어 스타트업의 과점주주은 나창업 씨 40%, 나창업 씨의 아내

20%, 그리고 자녀 10%이고 지분은 총 80%입니다. 이 중에 나창업 씨가 자신의 지분 10%를 자녀에게 증여하여 나창업 씨의 지분은 30%가 되고, 자녀의 지분은 20%가 되었습니다. 과점주주의 지분은 기존과 80%로 동일하기 때문에 간주취득세가 과세되지 않습니다.

5) 간주취득세 과세표준과 세율

(1) 간주취득세 과세표준

간주취득세의 과세표준은 해당 법인이 소유하고 있는 취득세 과세대상 자산의 장부가액입니다. 취득세 과세대상 장부가액에 과점주주의 지분율을 곱한 금액이 과세표준입니다.

다만, 과점주주의 지분율이 증가가 되어 간주취득세가 과세되는 경우 지분율이 증가한 비율만큼이 과세표준이 됩니다.

(2) 세율

간주취득세의 세율은 2%입니다. 해당 취득세에 농어촌특별세 10%가 과세됩니다. 또한 취득세가 중과세율 적용대상인 경우 간주취득세도 중과세율로 과세됩니다.

6) 간주취득세 신고 · 납부기한

간주취득세가 과세되는 경우 주식을 취득한 날부터 60일 이내에 법인 소재지 시 · 군 · 구청에 신고 · 납부를 해야 합니다.

나창업 씨가 스타트업을 법인으로 설립하면서 발행하는 주식을 취득함으로써 과점주주가 된 경우에는 과점주주 간주취득세 규정이 적용되지 않습니다.

또한 나창업 씨가 다른 회사에 투자를 하여 주식을 취득하는 경우 과점주주에 해당하면 간주취득세 규정에 따라 취득세 납세의무가 있으니 주의해야 합니다.

47

개인사업장의 법인 전환

스타트업을 창업할 때 법인을 설립해서 시작할 수 있지만, 개인사업자로 시작할 수도 있습니다. 개인사업자로 시작하는 이유 중에 개인사업자는 간이과세 적용이 가능하다는 이유도 있습니다.

나창업 씨는 스타트업을 창업할 때 고민 끝에 개인사업자로 시작을 했습니다.

창업 전부터 나창업 씨는 부단히 노력하여 몇 년이 안 되어 사업 규모가 몇 배로 커졌습니다. 직원도 여러 명 채용하고 있습니다. 사업 욕심이 생겨 사업 규모를 크게 확장하고 싶습니다.

어느 날 지인이 아는 사람 중에 나창업 씨에게 투자를 하고 싶다는 사람이 있으니 한 번 만나서 얘기를 해보라는 것입니다. 그래서 나창업 씨는 미팅 약속을 하고 투자를 하고 싶다는 투자자를 만났습니다. 만나서 나창업 씨는 사전에 준비한 사업아이템의 돋보적인 기술력과 혁신성, 그동안의 경영성과 등을 설명하였습니다. 대화하던 중에 투자자는 나창업 씨에게 투자를 하고 싶은데, 투자의 대가로 회사의 지분을 받기 원하는데, 나창업 씨가 개인사업자여서 투자는 힘들다고 한 것입니다.

나창업 씨는 투자자와 미팅이 끝난 후 투자를 하기 어렵다는 말에 크게 실망을 했습니다. 법인을 새로 만들어야 하나 고민을 하다가 지인에게 고민을 털어놓으니, 지인은 지금 운영하고 있는 개인사업장을 법인으로 전환하면 된다는 것입니다.

인터넷에 법인전환에 대해 검색을 하는데, 법인이 절세효과가 크다는 글들이 많습니다. 그래서 법인으로 전환하기로 마음 먹었습니다. 개인사업자에서 법인사업자로 전환하는 것이 마냥 좋을까요? 혹시 문제될 것이 없을까요?

이에 대해 나창업 씨는 정셈에게 문의했습니다. 정셈은 다음과 같은 설명을 했습니다.

법인에 대해서 꼭 알아 두어야 할 점이 있습니다. 우리나라 법에서는 법인에게도 인격을 부여합니다. 법인 설립등기를 하면 법인격이 발생합니다. 법인도 독립된 인격을 가진 존재로 권리·의무의 주체가 됩니다. 재산을 소유할 수 있고, 사업을 영위할 수 있고, 직원을 고용할 수 있습니다.

법인전환을 하면 절세가 돼서 마냥 좋기만 한 것이 아닙니다. 법인에 대한 장단점이 있으므로 이 점을 고려해서 법인전환 진행 여부를 결정하는 것이 좋습니다.

1) 법인전환의 장점과 단점

(1) 장점

① 법인운영에 대한 책임을 지지만, 자기가 투자한 비율만큼만 책임을 지는 유한책임

② 사업을 양도하는 것은 보유하고 있는 그 회사 주식을 양도하기 것으로 낮은 세을로 양도소득세가 부과

③ 대외 신뢰도가 높고, 지분변경시에 유리

④ 신주발행, 회사채 등 자본조달 등에 유리

⑤ 주주와 대표자의 이원체제가 가능하다(대표자의 지위변경 등)

(2) 단점

① 설립 절차가 개인보다는 많이 복잡하고 자본금이 필요

② 대표자가 회사 자금을 개인 용도로 사용할 수 없음.

③ 개인사업자의 부동산등 순자산이 있는 경우 법인전환 시 순자산가액 이상의 현금이 필요

2) 과점주주의 책임

법인전환을 하면 법인의 주주가 됩니다. 보통 단독으로 개인사업을 하는 사업자가 법인 전환을 하기 때문에, 개인사업자가 해당 법인의 1인 주

정셈의 창업 · 스타트업을 위한 세무관리

주로서 지분 100%를 소유합니다.

세법에서는 법인이 내야 될 세금을 체납하는 경우, 과점주주(지분 50% 를 초과 보유한 자)에게 법인이 체납한 세금을 대신 납부하게 하는 책임 을 지게 합니다.

또한 4대보험료에 대해서도 과점주주에게 책임을 지우고 있습니다. 직 원의 4대보험료를 법인이 체납하는 경우 체납된 보험료에 대해 과점주주 로서 책임이 있습니다.

3) 법인의 성실신고 규정

개인사업자가 성실신고확인대상에 해당하는 경우 종합소득세 신고를 할 때 세무사에게 신고내용이 적정한지를 확인 받은 후 종합소득세 신고 를 해야 합니다. 그래서 성실신고확인대상에 해당하는 사업자는 이 규정 을 회피하기 위해 법인으로 전환하기도 합니다.

성실신고확인대상인 개인사업자가 법인으로 전환을 한 경우 3년간은 성실신고확인대상 법인에 해당합니다. 개인사업자인 나창업 씨가 법인 전환을 할 계획이 있으면 성실신고확인대상자가 아닐 때 법인전환을 해 야 합니다.

4) 법인전환 방법

개인사업자가 법인으로 전환하기 위해서는 다음과 같은 방법이 있습 니다.

① 포괄적 사업 양수도에 의한 법인전환

② 세제 혜택이 있는 포괄적 사업 양수도에 의한 법인전환

③ 현물출자에 의한 법인전환

④ 중소기업 간 통합에 의한 법인전환

⑤ 조합형태의 법인전환

이 중에서 ① 포괄적 사업 양수도에 의한 법인전환이 가장 대중적으로 사용되고 있습니다. 개인사업자의 매출액과 보유한 자산이 크지 않은 경우 포괄적 사업 양수도에 의한 법인전환을 이용하게 되면 간편하게 법인으로 전환할 수 있습니다.

그러나 법인전환 시 가장 중요한 부가가치세 문제 등의 발생 여부를 반드시 확인하여아 하며, 정관작성에도 주의를 기울여야 합니다. 또한 취득세, 등록면허세 등 부가적인 사항은 없는지도 확인을 하여야 합니다.

부동산, 특허권이나 상표권 같은 지식재산권 등의 사업용 고정자산을 소유하고 있는 경우에는 ③ 현물출자에 의한 법인전환을 이용할 수 있습니다.

5) 회사 돈을 자유롭게 사용하고 싶다면 개인사업자로 창업

법인에게 늘 따라다니는 것이 가지급금입니다. 개인사업자는 종합소득세를 내고 남은 금액은 자기 것입니다. 그러나 법인은 법인세를 납부하고 남은 금액은 이익잉여금은 법인소유입니다. 회사 돈은 회사 것이지

절대로 대표자의 것이 아닙니다. 회사 돈을 자유롭게 사용하고 싶다면 법인전환을 하지 말고 개인사업자를 유지하는 것이 적절합니다.

회사의 대표이사가 이사회 결의 등 적법한 절차 없이 회사 자금을 가지급금 등의 명목으로 사용하는 경우, 이는 명백히 '업무상횡령죄'로 본다는 판례가 있습니다.

회사의 대표이사 혹은 그에 준하여 회사 자금의 보관이나 운용에 관한 사실상의 사무를 처리하여 온 자가 회사를 위한 지출 이외의 용도로 거액의 회사 자금을 가지급금 등의 명목으로 인출, 사용함에 있어서 이자나 변제기의 약정이 없음은 물론 이사회 결의 등 적법한 절차도 거치지 아니하는 것은 통상 용인될 수 있는 범위를 벗어나 대표이사 등의 지위를 이용하여 회사 자금을 사적인 용도로 임의로 대여, 처분하는 것과 다름없어 횡령죄를 구성한다고 볼 수 있다(대법원 2006. 4. 27. 선고 2003도 135 판결).

주식회사는 주주와는 독립한 별개의 권리주체로서 회사와 주주 사이에 그 이해관계가 반드시 일치하는 것은 아니므로, 회사의 자금을 회사의 업무와 무관하게 주주나 대표이사 개인의 채무 변제, 증여나 대여 등과 같은 사적인 용도로 지출하였다면 횡령죄의 죄책을 면할 수 없고, 이는 1인 회사의 경우에도 마찬가지이다(대법원 2005. 4. 29. 선고 2005도 741 판결 등).

다른 사람 명의를 빌리지 말고, 내 명의를 빌려주지도 말자

스타트업을 법인으로 창업하려는 나창업 씨는 창업 준비가 막바지에 이르렀습니다. 지인들과 창업에 대해 이야기를 하던 중 주식을 다른 사람 명의로 분산하면 절세가 된다는 얘기를 들었습니다. 나창업 씨는 다른 명의를 이용하는 것은 불법인데 문제되지 않느냐고 말하니, 다른 이들은 지금까지 세무서에서 이 문제로 연락온 적이 없다고 말했습니다.

그래서 나창업 씨도 법인을 설립할 때 학교 동창의 명의를 빌려 주식을 분산할까 고민이 됩니다. 법인을 설립할 때 주식 일부를 다른 사람 명의로 등록해도 문제가 없을까요?

이에 대해 나창업 씨는 정셈에게 문의했습니다. 정셈은 다음과 같이 설명했습니다.

1) 명의신탁 문제

포털사이트 세금 관련 질문 게시판에 단골 주제 중 하나는 명의신탁에 관한 것입니다. 가족이나 지인에게 명의를 빌려 주었다가 체납자가 되었는데, 너무나 억울하다는 내용입니다.

이런 내용의 공통적인 것은 가족이나 지인이 사업을 하려고 하는데 개인적인 문제로 다른 이의 명의가 필요하다고 합니다. 그러면서 '처음에 자기를 믿고 빌려달라', '피해가 가지 않게 하겠다'는 말로 약속을 합니다. 그러다 문제가 생기면 '별 문제가 아니고 곧 해결 할 것이니 신경쓰지 않아도 된다고 하며 안심하라'고 합니다. 그런데 이러한 문제들이 계속 발생하면서 걷 잡을 수 없이 커져 버립니다. 관할 세무서에서 독촉장이 자기 명의를 빌려 갔던 가족이나 지인은 연락이 되지 않고, 어디에 있는지 알 수가 없습니다.

명의신탁은 부동산 명의신탁, 개인사업을 할 때 명의신탁, 법인을 설립할 때 주식 명의신탁으로 구분할 수 있습니다.

2) 부동산 명의신탁 문제

부동산 명의신탁은 1995년에 「부동산 실권리자명의 등기에 관한 법률」(약칭: 부동산실명법)이 제정되어 규제를 하고 있습니다.

(1) 명의신탁자

부동산가액의 30%

과징금 부과일부터 1년 (2년)경과 : 부동산가액의 10%(20%)

5년 이하의 징역 또는 2억 원 이하의 벌금

(2) 명의수탁자

3년 이하의 징역 또는 1억 원 이하의 벌금

장기미등기자 : 부동산가액의 30%

과징금 부과일부터 1년 (2년)경과 : 부동산가액의 10% (20%)

5년 이하의 징역 또는 2억 원 이하의 벌금

3) 개인사업을 할 때 명의신탁 문제

개인사업은 사업자 본인의 명의로 합니다. 본인의 자금과 신용으로 거래를 하고 사업에 필요한 자금을 대출 받고, 직원을 고용합니다. 그런데 개인적인 사정이나 어떤 목적으로 타인의 명의를 빌려서 개인사업을 하는 경우가 있습니다. 이런 경우 어떤 문제가 있을까요?

(1) 명의 대여자에게 세금이 부과

사업자등록증상의 대표자는 명의를 빌려준 사람입니다. 그래서 사업과 관련 된 각종 세금이 명의 대여자에게 고지가 됩니다.

(2) 국민연금보험료와 건강보험료

자기 명의를 빌려 준 해당 사업장에 소득이 발생하기 때문에, 파생 효과로 국민연금보험료와 건강보험료 부담이 증가할 수 있습니다.

  정셈의 창업 · 스타트업을 위한 세무관리

(3) 사업장에 고지된 세금과 사회보험료를 체납하면은

사업자등록증상의 대표자는 명의를 빌려준 사람입니다. 형식상 명의대여자에게 책임이 있습니다. 사업장에 고지된 세금이나 사회보험료를 체납하면 명의대여자에게 독촉을 합니다. 왜냐하면 사업자등록증상의 대표자는 명의를 빌려 준 사람이기 때문입니다.

체납된 세금이나 사회보험료를 납부하지 않으면 개인 재산이 압류가 됩니다. 또한 체납으로 인해 출국 금지 조치 및 신용상 불이익을 받을 수 있습니다.

(4) 명의 대여 및 수탁에 따른 형사처벌

명의 대여자와 수탁자는 조세범처벌법에 따라 처벌받을 수 있어요. 명의 대여자는 1년 이하의 징역 또는 1천만 원 이하의 벌금을, 명의 수탁자는 2년 이하의 징역 또는 2천만 원 이하의 벌금을 받을 수 있습니다.

4) 법인을 설립할 때 명의신탁 문제

보통 법인을 설립하는데 명의를 빌려 달라는 것은, 주식 명의자를 다른 사람 명의로 등록한다는 것입니다.

주식 명의신탁은 명의를 빌린 사람이 상속세나 증여세를 회피하거나, 과점주주의 회피를 통하여 법인의 체납에 대한 제2차 납세의무를 적용받지 않을 수도 있고, 배당을 받을 때 지분에 따른 분산이 되어 배당소득세 누진세율 적용을 회피할 목적 등 여러 가지 이유로 주식을 다른 사람 명의로 등록합니다.

주식 명의신탁을 하면 어떤 문제가 발생할 수 있을까요?

(1) 주식 명의에 따른 증여세 문제

명의를 빌려준 대여자에게 증여세가 과세될 수 있습니다. 관할 세무서에서 주식 취득 자금에 대한 출처를 소명할 것을 요청할 수 있습니다. 자금출처에 대한 소명을 못 할 경우 증여받은 것으로 보아 증여세를 과세할 수 있습니다.

세법 개정 전에는 명의 대여자에게 증여세를 과세하면서, 명의를 빌린 실소유자에게는 증여세 연대납세의무를 부여했습니다. 세법이 개정되면서 2019년부터는 명의를 빌린 실소유자에게 증여세를 부과하고, 증여세 합산과세는 배제하는 것으로 개정했습니다.

(2) 배당소득세 과세

주식 소유자인 주주는 회사가 이익을 내면 배당을 지급받을 수 있습니다. 주식 명의자인 수탁자에게 배당금이 지급되기 때문에 수탁자에게 배당소득세가 과세됩니다.

(3) 주식 명의를 실명 전환

명의를 빌린 사람과 빌려준 사람이 시간이 지나 주식명의 신탁을 해지하고 본래 자기 명의로 전환하려면, 해당 주식을 명의 대여자로부터 매수하거나 증여를 받아야 합니다. 그러기 위해서는 명의 대여자의 동의가 필요하고, 주식명의 신탁 해지에 따른 세금 문제도 발생합니다.

만일 명의 대여자가 주식 명의신탁 해지에 동의를 하지 않으면, 법적인 다툼으로 갈 수밖에 없습니다. 또한 명의 대여자가 해당 주식을 다른 제3자에게 양도하는 경우 사실상 해당 주식을 찾아오기가 무척 어렵습니다. 사전에 주금납입의 증빙서류, 의결권 행사나 배당금 수령 주체, 관련인들의 진술서를 통해 증거자료 등을 확보하는 것이 중요합니다.

〈참고: 명의신탁이 유효한지〉

부동산 명의신탁의 경우 부동산실명법상 무효이며, 예외적으로만 허용됩니다. 그러나 주식 명의신탁에 있어서는 법원 판례가 그 유효성을 인정하고 있습니다. 대법원은 주식 명의신탁의 유효성을 인정하면서 실질과세의 원칙상 주주명부상의 주주 명의가 아니라, 주식에 관하여 의결권 등을 통하여 주주권을 실질적으로 행사하여, 법인의 운영을 지배하는지를 기준으로 판단하여야 한다고 판시하고 있습니다(대법원 2016.03.10. 선고 2011두26046판결).

성과보상과 주식보상제도

법인설립등기를 하면 회사는 법인격을 갖게 됩니다. 회사는 독립적인 인격이 있지만, 스스로 움직일 수 없습니다. 회사를 움직이는 것은 임원으로, 임원의 경영을 통해 회사는 유지됩니다. 임원이 경영정책을 수립하고 직원이 각자 맡은 업무 수행하며 회사는 운영되는 것입니다.

임직원이 회사를 위해 열심히 일하면 좋은데, 그렇지가 않습니다. 대표이사는 임직원이 열심히 일하도록 동기부여할 수 있는 방법을 고민할 수밖에 없습니다.

대표적인 방법은 인센티브 제도입니다. 업무실적에 따른 성과보상을 하는 것입니다. 성과보상으로 많이 활용하는 방법이 주식보상제도가 있습니다.

주식보상제도로 대표적인 것이 스톡옵션(주식매수선택권)과 양도제한조건부주식이 있습니다.

※ 법인등기 및 정관 변경 관련 문의사항은 법무사에게 하시기 바랍니다.

주식보상제도 활용하기

스타트업을 창업한 나창업 씨는 임직원의 동기부여를 어떻게 제고할 수 있을지 고민하고 있습니다.

지인들과 식사 자리에서 이 고민을 털어놓으니, 어느 지인은 인센티브로 주식보상제도를 잘 활용하고 있다고 합니다.

이에 대해 나창업 씨는 정셈에게 문의했습니다. 정셈은 다음과 같이 설명했습니다.

회사는 임직원에게 동기부여 차원에서 성과급을 지급합니다. 성과급은 보통 금전으로 지급하지만, 주식으로도 지급합니다.

1) 주식보상 제도

주식보상 제도는 성과 관리 등을 위한 중요한 보상수단입니다. 주식보

상 제도 중에 가장 대표적인 것은 스톡옵션(주식매수선택권)과 양도제한
조건부주식입니다. 주식보상 제도는 주식회사만 가능한 방법입니다.

스톡옵션은 회사에 필요한 인재를 채용할 때 유인수단으로도 활용되
고 있고 몇 년 전부터 양도제한조건부주식도 대기업과 중견기업을 중심
으로 활용되고 있습니다.

주식보상 제도는 해당 권리를 부여받은 임직원이 일정기간을 재직하
고 성과를 달성해야 권리를 행사할 수 있습니다.

주식보상 제도는 앞으로 회사의 주식 가치가 높아질 것을 전제로 합니
다. 회사의 경영상태가 좋지 않고, 앞으로도 나아질 기미가 보이지 않거
나 오히려 나빠질 것으로 예상이 되면, 임직원에게 주식보상 제도는 의미
가 없을 것입니다.

2) 스톡옵션(주식매수선택권)

스톡옵션은 회사가 임직원에게 일정 기간이 지나고 성과를 달성한 경
우 주식을 정해진 가격에 매수할 수 있는 권리를 부여하는 것입니다.

상장회사뿐만 아니라 소규모 주식회사도 스톡옵션 제도를 통해 성과
관리에 활용할 수 있습니다.

 정셈의 창업·스타트업을 위한 세무관리

3) 양도제한조건부주식(RSA 또는 RSU)

회사가 임직원에게 일정기간 근속 등 일정한 요건을 충족하는 경우 주식을 교부(신주발행 또는 자사주 양도)하는 방식의 보상입니다.

양도제한조건부주식 제도는 회사가 임직원에게 주식을 지급할 때 성과 조건을 부여한 것으로, 성과를 달성해야 해당 주식을 처분을 제한한 조건이 해제가 되는 것입니다.

스톡옵션(주식매수선택권)을
부여하기 위한 절차

나창업 씨는 지인들에게 임직원의 동기부여와 성과 관리 차원에서 스톡옵션이 유용하다는 말을 많이 들었습니다. 나창업 씨도 회사에 스톡옵션 제도를 도입하기로 결정했습니다.

이사회에서 나창업 씨는 임원에게는 1명당 스톡옵션 100개, 직원에게는 1명당 스톡옵션을 30개를 부여하는 것에 대해 논의했지만 결정을 못 했습니다.

스톡옵션을 이렇게 부여해도 될까요?

이에 대해 나창업 씨는 정셈에게 문의했습니다. 정셈은 다음과 같이 설명했습니다.

스톡옵션은 주식을 정해진 가격에 매수할 수 있는 권리입니다. 주식과 관련된 것이기 때문에 주식회사만 이 제도를 이용할 수 있습니다.

스톡옵션 제도를 이용하기 위해서는 정관에 스톡옵션에 관한 규정이 있어야 합니다. 스톡옵션은 임직원이 회사의 주식을 행사가격으로 취득할 수 있는 기회를 부여하는 것으로, 회사의 주식 변동 사항이 발생하기 때문입니다.

회사가 임직원에게 스톡옵션을 부여하려면 아래의 절차를 거쳐야 합니다. 규정에 관한 것은 벤처기업법이 상법의 규정을 준용하기에 상법과 동일합니다.

1) 스톡옵션을 부여하려면 정관과 법인등기부에 규정이 있어야 한다.

스톡옵션을 부여하려면 정관과 법인등기부에 스톡옵션 규정이 반드시 있어야 합니다. 정관은 회사 입장에서는 헌법과도 같기에, 정관에 스톡옵션 규정이 없다면 정관변경부터 해야 합니다. 정관변경은 주주총회 특별결의 사항입니다. 또한 법인등기부에 스톡옵션에 관한 사항에 대해 변경등기를 해야 합니다.

상법에서는 회사 정관에는 스톡옵션(주식매수선택권)에 관한 아래의 사항을 기재하도록 규정하고 있습니다.

① 일정한 경우 주식매수선택권을 부여할 수 있다는 뜻
② 주식매수선택권의 행사로 발행하거나 양도할 주식의 종류와 수

③ 주식매수선택권을 부여받을 자의 자격요건

④ 주식매수선택권의 행사기간

⑤ 일정한 경우 이사회결의로 주식매수선택권의 부여를 취소할 수 있
다는 뜻

2) 주주총회 특별결의로 스톡옵션 부여를 결정한다.

임직원에게 스톡옵션을 부여하려고 할 때 대표이사 단독으로 결정해
서 하는 것이 아닙니다. 스톡옵션 부여는 주주총회 결의사항이라, 주주
총회 특별결의로 결정해야 합니다. 대표이사가 주식 100%를 소유하고
있다 해도 주주총회를 개최해야 하고 특별결의로 정해야 합니다.

주주총회 특별결의는 전체 주주 1/3이상이 참석한 상태에서, 참석한
주주의 2/3이상이 찬성해야 합니다.

3) 주주총회 특별결의에서 스톡옵션 부여에 대해 결정할 사항

회사가 스톡옵션을 부여하기 위해서는 주주총회에서는 아래의 사항들
을 결정해야 합니다.

① 주식매수선택권을 부여받을 자의 성명

② 주식매수선택권의 부여방법

③ 주식매수선택권의 행사가액과 그 조정에 관한 사항

④ 주식매수선택권의 행사기간

⑤ 주식매수선택권을 부여받을 자 각각에 대하여 주식매수선택권의

　　　　　　　　정셈의 창업 · 스타트업을 위한 세무관리

행사로 발행하거나 양도할 주식의 종류와 수

4) 절차를 거치지 않은 스톡옵션은 무효가 될 수 있다.

정관에 스톡옵션 규정이 없는데 스톡옵션을 부여하거나, 스톡옵션을 주주총회 특별결의를 거치지 않고 대표이사가 마음대로 부여한 경우 스톡옵션은 어떻게 될까요?

임직원이 부여받은 이 스톡옵션은 무효가 될 수 있습니다. 실제로 이런 일이 발생한다면 회사에 큰 혼란이 발생할 것이고, 소송까지 가는 불상사가 있을 수도 있으므로 주의해야 합니다.

5) 스톡옵션을 받은 경우 최소 2년 이상 근무해야 한다.

임직원이 적법한 절차에 따라 스톡옵션을 부여받은 경우 주주총회 결의일로부터 2년 이상 재직해야 합니다. 상법에서 2년 이상 근무할 것을 요건으로 하고 있으므로, 회사가 스톡옵션에 대해 정관 규정으로 이 기간을 단축할 수 없습니다.

스톡옵션을 부여받은 임직원이 2년 이상 재직하지 않은 경우, 부여받은 스톡옵션은 조건을 충족하지 않았으므로 해당 권리를 행사할 수 없습니다.

51

회사가 벤처기업으로 인증받으면
스톡옵션에 대해 특례를 받을 수 있다

나창업 씨가 창업한 스타트업 회사는 지난달에 처음으로 임직원에게 스톡옵션을 부여했습니다.

임직원들 사이에 스톡옵션을 받아서 기분은 좋지만 세금 때문에 고민이라는 얘기를 비서를 통해 들었습니다.

지인들과 식사 자리에서 나창업 씨는 스톡옵션과 관련된 세금에 대한 고민을 얘기하니, 어떤 지인은 회사가 벤처기업 인증을 받으면 그 세금 문제를 해결할 수 있다고 조언했습니다.

이에 대해 나창업 씨는 정셈에게 문의했습니다. 정셈은 다음과 같이 설명했습니다.

스톡옵션은 회사가 벤처기업으로 인증을 받는지에 따라 차이가 있습니다. 스톡옵션은 주식을 부여하는 것이기 때문에 주식회사만 스톡옵션을 할 수 있습니다. 주식회사는 상법상 회사로서 상법의 규정이 적용됩니다. 스톡옵션도 상법 규정에 지켜야 합니다.

회사가 벤처기업으로 인증을 받으면 벤처기업법이 적용됩니다. 벤처기업법은 벤처기업으로 인증받은 회사를 지원하기 위한 법률입니다. 벤처기업법에도 스톡옵션 관련 규정이 있는데, 상법 규정과 스톡옵션 규정이 상충하는 경우 벤처기업법의 규정을 우선 적용합니다.

1) 스톡옵션의 행사가격 특례

스톡옵션의 행사가격은 스톡옵션 부여일을 기준으로 한 주식의 실질가액(시가)과 액면가액 중 큰 금액이어야 합니다.

주식의 시가를 산정해야 히는데, 상장회사가 아닌 이상 대부분의 회사는 비상장주식회사여서 주식의 시가를 알 수 없습니다. 세법 규정에 따라 보충적 평가방법으로 1주당 금액을 계산하여 시가를 산정합니다.

회사가 벤처기업으로 인증을 받은 경우 스톡옵션의 행사가액을 액면가액으로 해서 부여하는 것이 가능합니다.

예를 들어 임직원 입장에서 현재 회사의 1주당 시가가 10,000원이고 액면가액이 5,000원인 경우, 행사가액을 액면가액으로 해서 부여하면 부여일 현재 5,000원만큼 이익입니다. 그리고 회사가 앞으로 성장이 유망해서 스톡옵션 행사일에 1주당 가치가 20,000원이 된다면 임직원은 스톡옵션 행사로 15,000원의 이익을 얻을 수 있습니다. 즉, 스톡옵션의 행사가액을 액면가액으로 하는 것은 임직원에게 유리한 경영정책입니다.

회사가 스톡옵션의 행사가격을 액면가로 부여하기 위해서는 벤처기업 인증을 받아야 가능합니다.

2) 벤처기업은 스톡옵션을 최대 50%까지 부여 가능

상법에서 스톡옵션은 총 발행주식의 10%까지만 부여할 수 있습니다. 이는 일반기업이나 스타트업이나 동일합니다. 그런데 벤처기업 인증을 받는 경우 스톡옵션을 최대 총 발행주식의 50%까지 부여할 수 있습니다. 현실적으로 전체 주식의 50%까지 스톡옵션을 부여하는 경우는 무리지만, 회사 입장에서는 스톡옵션을 필요에 따라 임직원에게 부여할 수 있습니다.

스톡옵션이 많이 부여가 된 경우 외부투자자를 유치하려고 할 때 이 점이 불리하게 작용할 수 있으므로 주의해야 합니다. 스톡옵션 행사로 인한 희석 효과로 지분율이 낮아질 수 있고, 주식가치에도 변동이 발생할 수 있기 때문입니다.

3) 벤처기업은 임직원 외 제3자에게도 소톡옵션 부여가 가능

스톡옵션은 회사의 이사, 집행임원, 감사 또는 피용자 즉, 임직원에게 부여할 수 있습니다. 벤처기업 인증을 받으면 이들 외에 제3자에게도 스톡옵션을 부여할 수 있습니다.

회사에 기여하고 있다고 볼 수 있는 연구원, 변호사, 회계사, 변리사, 세무사 등에게 스톡옵션을 부여할 수 있고, 자회사(지분 30% 이상 보유)의 임직원에게도 스톡옵션을 부여할 수 있습니다.

52

벤처기업 인증을 받은 스타트업 임직원이
스톡옵션 행사로 얻은 이익에 대해 세금 특례를 받을 수 있다

나창업 씨가 창업한 회사가 지난달에 벤처기업 인증을 받았습니다. 벤처기업 인증을 받았으니 법인세 감면을 받을 수 있어 기쁘게 생각하는데, 지인이 스톡옵션과 관련된 세금 혜택도 받을 수 있다고 조언했습니다. 어떤 세금 혜택을 받을 수 있는지 궁금합니다.

이에 대해 나창업 씨는 정셈에게 문의했습니다. 정셈은 다음과 같이 설명했습니다.

벤처기업 인증을 받은 회사가 부여한 스톡옵션에 대해 혜택이 있습니다. 혜택 중에 세금 혜택이 있는데, 임직원이 부여받은 스톡옵션을 행사하여 얻은 이익에 대해 아래와 같은 세금 혜택을 받을 수 있는 특례가 있습니다.

① 스톡옵션 행사로 얻은 이익에 대해 최대 5천만 원 비과세 특례

② 스톡옵션 행사로 얻은 이익에 대한 분할납부 특례

③ 스톡옵션 행사로 얻은 이익을 근로소득 대신 양도소득세 분류 특례

위의 세금 특례를 받기 위해서는 각 특례제도에서 규정하는 요건을 충족해야 합니다.

1) 스톡옵션 행사로 얻은 이익에 대해 최대 5천만 원까지 비과세를 받을 수 있다

벤처기업 인증을 받은 스타트업의 임직원이 부여받은 스톡옵션을 행사하여 주식의 시가와 행사가격의 차이인 행사이익에 대해 연간 최대 5천만 원까지 소득세를 과세하지 않습니다.

이 특례를 적용받기 위해서는 비과세특례적용명세서를 주식매수선택권 행사일이 속하는 연도의 다음 연도 2월 말일까지 원천징수 관할 세무서장에게 제출해야 합니다.

2) 스톡옵션 행사로 얻은 이익에 대해 분할납부가 가능하다

벤처기업 인증을 받은 회사의 임직원이 부여받은 스톡옵션을 행사하여 주식의 시가와 행사가격의 차이인 행사이익을 얻을 수 있습니다. 이 행사이익은 근로소득에 해당합니다. 회사는 임직원의 행사이익에 대해 원천징수를 하여 원천세를 신고납부합니다.

이때 행사이익에 대해 근로소득세로 과세되는 경우 5년간 분할납부하

는 특례를 적용할 수 있습니다.

행사이익 5천만 원까지는 특례로 비과세를 받을 수 있으므로, 행사이익 5천만 원을 초과하는 금액에 대해 근로소득세 분할납부 특례 적용이 가능합니다.

3) 스톡옵션 행사로 얻은 이익을 근로소득세 대신 양도소득세로 적용받을 수 있다

벤처기업 인증을 받은 회사의 임직원이 부여받은 스톡옵션 행사이익을 근로소득이 아닌 양도소득으로 분류해서 세금을 납부할 수 있습니다.

근로소득세율은 6~45%의 세율이 적용됩니다. 지방소득세까지 고려하면 최대 6.6%에서 49.5%의 세율이 적용됩니다.

주식 양도소득세 세율을 적용되면 10% 또는 20%의 단일세율이 적용됩니다. 대주주인 경우는 20%(과세표준 3억 원 초과 분은 25%)의 세율을 적용합니다.

스톡옵션 행사로 이익이 크다면 행사이익을 주식 양도소득세로 적용받는 것이 절세일 수 있습니다.

4) 스톡옵션을 행사하려고 할 때 벤처기업 인증의 기한이 종료된 경우

임직원이 스톡옵션을 부여받을 때는 회사가 벤처기업 인증을 받은 상

   정셈의 창업·스타트업을 위한 세무관리

태였으나, 지금 스톡옵션을 행사하려고 할 때 벤처기업 인증기간이 종료되어 회사는 벤처기업에 해당하지 않게 되었습니다.

이 경우에 앞에서 설명한 행사이익에 대한 세금 특례를 받을 수 없게 되는 것일까요?

스톡옵션을 부여 받은 임직원은 의무근무기간을 채워야 합니다. 그 기간 동안 스톡옵션을 부여한 회사가 벤처기업 인증기간이 종료될 수 있습니다. 스톡옵션을 부여받을 당시 임직원은 세금특례를 적용받을 줄 알았는데, 만일 이러한 이유로 세금 특례를 적용받을 수 없다면 무척 억울하다고 생각할 수 있고, 큰 사기 저하가 있을 수도 있습니다. 요건을 충족된 경우라면 임직원은 스톡옵션 행사이익에 대한 세금 특례를 적용받을 수 있는 있습니다.

53

스톡옵션 관련 기타사항

나창업 씨는 스톡옵션 관련 해설 자료를 보면서 용어와 절차들이 낯설어서 이해가 잘 되지 않습니다.

스톡옵션과 관련하여 주의할 것이 있나요?

이에 대해 정셈에게 문의했습니다. 정셈은 다음과 같이 설명했습니다.

1) 스톡옵션의 부여와 행사의 차이는 무엇인가요?

회사가 임직원에게 스톡옵션을 부여한다는 것은 신주를 인수할 수 있는 권리를 부여한 것입니다. 임직원이 스톡옵션을 부여 받았다고 해서 주주로서의 권리를 있는 것이 아닙니다. 주식을 소유해야 주주로서의 권리가 발생합니다.

임직원이 스톡옵션을 행사한다는 것은 스타트업의 신주를 행사가격으로 인수를 하는 것입니다. 스톡옵션 행사로 해당 스톡옵션은 소멸합니다.

2) 스톡옵션 행사절차

임직원이 스톡옵션을 행사하는 경우 임직원은 회사에 스톡옵션 행사에 대한 청구서 2부를 제출하여야 합니다. 또한 회사와 협의된 금융기관의 납입장소에 행사가격을 납입하여야 합니다.

3) 스톡옵션을 행사한 임직원은 언제 주주가 되나요?

임직원이 스톡옵션을 행사하여 행사가액을 납입한 때에 주주가 됩니다.

4) 스톡옵션 행사에 의한 변경의 등기

임직원이 스톡옵션 행사를 하여 신주를 발행하는 경우 그 행사일이 속하는 달의 말일부터 2주간 내에 본점소재지 관할등기소에 신주발행에 따른 변경등기를 신청하여야 합니다. 등기신청서에는 신주인수청구서 및 주금의 납입을 맡은 은행 기타 금융기관의 납입금보관에 관한 증명서를 첨부하여야 합니다.

54

양도제한조건부주식(RSU)

나창업 씨는 요즘 회사의 핵심인재에 대해 고민이 많습니다. 회사에 중요한 인재인데, 혹시나 다른 곳으로 이직할까 걱정입니다.

지인들에게 이 고민을 얘기하니 지인들도 같은 고민을 하고 있는데, 양도제한조건부주식을 이용해서 핵심인재를 계속 회사에 남게 하고 있다고 합니다.

이에 대해 나창업 씨는 정셈에게 문의했습니다. 정셈은 다음과 같이 설명했습니다.

몇 년 전부터 대기업과 상장회사를 중심으로 양도제한조건부주식을 적극적으로 도입하고 있습니다. 중소기업도 이 제도를 도입하고 있는 추세입니다.

스톡옵션이라는 제도가 있지만, 상법 등에 규정을 적용되서 제약이 있습니다. 양도제한조건부주식은 적용되는 규정이 없어서 회사와 임직원 간의 계약 내용에 따라 이행을 하면 되므로 자유롭다는 특징이 있습니다.

1) 양도제한조건부주식(RSU)이란?

양도제한조건부주식(Restricted Stock Units, 또는 제한조건부 가상주식)은 회사가 임직원에게 자기주식 부여를 약속하되, 일정 재직 기간과 조건을 충족해야 주식이 부여 대상자에게 귀속되도록 제한을 둔 주식입니다. 즉, 회사가 임직원에게 자기주식을 조건부로 지급한 것입니다.

부여 시점에는 임직원이 해당 주식을 마음대로 양도할 수 없고 계약 내용에서 요구하는 조건을 충족해야 해당 주식을 처분할 수 있습니다.

양도제한조건부주식은 스톡옵션처럼 임직원의 성과보상 목적으로 지급하는 주식입니다. 계약 내용의 조건을 충족하지 못한 경우 지급된 주식은 무효가 될 수 있습니다.

2) 양도제한조건부주식의 이용사례

양도제한조건부주식은 미국 실리콘밸리에 기업에서 시행하는 있는 성과보상제도입니다. 한국에는 2020년 경에 한화그룹이 처음으로 도입하면서 큰 이슈가 되었습니다. 다른 기업들도 임직원에게 양도제한조건부주식으로 성과 보상하는 사례가 증가하고 실정입니다.

3) 스톡옵션(주식매수선택권)과 차이점

구분	주식매수선택권	양도제한조건부주식(RSU)
부여 절차	정관규정 및 주주총회 특별결의	이사회(이사회 없는 경우 주주총회)결의 정관 요건 없음
부여 대상자	임직원 가능 (벤처기업은 제3자 가능)	제한 없음(대주주에게도 부여 가능)
부여수량	총 발행주식의 10% 이내	제한 없음(다만, 배당가능이익 이내 자기주식을 취득할 수 있음)
최소 행사기간	최소 2년 이상으로 정해야 함	제한 없음
행사가격	시가 및 액면금액 중 높은 금액	제한 없음(무상지급 가능)
부여방식	신주 발행 또는 자기주식 양도	자기주식 교부 (신주 발행은 원칙적으로 불가)
규정	상법 등에 규정	관련 규정 없음
세금	근로소득: (시가-행사가액)×소득세율 양도소득: (매도가액-시가)×양도세율	근로소득: 배분시가×소득세율 양도소득: (매도가액-배분시가)×양도세율

4) 양도제한조건부주식는(RSU)의 장점과 단점

(1) 동기부여 차원

주식매수선택권은 회사가 임직원에게 회사 주식을 정해진 가격으로 매수할 수 있는 권리를 부여한 것입니다. 주식매수선택권은 부여받은 임직원은 2년 이상 근무해야 하는 요건을 충족해야 합니다. 이 요건을 충족한 임직원은 주식매수선택권을 행사해서 주식을 행사가격으로 취득하는 경우 해당 주식의 시가와 행사가격의 차익을 얻을 수 있고, 이 차익은 근로소득으로 과세합니다.

만일 주식의 시가가 행사가격보다 낮을 경우 주식매수선택권을 행사하지 않는 것이 이익이기 때문에, 주식매수선택권을 행사하지 않습니다.

양도제한조건부주식는 주식에 대한 권리 자체를 부여하는 것입니다. 주식매수선택권처럼 주식의 시가가 행사가격보다 낮아질 경우 권리를 행사하지 못함에 따라 임직원의 동기부여 효과가 낮아지는 효과기 없습니다.

(2) 절차

주식매수선택권에 관련 규정은 상법의 규정되어 있습니다. 회사가 주식매수선택권을 부여하려면 상법 규정에 따라 회사 정관과 등기부등본에 관련 규정을 두어야 하고, 주식매수선택권 부여할 때마다 주주총회 특별결의가 필요합니다. 또한 회사가 주식매수선택권을 부여할을 수 있는 대상과 수량이 제한되어 있습니다.

양도제한조건부주식는 회사가 자기주식을 취득하여 임직원에게 부여하는 제도입니다. 회사 정관에 자기주식 취득에 관한 규정이 있어야 합니다. 주식매수선택권과 달리 상법에 관련 규정이 없습니다. 정관에 자기주식 취득과 관련하여 이사회 결의로 주주총회 결의를 갈음할 수 있습니다.

또한 부여 대상과 수량 등의 제한이 없기 때문에 부여 절차에 있어서 주식매수선택권보다 간편하다는 장점이 있습니다.

(3) 단점

양도제한조건부주식을 부여하려면 회사가 자기주식을 매입해야 합니다. 스타트업이나 벤처기업은 자기주식을 매입하는 것이 쉽지 않을 수 있습니다. 자기주식을 매입하려면 배당가능이익 범위 안에서 자기주식을 매입해야하기 때문입니다.

회사가 자기주식을 매입할 때 회사의 모든 주주에게 자기주식 매입에 대한 공고를 해야 하고, 각 주주가 가진 주식 수에 따라 균등한 조건으로 매입해야 합니다.

양도제한조건부주식이 대기업의 우회상속 수단으로 악용될 소지가 크다는 우려가 있습니다. 상법에 양도제한조건부주식을 규정하는 개정이 필요하다는 주장이 제기되고 있습니다.

5) 세금혜택

양도제한조건부주식과 주식매수선택권은 과세대상입니다. 조특법에 일정요건을 충족하는 벤처기업이 임직원에게 주식매수선택권을 부여한 경우 임직원은 시가와 행사가격 차액에 대해 2억 원까지 비과세 혜택을 받을 수 있습니다. 또한 행사로 얻은 이익을 5년간 분할 납부할 수 있고, 행사로 얻은 이익을 소득세 대신 주식을 양도할 때 양도소득세로 한 번에 납부할 수도 있습니다.

양도제한조건부주식은 위의 주식매수선택권의 세금 혜택이 없습니다.

  정셈의 창업 · 스타트업을 위한 세무관리

6) 양도제한조건부주식의 원천징수시기

임직원이 양도제한조건부주식을 부여받은 것은 근로소득에 해당합니다. 근로소득 수입시기는 조건이 성취되어 주식을 부여받은 날입니다. 임직원이 계약 내용의 조건을 충족했을 때 주식을 소유하게 되는데, 이때가 원천징수의 시기가 됩니다.

55

벤처기업 인증

나창업 씨는 회사가 벤처기업 인증을 받으면 많은 혜택을 받을 수 있고, 세금 혜택으로 법인세(또는 종합소득세) 감면뿐만 아니라 취득세 감면과 스톡옵션 행사 관련 세금 혜택도 받을 수 있다는 것을 알게 되었습니다.

그러면 벤처기업 인증을 어떻게 받을 수 있을까요?

이에 대해 나창업 씨는 정셈에게 문의했습니다. 정셈은 다음과 같이 설명했습니다.

최근 벤처기업 확인 요건이 개정되었습니다. 벤처기업 인증을 받으면 정부정책에 따른 창업·세제·금융·입지·특허·마케팅 등 지원을 받을 수 있습니다. 벤처기업으로 인증받기 위해서는 「벤처기업 육성에 관한 특별조치법」 제2조의 2 '벤처 기업의 요건'을 충족하였을 때 인증이 가능합니다.

1) 벤처기업 확인 주체

민간 전문가를 중심으로 구성된 '벤처기업확인위원회'에서 최종 심의

2) 등록방법

벤처인증은 벤처확인 공시시스템을 방문하여 온라인으로만 신청 가능합니다.

→ www.smes.go.kr/venturein

3) 벤처기업 인증 유효기간

벤처기업 유효기간은 3년이며, 벤처기업 확인서 발급일로부터 유효기간이 산정됩니다.

4) 기존 벤처기업의 인증 연장방법

현행 벤처확인제도에는 기존 벤처기업의 유효기간 연장을 위한 별도의 절차가 없습니다. 따라서 유효기간이 만료되어 벤처확인서를 연장하고자 하는 경우에는 자동으로 연장되는 것이 아니기 때문에, 신규 벤처기업과 동일한 신청 및 평가 절차를 진행해야 합니다.

기존 벤처기업은 유효기관 만료 전 2개월부터 만료 후 1개월 이내에 벤처확인 공시시스템을 통해 벤처기업 확인을 신청하였을 때, 확인서 발급일이 아닌 기존 유효기관 익일부터 유효기간이 산정되면서 유효기간 연장 효과가 있습니다.

<벤처기업 유형>

확인유형	기준조건(각 항목 모두 충족)	비고
벤처투자 유형	·「중소기업기본법」 제2조에 따른 중소기업일 것 · 투자금의 총 합계가 5천만 원 이상일 것 · 기업의 자본금 중 투자금액의 합계가 차지하는 비율이 10% 이상일 것 · 해당 기업이 「문화산업진흥 기본법」 제2조 제12호에 따른 제작자 중 법인이면 자본금의 7% 이상	「벤처기업육성에 관할 특별조치법」 제2조의2(벤처기업의 요건)제1항의 제2호의 가목
연구개발 유형	·「중소기업기본법」 제2조에 따른 중소기업일 것 ·「기초연구진흥 및 기술개발지원에 관한 법률」 제14조의2 제1항에 따라 인정받은 기업부설연구소 또는 연구개발전담부서 및 「문화산업진흥 기본법」 제17조의3제1항에 따라 인정받은 기업부설창작연구소 또는 기업창작전담부서 중 1개 이상 보유 · 벤처기업확인요청일이 속하는 분기의 직전 4분기 기업의 연간 연구개발비가 5천만 원 이상이고, 연간 총매출액에 대한 연구개발비의 합계가 차지하는 비율이 5% 이상 ※ 연간 총매출액에 대한 연구개발비의 합계가 차지하는 비율에 관한 기준은 창업 후 3년이 지나지 아니한 기업에 대하여는 미적용 · 벤처기업확인기관으로부터 사업의 성장성이 우수한 것으로 평가받은 기업	「벤처기업육성에 관할 특별조치법」 제2조의2(벤처기업의 요건)제1항의 제2호의 나목

혁신성장 유형	·「중소기업기본법」 제2조에 따른 중소기업일 것 ·벤처기업확인기관으로부터 기술의 혁신성과 사업의 성장성이 우수한 것으로 평가받은 기업	「벤처기업육성에 관할 특별조치법」 제2조의2(벤처기업의 요건)제1항의 제2호의 다목
예비벤처 기업	·법인설립 또는 사업자등록을 준비 중인 자 ·벤처기업확인기관으로부터 기술의 혁신성과 사업의 성장성이 우수한 것으로 평가받은 기업	「벤처기업육성에 관할 특별조치법」 제2조의2(벤처기업의 요건)제1항의 제2호의 다목

자금조달

스타트업은 자금이 많이 필요합니다. 스타트업뿐만 아니라 모든 창업 기업이 자금이 필요하지만, 특히 스타트업은 성장단계마다 자금이 필요합니다.

자금 조달 방법으로 금융기관에서 차입하는 방법, 회사가 주식을 발행이나 채권을 발행에서 하는 방법, 정부 보조금을 받는 방법이 있습니다.

어떤 방법이든 자금을 조달하려면 회사에 대한 정보를 기본적으로 필요로 합니다. 회사 정보 자료로서 대표적인 것인 재무제표입니다.

대출기관이나 투자자 및 정부기관은 공통적으로 회사 정보로 재무제표를 요구합니다. 재무제표로 표준재무제표를 요구합니다.

이미 세금 신고 때 제출된 표준재무제표는 수정할 수 없다는 것이 특징

 정셈의 창업 · 스타트업을 위한 세무관리

입니다.

투자를 특수관계인에게 받을 때 신주발행 시 주의가 필요합니다. 증여세 문제가 있을 수 있기 때문입니다.

주식회사는 주식과 채권에 다양한 조건을 넣어 발행할 수 있는 장점이 있습니다. 이를 투자 유치에 활용할 수 있습니다.

※ 정부 보조금 관련 문의는 행정사에게, 신주발행 관련 문의는 하시기 바랍니다.

56

재무제표 작성을 위한 회계·세무의 중요성

나창업 씨가 창업한 스타트업은 플랫폼을 기반으로 하는 기술 중심의 회사입니다. 그래서 이를 상품화하기까지는 시간과 자금을 필요로 합니다. 이 기간 동안 수익에 비해 비용이 크기 때문에 상품화에 성공해서 매출이 증대하기까지는 충분한 자금을 유지·확보하는 것이 매우 중요합니다.

창업 첫해에는 회사가 잘 정착할 수 있을지 많이 불안했습니다. 회사 자금으로 연구비를 감당하는 데 한계가 있고, 매출이 어느 정도 발생하지 않으면 자금부족으로 회사 문을 닫아야 하기 때문입니다.

지인들과 식사 자리에서 나창업 씨는 자금에 대한 고민을 나눴습니다. 어느 지인은 회사가 투자를 받아야 하는 데 재무제표가 매우 중요하다고 조언했습니다.

이에 대해 나창업 씨는 정셈에게 문의했습니다. 정셈은 다음과 같이 설

명했습니다.

창업을 할때 충분한 자금을 보유한 상태에서 창업하는 경우도 있겠지만, 보통 사업 아이디어와 아이템을 기반으로 최소한의 운영자금만을 갖고 시작하는 경우가 대부분일 것입니다. 그래서 창업 이후 회사의 운영자금이 부족해질 때 자금을 유치·확보할 준비가 되어 있어야 합니다. 그렇지 못하면 회사 문을 닫을 수밖에 없는 안타까운 상황을 맞이할 수 있습니다.

1) 자금 조달

회사의 부족한 자금은 금융기관에서 대출을 받거나 외부로부터 자금을 유치해야 합니다. 이미 대출을 받은 상태이면 추가로 대출을 받기에는 어렵고, 부동산 같은 자산 등 담보로 제공할 수 있는 자산이 필요합니다.

정부의 정책자금을 지원받을 수 있습니다. 이미 정책자금을 지원받은 경우에는 추가적으로 지원받을 수 없습니다. 그렇다면 남은 유일한 방법은 외부투자자로부터 자금을 유치하는 것입니다.

2) 외부투자 유치와 자료 요청

나창업 씨는 주변 지인에게 투자자를 소개해 달라고 부탁을 했습니다. 마침 지인으로부터 투자자를 소개 해준다는 연락을 받았습니다. 날짜와 장소 등을 약속했습니다. 나창업 씨는 미팅 날에 소개받은 투자자에게 사업아이템과 접목 된 기술이 얼마나 혁신적이고 기발한지 열정적으로 설명을 했습니다. 설명이 끝나자 투자자는 나창업 씨에게 아이템 관련 정보기술서와 회사의 표준재무제표를 요구했습니다.

나창업 씨는 고민 없이 투자자가 요구한 표준재무제표를 제공하려고 합니다. 이대로 제공해도 될까요?

3) 표준재무제표

회사가 외부투자자에게 자금을 유치하려면 투자자가 회사의 투자적격 여부를 판단할 수 있는 자료들이 있어야 합니다. 업종과 관계없이 공통 적으로 요구하는 중요한 자료가 재무제표입니다.

재무제표 중에 표준재무제표가 있습니다. 결산을 확정하여 법인세 또 는 종합소득세(복식부기의무자와 성실신고확인대장인 경우)를 관할 세 무서에 신고할 때 표준재무제표를 함께 제출합니다.

일반적으로 회계상 작성된 재무제표는 수정이 가능합니다. 재무제표 를 작성하고 나서 기존 거래가 최소 되거나 회계상 오류 등이 있을 수 있 기 때문입니다.

그러나 법인세나 종합소득세 신고기한에 관할 세무서에 제출된 표준 재무제표는 수정이 불가능합니다. 매출이나 비용이 누락 되어 이미 제출 된 표준재무제표 수정이 필요해도 관할 세무서는 수정을 해주지 않습니 다. 왜냐하면 이는 원칙이기 때문입니다. 그렇기 때문에 처음부터 표준 재무제표는 제대로 작성하여 관할 관할 세무서에 제출해야 합니다.

4) 회계 · 세무의 중요성

나창업 씨가 창업한 스타트업은 지속적인 연구 · 개발을 필요로 하기에 사업아이템이 상품화되고 수익을 창출하기까지 시간이 많이 필요로 합니다. 그런데 나창업 씨는 스타트업을 창업하기 전부터 사업아이템의 연구 · 개발에만 집중해서 회계와 세무에는 소홀히 했고, 제대로 신경 쓰지 못했습니다. 이러한 이유 때문에 세금 신고조차 누락하는 경우도 있습니다.

만일 나창업 씨가 스타트업을 창업한 이래 회계 · 세무에 신경을 썼다면 투자자가 요구하는 표준재무제표를 제공하는 것에 문제가 없겠지만, 지금에서 제대로 된 재무제표를 작성하기에는 무리일 것입니다.

5) 재무제표의 중요성

투자자들은 창업가인 나창업 씨와는 달리 투자에 따른 수익성이 매우 중요합니다. 그래서 투자 여부를 검토하기 위한 자료를 요구하는 것도 당연합니다. 회사로부터 제공받은 자료가 부실한데, 투자자가 투자로 이익을 창출할 수 있다는 확신을 생각하기에는 너무나 무리일 것입니다.

재무제표가 부실하다는 것은, 회사운영에 중요한 회계관리와 세무 신고가 제대로 이루어지고 있지 않다는 것으로, 이는 회사에 투자한 자금이 사업에 필요한 곳에 제대로 사용되지 않을 수 있다는 것을 말합니다.

창업 초기 단계에서는 사업 성과가 미흡하기에 재무제표가 좋지 않을 수는 있습니다. 그러나 사업 성과에 따라 재무제표가 좋지 않은 것과 부실하게 작성된 것은 다릅니다. 투자자도 이를 매우 잘 알고 있습니다. 그러나 투자자는 재표제표를 참고로 회사의 내부운영방식, 업무효율성 등 내부정보 및 나아가 미래성장가능성, 투자신뢰성 등 비재무적 정보를 얻을 수가 있기 때문에 중요하게 생각하는 이유입니다.

6) 재무제표와 기업가치

재표제표가 중요한 또 다른 이유는 기업가치와 관련 있기 때문입니다. 나창업 씨가 투자자에게 투자를 받기 위해서는 스타트업의 기업가치를 평가해야 합니다. 기업가치 평가를 위해서는 과거 경영성과의 재무적 실적이 필요합니다. 이를 나타내는 자료가 재무제표입니다.

투자가 성사가 된다면 투자자는 회사에 투자를 하고 주식을 받게 됩니다. 기업가치에 따라 투자자에게 발행하는 1주당 가치가 정해지고 주식 수가 결정되기 때문입니다.

7) 결손금 관리

회계·세무 관리에 신경 쓰면 절세도 기능합니다. 매출보다 비용이 크면 손실이 발생합니다. 세법은 이를 결손이라고 합니다. 사업상 발생한 결손금은 10년간 발생하는 사업상 이익과 상계하여 세금부담을 줄일 수 있도록 하고 있습니다.

스타트업 특성상 창업 초기 연구·개발비가 많이 소요되어 결손이 발생하기에 이 결손금을 이월하여 발생할 이익과 상계하여 세부담을 낮추는 데 가능한데, 회계·세무에 신경을 소홀히 하지 않아야 가능합니다.

57

회사가 자금을 조달할 때 대출과 증자 중에 어느 것이 유리할까

스타트업을 창업하여 회사를 경영하고 있는 나창업 씨 R&D 예산을 위해 자금 확보를 고민하고 있습니다.

금융기관에서 대출을 받는 것과 외부 투자를 받는 것 중에 어떤 것이 유리할지 고민 중입니다.

이에 대해 나창업 씨는 정셈에게 문의했습니다. 정셈은 다음과 같이 설명했습니다.

스타트업을 시작해서 운영하다 보면 초기 자금이 소진되어 자금이 부족한 경우를 맞이하게 됩니다. 스타트업은 아이디어를 상품화하여 시장에 출시되기까지 연구·개발이 계속적으로 이루어져야 해서 초기 자금만으로는 충분하지 않습니다. 그래서 자금이 추가적으로 필요한데 어디서 어떻게 마련해야 할지 고민입니다.

우선 대표자가 급한 대로 개인자금을 법인에 투입할 수 있습니다. 이는 대표자가 법인에게 대출하는 것으로, 법인이 대표자 개인에게 자금을 빌린 것입니다. 법인은 이를 가수금이나 단기대여금 등의 계정으로 관리를 합니다.

대표자의 개인자금 말고 다른 방법은 어떤 것이 있을까요?

1) 대출과 유상증자

회사가 자금을 조달하는 방법은 차입(대출을 받는 것)을 하는 방법과 증자를 하는 방법이 있습니다. 전자는 금융기관으로부터 차입을 하는 것으로, 차입투자·타인자본 등의 여러 명칭이 있습니다.

대출을 받은 스타트업은 대출자에게 약정된 이자를 지급해야 하고 기한 내에 원금을 상환해야 합니다. 후자는 스타트업이 투자를 받는 것으로, 지분투자·자기자본 등의 명칭을 사용합니다. 이 방법은 차입방법과 달리 투자금을 상환해야 하는 의무는 없습니다.

2) 대출로 자금조달

회사가 금융기관으로부터 차입을 하는 것은 상환의무가 있습니다. 회사가 차입금을 상환하지 못하는 경우 채무불이행으로 파산의 위험이 있습니다. 나창업 씨가 대출에 연대보증을 한 경우 회사가 상환을 못하는 경우 보증에 따라 나창업 씨가 상환을 해야 하고, 그렇지 못하면 나창업 씨는 신용불량자가 될 수 있습니다.

차입에 따른 이자를 지급하는 것은 비용으로 경비처리가 가능합니다. 회사가 배당을 하는 것은 비용이 아니지만, 지급이자은 비용 인정이 됩니다.

회사가 차입을 하면 대출받은 금액은 부채여서 부채비율이 높이지만, 재무제표가 양호하면 차입을 하는 것이 유리한 방법입니다.

3) 증자로 자금조달

유상증자를 줄여서 증자라고 말합니다. 증자의 장점은 상환의무가 없다는 것입니다. 투자받은 자금을 기한 내에 상환하기 위해 자금을 마련해야 한다는 부담감이 없기 때문입니다.

증자는 주식을 발행하는 것입니다. 주식을 발행하기 위해 회사의 주당 금액을 평가해서 발행할 주식의 가액을 결정해야 합니다.

스타트업 초기에는 사업 성과가 미비해서 기업가치를 제대로 평가받기가 어려운 점이 있습니다. 아무리 사업아이템이 좋아도, 기술력이 있어도 아직 상품화가 안 돼서 매출이 작거나 결손 상태인 경우 회사의 가치를 제대로 평가받을 수 없습니다. 그렇게 되면 법인은 사업 아이템이 미래에 큰 이익이 발생할 것으로 전도유망할 것으로 여겨진다 해도, 현재 세법상 평가된 1주당 금액을 기준으로 주식을 발행할 수 밖에 없습니다.

증자를 하려면 반드시 상법상 절차를 지켜야 합니다. 상법 절차에 따르지 않는 증자를 한 경우 무효가 될 수 있으므로 중요합니다.

4) 차입과 증자 중에 어떤 것이 유리할까?

증자를 하면 투자자가 납입한 금액은 법인의 자본에 해당하기 때문에, 자본이 증가하여 부채비율이 낮아집니다. 그러나 증자는 주식을 발행하는 것이어서 투자자는 회사의 주주가 되고, 증자로 인해 나창업 씨의 지분은 낮아지게 됩니다.

나창업 씨는 둘 중에 각각의 장단점을 잘 파악하고, 충분히 고민하여 유리한 쪽으로 선택하는 것이 중요합니다.

회사가 신용이 있고 부채비율이 낮다면 금융기관의 차입으로 자금을 조달하는 것이 유리한 방법입니다. 부족한 자금은 금융기관 대출 등으로 자금을 조달하고 법인이 재무적 성과가 어느 정도 나오기 시작하여 법인의 가치를 적정하게 평가받을 수 있는 시점에 증자를 하는 것이 유리하다고 볼 수 있습니다.

대출 금리가 생각보다 높거나 거치기간이 짧은 경우, 사업 초기 필요한 자금을 금융권에서 대출을 받기 어려운 경우에는 정부 정책자금을 통해 자금을 융통하는 것도 좋은 방법입니다.

스타트업으로 법인을 설립할 때 초기 자본금을 납입합니다. 액면가액 1,000원으로 10만 주를 발행한다면 자본금은 1억 원이 됩니다. 법인등기 부등본에는 액면가액, 발행한 주식, 자본금이 기재되어 있습니다. 법인 등기부는 외부에 공시되기 때문에 기재되어 있는 내용은 중요합니다. 자

 정셈의 창업·스타트업을 위한 세무관리

본금은 채권자 입장에서 채무자인 법인으로부터 받을 수 있는 최소한의 증거금 성격을 갖고 있습니다. 법인 자본금에 대해 상법에서 규제를 엄격하게 하고 있으므로, 법인을 설립할 때 가장납입을 하는 경우 규제를 받을 수 있습니다.

또한 증자를 히는 데 상법상의 절차를 무시해시 진행하는 경우 무효가 될 수 있습니다.

58

증자를 했는데 증여세가 있을 수 있다

스타트업을 창업한 나창업 씨는 지금까지 R&D 비용 등을 충당하기 위해 증자를 여러 번 했습니다.

개발된 제품이 시장에서 인정받아 회사 매출은 큰 폭으로 증가했습니다. 이제는 다른 제품 개발과 신기술 개발을 기획 중입니다.

지인들과 식사 자리에서 어느 지인이 작년에 증자를 했는데, 세무서에서 세금 추징을 받았다며, 증자할 때 주의해야 한다고 조언했습니다.

이에 대해 나창업 씨는 정셈에게 문의했습니다. 정셈은 다음과 같이 설명했습니다.

나창업 씨가 창업한 스타트업이 많은 시간과 땀방울을 흘리며 개발한 상품이 시장에서 조금씩 인정을 받기 시작하면서 매출도 증가하고 있습니다. 초창기에는 회사가 손실이 나고 그랬지만, 이제 이익이 나기 시작했고, 회사의 인지도도 좋아지고 있습니다.

나창업 씨는 투자를 하여 사업을 크게 확장하고 싶습니다. 회사의 사업 성과도 점점 좋아지고 있기 때문에, 회사 가치를 제대로 평가받을 수 있을 것으로 생각하여 유상증자를 생각하고 있습니다. 지인들과의 식사자리에서 이 고민을 얘기를 하니까, 지인들이 증자를 할 때는 조심해야 한다고 하면서, 잘못하면 증여세를 추징당할 수 있다고 주의를 해야 한다고 조언을 했습니다.

나창업 씨는 이 말을 듣고 의아하게 생각했습니다. 회사가 자금이 필요해서 증자를 하는데, 왜 증여세 문제가 있을 수 있는지 도저히 이해가 되지 않습니다. 보통 증여세는 부모가 자녀에게 금전이나 부동산을 공짜로 줄 때 내는 세금인데, 투자자에게 주식을 발행하는 것과 어떤 관련이 있어서 증여세가 부과될 수 있는지 모르겠습니다.

나창업 씨는 고민을 하다 유상증자를 하기로 결심을 했습니다. 적정한 회사가치를 근거로 1주당 금액을 평가해서 증자를 하기 때문에 문제될 것이 없다고 생각했습니다.

이렇게 유상증자를 하는 경우 증여세 문제가 없을까요?

1) 회사의 자금조달

회사가 필요한 자금을 조달하기 위해 선택할 수 있는 방법은 차입과 증자로 나눌 수 있습니다. 차입은 금융기관 등을 통해 자금을 차입하는, 즉 대출을 받는 방법을 말합니다.

이에 반해, 증자(유상증자)는 외부투자자에게 신주를 발행하고 해당 주식대금을 납입받는 방법을 말합니다.

2) 유상증자 결정

유상증자로 신주발행은 이사회가 결정을 합니다. 자본금 10억 원 미만인 이사회가 없는 회사는 주주총회가 결정을 합니다.

유상증자는 현재 주주에게 신주를 배정을 하는 것과 외부투자자인 3자에게 배정을 하는 방법이 있습니다.

3) 유상증자 절차

(1) 이사회에서 신주발행 시 결정해야 할 사항

유상증자를 하기 위해 이사회에서 아래와 같은 사항을 결정해야 합니다.

① 신주의 종류와 수

② 신주의 발행가액과 납입기일

③ 무액면주식의 경우 신주의 발행가액 중 자본금으로 계상하는 금액

④ 신주의 인수방법

 정쌤의 창업 · 스타트업을 위한 세무관리

⑤ 현물출자에 관한 사항

⑥ 주주의 신주인수권의 양도에 관한 사항

⑦ 신주인수권증서에 관한 사항

(2) 유상증자 절차

일반적으로 유상증자는 다음과 같은 상법상 절차를 기쳐 이루어지며, 관련 절차를 따르지 않을 경우 유상증자가 무효화 될 수 있으므로 주의하여야 합니다.

① 신주발행 결정

② 신주배정기준일의 지정·공고

③ 신주인수권자에 대한 실권예고부 청약최고

④ 청약

⑤ 신주의 배정·인수

⑥ 주금 납입

⑦ 유상증자등기

4) 유상증자와 증여세

증여란 타인으로부터 재산을 무상으로 제공받는 경우 해당 증여재산에 대하여 과세하는 세금입니다. 유상증자란 투자자가 기업에 자금을 투자하고 이에 대한 대가로 해당 기업의 주식을 취득하는 것으로, 기본적으로는 증여와 관계가 없습니다.

그런데 유상증자를 통해 각 주주가 보유한 주식가치가 변동될 수 있습니다. 유상증자를 하기 전과 유상증자 후에 지분 비율이 달라지는 경우 주주가 보유하는 주식의 가치에 변동이 발생합니다. 이것이 원인이 되어 증여세가 부과될 수 있는 것입니다.

(1) 균등증자와 증여세

예를 들어, 회사에 주주가 주식을 A가 40%, B가 30%, C가 30%씩 보유하고 있는데, 회사가 유상증자를 진행하면서 주주 A, B, C의 주식보유비율만큼 증자를 하는 경우 증자 후 주주의 주식보유 가치가 동일합니다.

유상증자를 시가나 고가 또는 저가로 하는 경우 주주의 주식보유비율로 배정을 하여 신주를 인수를 하면, 주주 간 부의 이전은 발생하지 않으므로 증여세 문제가 발생하지 않습니다.

(2) 유상증자 시 실권주 발생과 증여세

만약 유상증자로 발행하는 주식을 시가보다 높은 금액으로 발행하거나 저가로 발행을 하는데 주주 중에 배정받은 신주를 인수하지 않는 경우 어떻게 될까요? 즉 실권주가 발생하는 경우 주주 간 부의 이전이 발생할까요?

신주를 고가로 발행하는 경우 주주 A와 B는 유상증자에 참여하고, 주주 C가 유상증자에 참여하지 않는 경우, 증자 후에 주주 A와 B는 보유하고 있는 주식의 가치가 하락합니다. 반면에 주주 C는 보유하고 있는 주식의 가치가 상승합니다. 왜냐하면 유상증자를 시가보다 고가로 발행했기 때문에 증자후에 1주당 가치가 상승했기 때문입니다. 결과적으로 주주 A 와 B에서 주주 C로 부의 이전이 발생한 것입니다.

시가보다 낮은 가액으로 신주를 발행할 수 있습니다. 신주를 저가로 발행하는데 주주 A와 B는 유상증자에 참여하고, 주주 C가 유상증자에 참여하지 않는 경우, 증자 후에 주주 A와 B는 보유하고 있는 주식의 가치가 상승합니다. 반면에 주주 C는 보유하고 있는 주식의 가치가 하락합니다. 왜냐하면 유상증자를 시가보다 저가로 발행했기 때문에, 증자 후에 1주당 가치가 하락했기 때문입니다. 결과적으로 주주 C에서 주주 A와 B로 부의 이전이 발생한 것입니다.

신주를 시가로 발행하는 경우 실권주가 발생해도 주주 간 부의 이전은 발생하지 않습니다. 그러나 신주를 저가나 고가로 발행하는 경우 실권주가 발생하면 주주 간 부의 이전이 발생합니다.

현행 「상속세 및 증여세법」에서는 유상증자를 통해 주주 간 부의 이전에 대해 일정요건에 해당하는 경우 증여로 의제하여 증여세를 부과하도록 규정하고 있습니다. 유상증자를 하는 경우 물론 상법상 절차를 따라야 하는 것은 당연합니다. 그러나 세법상 증여세로 과세 될 리스크가 발생하는지를 검토하는 것도 중요합니다.

59

정부의 자금지원 정책을 활용하자

스타트업을 창업하여 회사를 경영하고 있는 나창업 씨는 자금 문제로 고민이 많습니다. R&D 예산이 필요한데 현재 회사 내부자금으로는 많이 부족합니다.

외부 투자를 유치하여 자금 문제를 해결했지만, R&D 비용으로 전부 지출했습니다.

이 자금부족에 대한 고민을 지인들과 나눴는데, 정부의 자금지원 정책을 이용해 보라고 조언을 받았습니다.

이에 대해 나창업 씨는 정셈에게 문의했습니다. 정셈은 다음과 같이 설명했습니다.

스타트업 창업을 계획하고 있는 분들은 정부의 창업 지원 프로그램에 관심이 많을 것입니다. 정부는 창업을 하는 것을 적극적으로 장려하고 있습니다. 그래서 창업에 관한 다양한 지원을 하고 있습니다.

특히 정부는 중소기업의 창업뿐만 아니라 운영을 지원하기 위한 다양한 정책자금 제도를 운영하고 있습니다. 특히 4차산업과 IT 등의 기술을 갖고 있는 스타트업에 대해서는 적극적으로 지원하려고 합니다. 정책자금의 종류는 다양합니다. 창업을 지원하는 것이 있고, 운영자금으로 지원하는 것도 있으며, 연구·개발비 및 인건비를 지원, 수출지원 등 다양합니다.

이러한 정책자금 지원제도는 정부뿐만 아니라 서울시, 경기도 등 지방자치단체도 별도의 지원제도를 운영하고 있습니다.

스타트업은 회사설립 시 설립자가 납입한 자본금을 운영비로 충당합니다. 회사의 사업아이템마다 다르지만 사업아이템이 상품화되고 매출 증대로 되기까지 많은 시간이 필요합니다. 이 기간 동안 회사의 수익이 미비하기 때문에 회사의 자금 여력이 중요합니다. 그래서 많은 스타트업이 자금부족으로 힘들어 하고, 자금을 조달하지 못한 회사는 결국 못 견디어 사업을 포기하게 됩니다.

이때 초기 자금이 소진되기 전에 추가자금을 조달하느냐가 매우 중요합니다. 금융기관에서 대출을 받는 방법과 유상증자를 하는 방법이 있습니다. 그러나 금융기관에서 대출을 받을 수 없고, 회사 아이템에 관심을 갖는 투자자가 없는 경우 무척 절망적일 상황에 놓이게 됩니다.

그래서 나창업 씨는 정부의 자금지원을 받을 수 있는지 알아보려고 합니다. 정책자금을 지원받을 수 있을까요? 정책자금 지원이 가능하면 어떤 정책자금을 지원 받을 수 있을까요?

스타트업을 창업 하는 경우 창업과 관련하여 사무실 임대보증금, 비품, 인테리어, 인건비, 연구·개발비, 시설장치, 운영자금 등 자금이 필요합니다. 이는 스타트업뿐만 아니라 모든 회사가 같은 입장입니다. 본이 자금이 부족하여 신용을 담보로 대출을 받기도 하고, 증여를 받거나 부동산을 담보로 대출을 받을 수도 있습니다. 좋은 아이템이나 기술을 보유한 경우 국가정책자금을 지원받아 창업할 수도 있습니다.

다음과 같은 정부지원자금이 있으므로 해당 홈페이지를 적극적으로 모니터링하고 준비하여 지원금을 활용할 수 있도록 합니다. 지방자치단체에서 자금을 지원하는 것도 있습니다. 해당 지원금마다 요건이 있으므로 확인을 하고 사전에 사업계획서 등 준비를 해야 합니다.

〈정책지원 체계도〉

(1) 금융지원
시설 및 운전자금 대출, 신용보증 지원

(2) 기술개발 지원
기술개발자금 지원, 기술개발 역량강화 및 인프라지원, 스카트공장 보
급확산 및 기술유출 방지

(3) 인력지원
인력 양성, 인력유입 촉진

(4) 판로 지원
중소기업에 유리한 공공기관 납품제도, 중소기업 기술개발제품 우선구
매, 마케팅·홍보 지원

(5) 수출 지원
초보에서 글로벌까지 다양한 수출지원

(6) 여성·장애인·지역기업 지원
여성기업 지원, 장애인기업 육성, 지역기업 지원

(7) 창업기원 지원
아이디어·기술창업 지원, 창업저변 확대, 창업지원 인프라

(8) 재도전기업 지원
사업전환 및 재창업지원

(9) 소상공인

교육·컨설팅 및 정보제공, 맞춤형 경영개선 및 협업화 지원, 소상공인
재기지원, 소상공인 정책자금

(10) 전통시장

전통시장 지원

(11) 보증지원 제도

보증지원 제도

정책자금을 받기 위해서는 세금(국세와 지방세) 체납 내역이 없어야
합니다.

60

정부 지원금(보조금)에도 세금이 있다?

스타트업을 창업하여 성공적으로 경영하고 있는 나창업 씨는 지인들과 식사자리에서 정부의 자금 지원에 대해 대화를 하고 있습니다. 지인을 통해 정부 지원금이 다양하다는 것을 알게 되었습니다. 마침 나창업 씨는 자금이 필요하여 대출을 받을까 고민하고 있던 차였습니다.

모임 이후 인터넷으로 정부 지원금을 알아보았습니다. 그런데 정부 지원금을 받으면 세금을 내야 한다는 글들이 눈에 확 들어오는 것입니다. 나창업 씨는 이해가 되지 않습니다. 정부가 기업을 지원하려고 하는 정책인데, 왜 정부 지원금을 받으면 세금을 내야 하는지 도저히 납득이 가지 않습니다.

정부의 지원금을 받으면 세금을 내야 하는 것이 맞는지요?

이에 대해 나창업 씨는 정셈에게 문의를 했습니다. 정셈은 다음과 같이 설명했습니다.

정부에서 지원해주는 정책은 크게 대출을 우대해주는 경우와 무상으로 지원금을 주는 경우로 나누어 볼 수 있습니다.

무상으로 국가에서 지원금이 나오는 성격의 자금을 국고보조금 또는 국고지원금이라 하고, 대출을 우대해주는 경우를 융자사업이라고 합니다. 이때 대출 의 경우도 직접대출을 해주는 경우와 보증을 통해 지원해주는 경우로 구분할 수 있습니다.

정부지원금은 창업단계에서 지원을 받는 경우와 창업 후 운영단계에서 지원을 받는 경우로 구분할 수 있습니다.

1) 정부지원금 제도 조회

정부는 중소기업 등에 대한 지원정책을 적극적으로 시행하고 있습니다. 여러 기관에서 정책자금 등을 운영하고 있지만, 특히 중소벤처기업부에서 취급하는 정책자금의 비중이 매우 크다고 할 수 있습니다.

정부지원금은 국가의 정책에 따라 수시로 변화되기 때문에 수시로 모니터링을 하는 게 필요합니다.

정부가 취급하는 지원 제도는 주관 부처마다 있기 때문에 필요한 정부지원금을 어디서 알아보기가 쉽지는 않습니다. 정부지원금을 조회할 수 있는 사이트는 많지만 몇 개만 소개하면 아래와 같습니다.

(1) 정부 지원

기업마당(www.bizinfo.go.kr)

K-스타트업(www.k-startup.or.kr)

중소벤처24(www.smes.go.kr)

중소벤처진흥공단(www.kosmes.or.kr)

소상공인마당(www.sbiz.or.kr)

(2) 지방자치단체 지원

서울기업·규제 지원센터(sbsc.seoul.go.kr)

경기도경제확진흥원(egbiz.or.kr)

지방자치단체에서도 정부 지원금 제도가 있습니다. 회사 소재지가 서울이면 서울시에서 운영하는 지원금 중에 지원 요건을 충족하여 지원금을 받을 수 있는지 알아보는 것도 좋습니다.

2) 정부지원금과 세금

정부지원금에 대해 회계·세무에서는 국고보조금이란 명칭으로 사용합니다. 회계·세무에서 국고보조금이란 명칭을 사용하는 것은 정부지원금으로 이해하시면 됩니다.

국고보조금이라도 세금을 피해 갈 수 없습니다. 무상으로 국고보조금을 받으면 이익이 증가하는 것과 같습니다. 회사입장에서는 순자산이 증가되었으므로 법인세나 소득세로 과세가 되는 것입니다.

3) 정부지원금을 과세이연

세법에서는 국고보조금을 수령한 해에 금액 전체에 대해 과세가 되는 경우 세부담이 클 수 있고, 국고보조금에서 해당 세금을 부담하고 나면 금액이 감소하여 기업의 자금부담을 완화하려는 취지가 무색해질 수 있습니다. 그래서 국고보조금이 사용되는 연도에 비례하여 과세할 수 있도록 하고 있습니다.

국고보조금은 일시상각충당금이나 압축기장충당금으로 과세를 이연하여 국고보조금을 사용된 비율만큼 익금에 산입하여 과세를 합니다. 세금을 여러 해에 거쳐서 나눠 내는 것과 같습니다.

국고보조금을 받는 것도 중요하지만 사후관리 또한 중요합니다. 해당 정부지원금을 목적에 맞지 않게 사용할 경우에는 회수를 하고, 일정기간 동안 정부지원금을 지원받을 수 없도록 하고 있으므로 사용 목적, 사용처 등 사용방법에 대해서 주의를 기울일 필요가 있습니다.

61

다양한 종류의 주식과 채권을 활용하여 자금을 조달하기

스타트업을 창업하여 유니콘 기업으로 목표로 부지런히 달려 온 나창업 씨는 새로운 기술을 접목한 제품을 개발하고 있습니다.

지인들과 식사 자리에서 자금 조달을 주제로 많은 대화를 했습니다. 어느 지인이 자금 조달을 할 때 주식과 채권에 다양한 조건을 넣어서 발행하는 것으로 자금 조달을 유연하게 했다고 얘기했습니다.

이에 대해 나창업 씨는 정셈에게 문의했습니다. 정셈은 다음과 같이 설명했습니다.

스타트업을 주식회사로 창업한 회사는 추가로 필요한 자금을 조달할 때 주식을 발행하여 자금을 조달할 수 있습니다. 의결권이 있는 보통주만 발행이 가능한 것이 아닙니다.

주식회사는 자금이 필요할 때 주식을 발행해서 자금을 조달할 수 있습니다. 또한 전환사채나 신주인수권부사채와 같은 채권을 발행하여 자금조달을 하는 것이 가능합니다. 이는 유한회사나 유한책임회사와는 다른 주식회사만의 장점입니다.

주식은 종류가 다양합니다. 발기인이 회사를 설립할 때 자본을 납입하고 주식을 인수하는데, 이때 발행하는 주식이 보통주입니다. 보통주는 의결권이 있습니다. 일반적으로 주식을 발행한다고 하면 보통주를 의미합니다.

1) 무액면주식

2011년에 상법이 개정되면서 무액면주식 제도가 도입되었습니다. 그러나 도입되진 몇 년이 지났지만, 무액면주식 제도가 활용되지 않고 있는 상황입니다.

무액면주식이란 주권에 액면가는 기재되어 있지 않고, 주식 수나 지분율만 기재된 주식을 말합니다. 액면주식에 대응하는 개념으로서 비례주·부분주라고도 불리며, 무액면주식의 발행가액은 보통 시가에 의해 결정됩니다.

벤처·창업기업이나 한계기업도 무액면주식을 활용하면 자금을 조달할 수 있다는 장점이 있습니다. 액면주식을 발행하는 경우 액면금액이 최소 100원으로 정해져 있어 자본이 부족한 스타트업이나 자본 잠식 상태인 한계기업은 주식을 통한 자금 확보가 어렵습니다. 반면 무액면주식의 경우 주권에 액면금액을 기재할 필요가 없기 때문에 적은 자본금으로도 주식을 발행해 투자금을 모을 수 있습니다.

무액면주식은 주식의 분할이나 추가 발행, 병합 등이 편리하다는 것이 장점입니다. 액면주는 현행 규정상 한번 액면가를 정해 발행하면 액면가보다 낮은 금액으로는 주식을 추가 발행할 수 없습니다. 액면가보다 낮은 금액으로 주식을 추가 발행하려면 주주총회 특별결의와 법원의 인가를 거쳐야 하는 등 많은 과정이 필요합니다. 하지만 무액면주식은 액면가를 신경 쓸 필요가 없기 때문에 복잡한 절차를 거치지 않아도 됩니다.

2) 다양한 종류의 주식 발행

주식회사는 다양한 종류의 주식을 발행할 수 있습니다. 배당을 보통주보다 우선적으로 지급하는 주식을 발행할 수 있습니다. 기한을 한정해서 발행한 주식을 특정가격에 상환할 수 있는 주식을 발행할 수 있습니다. 우선주로 발행한 주식을 보통주로 전환할 수 있는 주식도 발행이 가능합니다. 상환이나 전환 등 2가지 이상의 특성을 갖는 주식도 발행할 수 있습니다.

(1) 배당우선주

우선주는 보통주보다 이익배당, 잔여 재산분배 등 우선적 지위가 인정된 주식입니다. 배당우선주는 보통주보다 배당을 더 받을 수 있는 우선주로, 우선주에 대한 배당 후에 추가적인 배당참가여부에 따라 참가적·비참가적 우선주로 구분되며, 특정시기에 배당받지 못한 경우 이후 배당을 받을 수 있는지 여부에 따라 누적적·비누적적 우선주로 구분됩니다.

(2) 전환우선주

전환우선주는 특정 시기 동안 보통주로 바꿀 수 있는 권한이 있는 주식으로, 투자자의 입장에서는 회사가 이익을 내어서 주식의 가치가 많이 오르면 보통주로 전환하여 투자이익을 얻을 수 있습니다.

(3) 상환우선주

상환우선주는 일정기간이 지나면 투자자가 우선주 투자금을 상환받을 수 있는 우선주를 말합니다. 회사는 상환우선주 투자자에게 배당을 지급하고 만기에 상환우선주를 되사들여야 하기 때문에, 채권을 발행한 것과 비슷합니다.

그러나 적대적 M&A를 피할 수 있고, 투자자 입장에서도 높은 수익의 고정배당을 받을 수 있는 게 장점입니다.

(4) 상환전환우선주(RCPS)

상환우선주와 전환우선주의 특징을 갖는 우선주를 발행하는 것도 가능합니다. 투자자 입장에서는 불확실성이 큰 스타트업에 투자로 미래의 회사가치가 예상한 기준보다 못 미칠 것으로 예상이 되면 상환을 받으면 됩니다. 반면에 미래의 회사가치가 예상한 기준보다 높을 것으로 예상이 되면 보통주로 전환을 하면 됩니다. 투자자 입장에서 유리한 주식입니다.

스타트업 입장에서는 외부 투자를 유치하는 데 유용한 수단으로 이용되고 있습니다.

3) 전환사채와 신주인수권부사채

채권 중에 전환사채와 신주인수권부사채가 있습니다. 일반 채권에 주식으로 전화이 가능한 권리나 신주를 인수할 수 있는 권리가 결합된 채권으로 복합금융상품의 일종입니다.

전환사채와 신주인수권부사채는 투자자에게 유리한 채권으로 스타트업 입장에서는 자금조달을 용이하게 해줄 수 있는 채권입니다. 스타트업이 전환사채와 신주인수권부사채를 발행하기 위해서는 먼저 정관에 전환사채와 신주인수권부사채에 관한 규정이 있어야 합니다.

(1) 전환사채

전환사채는 주식으로 전환할 수 있는 권리가 부여된 채권입니다. 전한사채는 투자자가 정해진 기간 동안 사채를 보통주로 전환할 수 있으므로, 투자자는 회사의 경영성과 등을 고려하여 주식으로 전환을 할지, 채권으로 보유하면서 이자를 받도 만기에 상환을 할지 유리한 방향으로 선택을 하면 됩니다.

(2) 신주인수권부사채

신주인수권부사채는 신주를 살 수 있는 권리가 있는 채권입니다. 약정된 기간 동안 약정된 수량의 신주를 구입할 수 있는 권리가 있는데, 투자자는 신주를 구입하는 게 유리하다고 판단이 되면 신주 인수대금을 납입하고, 신주를 배정받으면 됩니다. 신주를 구입하는 게 불리하다고 판단이 되면 신주를 구입하지 않고 채권을 보유하면서 만기에 채권을 상환받으면 됩니다.

4) 정관에 종류주식 및 채권 발행에 관한 규정이 있어야 한다

회사가 우선주, 후배주, 의결권제한주식, 전환주식 상환주식 등과 같은 종류주식을 발행하려면 정관에 종류주식에 관한 규정이 있어야 합니다.

또한 전환사채, 신주인수권부사채 등을 발행하려면 정관에 채권 발행에 관한 규정이 있어야 합니다.

만일 정관에 위와 같은 규정이 없는 경우 먼저 정관에 해당 규정을 추가하는 정관변경을 먼저 해야 합니다. 정관을 변경하려면 주주총회 특별결의가 있어야 합니다. 이 결의에는 출석주주의 의결권이 2/3 이상이고, 발행주식의 1/3 이상의 찬성이 필요로 합니다.

62

외국자본을 투자받아 회사를 설립하는 방법

나창업 씨는 스타트업을 창업하려고 준비 중인데, 자금을 충분하게 마련하지 못해 걱정입니다. 사업아이템은 플랫폼을 기반으로 하는데, 이를 상품화하기까지 시간과 자금이 많이 필요합니다. 충분한 설립자금을 마련하려면 투자자의 자금이 필요한데, 아직까지도 투자를 하겠다는 소식이 없습니다.

그러던 중 마침내 외국 투자자 중에 나창업 씨의 사업아이템에 관심을 보이는 곳이 있다는 희소식을 받았습니다. 드디어 사업을 준비한 것을 시작할 수 있어서 설레이기도 합니다.

그런데 궁금한 것이 있습니다. 법인을 설립할 때 국내 투자자로부터 자금을 받아 법인 설립하는 것과 외국 투자자로부터 자금을 받아 법인을 설립할 때 절차나 준비해야 하는 서류 등 차이가 있을까요?

이에 대해 나창업 씨는 정셈에게 문의했습니다. 정셈은 다음과 같이 설명했습니다.

1) 일반적인 내국법인 설립

일반적인 내국법인의 설립은 크게 다음과 같은 절차를 거쳐 이루어집니다.

① 사업장 준비(임차 또는 매입)
② 법인 정관 작성 및 설립등기
③ 지방자치단체에 인·허가를 받거나 영업 신고
④ 관할 세무서에 사업자등록 신청

2) 외국인투자기업의 설립

외국 투자자의 자본을 투자받아 회사를 설립하는 경우에는 법인의 임원 또는 주주가 외국인 또는 외국기업이 됩니다. 그래서 투자자의 확인 문제가 있어 설립절차가 다릅니다.

우리나라처럼 자연인의 경우 주민등록등본으로, 법인의 경우 법인등기부등본으로 확인이 가능하지만, 외국인이나 외국법인은 현지의 확인 서류를 통해 확인을 해야 합니다. 국가마다 서류 종류가 천차만별이고 확인이 가능한 서류가 다르기 때문에, 외국자본을 투자받아 회사를 설립하는 경우에는 이러한 사항을 사전에 확인하여 준비하여야 합니다.

만약, 투자되는 외국자본액이 1억 원이 넘는다면 외국인투자촉진법에 따라 외국인투자법인으로 등록하여아 합니다.

3) 외국인투자기업의 설립철차

① 사업장 준비(임차 또는 배임)

② 외국인 투자신고(KOTRA 또는 외국환은행)

③ 투자자금 송금

④ 법인등기

⑤ 인·허가사업의 경우 인·허가증

⑥ 사업자등록신청

⑦ 법인통장 개설

⑧ 외국인투자기업 등록(KOTRA 또는 외국인투자신고를 했던 외국환
   은행)

4) 기타 주의할 사항

① 외국인투자자가 회사의 임원으로 취임하는 경우에는 비자문제가
   있습니다. 일반적인 경우 투자비자를 통해 외국인의 비자문제를 해
   결하고 있으며, 외국인이 투자비자를 받기 위해서는 1억 원 이상의
   자본투자가 필요합니다.

② 외국인 투자자로 외화가 국내에 유입되는 것이기 때문에 외환신고
   를 정확히 해야 합니다.

③ 회사 운영을 종료하고 청산하려는 경우 청산절차 및 청산법인세 신

고·납부 절차를 마쳐야 합니다. 그래야 외국인 투자자에게 잔여재
산의 처분 및 해외반출이 가능합니다.

63

상환전환우선주(RCPS)

나창업 씨는 스타트업을 창업하여 지금까지 투자를 여러 번 유치했습니다. 정부 지원도 받았습니다.

R&D 투자를 계속하기 위해 투자 유치를 계획 중입니다. 이 고민을 지인들에게 얘기하니, 요즘 외부투자자들이 상환전환우선주를 선호한다고 조언했습니다.

이에 대해 나창업 씨는 정셈에게 문의했습니다. 정셈은 다음과 같이 설명했습니다.

스타트업이 외부 투자를 유치할 때 상환전환우선주(RCPS)를 많이 이용합니다. 전환사채(CB)나 신주인수권부사채(BW)와 함께 상환전환우선주는 대표적인 투자 유치 수단입니다.

상환전환우선주는 우선주에 상환권과 전환권이라는 두 가지 권리가 부여된 우선주로 투자자에게 선택의 폭을 확장하여 회사가 투자를 유치하는 데 유용한 수단입니다.

1) 상환전환우선주란

상환전환우선주는 우선주에 상환·전환의 두 가지 특성이 있는 것이 특징입니다. 채권처럼 만기에 투자금을 상환받을 수 있는 상환권과 우선주를 보통주로 전환할 수 있는 전환권이 있는 주식입니다.

2) 상환전환우선주의 특징

투자자 입장에서 회사의 성장가능성을 고려했을 때 주식으로 전환하는 것보다 투자금을 상환받는 것이 유리하다는 판단이 될 때 상환권을 행사하여 투자금을 회수할 수 있습니다.

반대로 우선주를 주식으로 전환하는 것이 유리하다는 판단이 될 때는 전환권을 행사하여 우선주를 보통주로 전환하여 나중에 보통주를 처분하여 차익실현을 할 수 있습니다.

3) 상환전환우선주가 자본일까? 부채일까?

상환전환우선주는 회사 입장에서 주식을 발행한 것이니 자본에 해당되는 게 맞을 거 같지만, 회사가 상환의무가 있고 해서 부채에 가까운 거 같기도 합니다. 이는 상환전환우선주가 자본과 부채의 속성을 동시에 갖고 있기 때문입니다.

상환전환우선주를 비상장회사가 발행한 경우와 상장회사가 발행한 경우에

(1) 비상장회사가 상환전환우선주를 발행한 경우

기업회계에서는 비상장회사가 상환전환우선주를 발행한 경우 자본으로 분류합니다.

(2) 상장회사가 상환전환우선주를 발행한 경우

상장회사는 한국채택국제회계기준을 적용합니다. 한국채택국제회계기준은 실질에 따라 판단하는데, 상환전환우선주를 부채로 분류합니다.

4) 주의할 점

우선주는 보통주와 달리 의결권은 없습니다. 대신 배당이나 기업이 해산할 경우 잔여재산의 분배 등에서 보통주보다 우선권이 있습니다.

상환전환우선주는 회사채와 비교해서 이자율보다 배당수익률을 높게 계약을 합니다. 그런데 회사가 배당을 하려면 배당가능이익이 있어야 합니다. 배당가능이익이 없으면 배당을 할 수 없습니다.

보통 상환권이 투자자에게 있습니다. 만기에 투자자가 상환권을 행사하는 경우 회사는 약정된 금액에 상환전환우선주를 매입하여 소각을 해야 합니다. 그런데 회사가 배당가능이익이 있는 경우 상환이 가능합니다. 회사에 배당가능이익이 없으면 투자자가 상환권을 행사해도 해당 상환전환우선주를 매입할 수 없습니다.

동업관계 청산과 사업정리

동업으로 창업해서 사업이 잘 유지되면 좋습니다. 그런데 동업이 잘 유지되는것이 쉽지 않습니다.

다른 나라와는 다르게 사회에서 동업을 권하지 않습니다. 주변에서 동업관계가 감정적으로 크게 다투면서 동업관계가 끝나는 것을 접하기도 합니다.

만일 동업으로 시작해서 동업관계를 청산한다면 잘 청산해야 합니다. 이 문제는 결국 돈 문제로 귀결이 됩니다.

※ 법인 해산등기 및 청산등기 관련 문의사항은 법무사에게, 횡령 또는 배임 관련 문의사항은 법무사에게 하시기 바랍니다.

 정셈의 창업 · 스타트업을 위한 세무관리

64

동업을 그만두면서
회사 재산을 함부로 갖고 가면 안 된다

나창업 씨는 박동업 씨와 같이 스타트업을 법인으로 창업하여 지금까지 별다른 문제없이 경영을 해오고 있습니다. 박동업 씨와 경영 등에 관해서는 의견차이가 종종 있었지만 대화로 잘 넘어 갔습니다.

그런데 작년부터 박동업 씨와 사소한 의견차이가 큰 문제로 번지기가 일수고, 서로 고성을 지르며 얼굴을 붉히고 싸우는 일도 잦아 졌습니다. 어떤 날은 서로가 말 한마디 없이 보내는 날도 있습니다. 창업 초기에는 서로가 좋은 사이었지만, 이제는 서로 대화도 없고 완전히 남남이 되었다시피 합니다.

그래서 나창업 씨는 박동업 씨와의 동업관계를 정리하고 싶습니다. 그런데 어떻게 동업관계를 정리해야 될지 모르겠습니다. 친한 지인에게 고민상담을 했는데, 동업 관계를 정리하려면 박동업 씨 소유의 회사 지분을 정리해야 한다고 합니다.

그래서 나창업 씨는 박동업 씨와 동업 관계를 청산하기 위해 여러 차례 논의를 했습니다. 그러나 합의점을 찾지 못했습니다. 빨리 동업관계를 청산하고 싶은데, 어떻게 해야 박동업 씨의 지분을 정리할 수 있을지 고민입니다.

간단하게 박동업 씨의 지분을 나창업 씨에게 넘겨 주고, 지분율만큼 회사 재산을 갖고 가면 될까요? 아니면 회사 통장에 있는 금액을 박동업 씨 몫만큼을 박동업 씨 계좌로 송금을 하면 될까요?

이에 대해 나창업 씨는 정셈에게 문의했습니다. 정셈은 다음과 같이 설명했습니다.

1) 회사 재산은 내 것이 아니다.

실제로 위와 같이 지분청산을 진행했으면 법적으로 큰 문제가 될 수 있습니다. 회사 재산을 횡령한 것으로 경찰조사를 받을 수도 있습니다.

회사 재산은 출자자인 주주의 재산이 아니고, 대표이사인 나창업 씨의 재산도, 동업자인 박동업 씨의 재산도 아닙니다. 회사 재산은 회사소유의 재산이지 주주의 재산이 아닙니다.

개인사업자는 사업자의 명의와 신용으로 사업을 하기 때문에 사업장의 보증금, 비품, 집기, 매출·비용 등 모든 것이 사업자에게 귀속이 됩니다. 사업 결과에 따른 영업손익이 사업자에게 귀속이 되고, 세후 이익은 사업자의 몫이 됩니다. 반면에 개인사업자는 자기 사업과 관련해서 무한 책임을 집니다.

2) 만일 회사 재산을 함부로 갖고 가면 처벌받는다.

타인의 재물을 절취한 자는 절도죄로 처벌받습니다(형법 제329조). 동업관계에 있어서도 공동소유인 재산은 형법상 '타인의 재물'에 해당하므로, 자신이 아무리 많은 지분을 가지고 있다 하더라도 다른 동업자의 의사에 반하여 재물을 가져가는 행위는 절도죄로 처벌받을 수 있습니다.

<관련 판례>
동업체에 제공된 물품은 동업관계가 청산되지 않는 한 동업자들의 공동점유에 속하므로, 그 물품이 원래 피고인의 소유라거나 피고인이 다른 곳에서 빌려서 제공하였다는 사유만으로는 절도죄의 객체가 됨에 지장이 없다(대법원 1995. 10. 12. 선고 94도2076판결).

또한 자기가 보관하는 타인의 재물을 횡령한 자는 횡령죄로 처벌되므로, 동업자 사이에 손익분배의 정산이 되지 않은 상태에서 동업자 중 한 명이 동업재산을 임의로 소비한 경우 이는 지분비율과 관계없이 횡령으로 처벌받을 수 있습니다.

회사의 업무를 담당하는 자가 회사의 재물을 취거한 경우에는 업무상 횡령죄로 처벌할 수 있습니다.

3) 동업자가 지분을 처분하는 방법

동업자인 박동업 씨가 동업관계를 청산하려면 보유 중인 지분을 처분하면 됩니다. 그러기 위해서는 먼저 주식의 시가를 평가해야 합니다.

비상장회사인 경우 세법 규정에 따라 1주당 가치를 평가하여 박동업 씨가 보유하고 있는 지분의 가치를 계산해야 합니다.

(1) 타인에게 지분을 양도

회사가 상장회사이면 거래소에서 주식을 직접 처분하면 됩니다. 비상장회사이면 주식을 취득할 자와 직접 주식매매 계약을 체결해야 합니다.

(2) 나창업 씨가 지분을 매수

나창업 씨가 박동업 씨의 지분을 매수하는 방법이 있는데, 지분의 대가를 지급할 자금이 있어야 합니다.

(3) 회사가 지분을 취득

박동업 씨의 지분을 회사가 직접 매수할 수 있습니다.

(4) 박동업 씨의 주식을 이익소각

회사가 주식을 취득해서 소각하는 것입니다. 위 3)번과 비슷하지만 다릅니다. 회사가 박동업 씨의 주식을 취득해서 보유하는 것이 아니라, 회사의 이익잉여금으로 주식을 취득해서 소각을 합니다. 즉 해당 주식은 소각으로 소멸합니다.

65

개인사업자로 동업을 했는데,
동업관계를 잘 청산하려면?

나창업 씨는 스타트업을 개인사업자로 창업하기로 결정을 했습니다. 단독으로 창업을 준비하고 있을 때 박동업 씨가 같이 하자고 했습니다. 나창업 씨는 고민 끝에 박동업 씨와 동업을 하기로 결심했습니다. 동업 비율은 50:50로 정했습니다.

창업하고 2년 동안은 큰 갈등없이 사업을 해오며 매출도 증가하고 이익도 증가했습니다. 그런데 3년째가 되면서 나창업 씨와 박동업 씨와의 갈등이 잦아지고 박동업 씨가 자리를 비우기 일쑤고 오히려 경영에 방해가 되는 경우가 많아, 나창업 씨는 동업관계를 중단해야겠다고 결심을 했습니다.

그래서 박동업 씨와 둘이서 얘기한 끝에 동업을 청산하기로 합의를 했습니다.

박동업 씨는 자기 지분이 50%이니 그의 상응하는 대가를 요구했습니다. 그렇지 않으면 사업의 생명이라고 할 수 있는 특허권을 자기 몫으로 줄 것을 요구했습니다.

이 특허권은 창업 전부터 나창업 씨가 아이디어를 밤낮으로 연구를 하면서 구체화하여, 특히 출원을 어렵게 성공한 것입니다. 이제야 기술이 인정받고 출시한 상품이 주목을 받기 시작하였는데, 이 특허권을 준다는 것은 회사 문을 닫으라는 것이고, 사실상 회사 전체를 주는 것과 다름이 없습니다.

나창업 씨는 박동업 씨의 요구대로 자금을 모두 돌려주어야 할까요?

이에 대해 나창업 씨는 정셈에게 문의했습니다. 정셈은 다음과 같이 설명했습니다.

1) 동업을 하려면 동업계약서를 꼭 작성해야 한다

동업을 할 때는 동업계약서를 작성하는 것이 중요합니다. 법인에 비해 개인사업자로 동업을 하는 경우 동업계약서 작성 없이 사업을 시작하는 경우가 많습니다.

동업관계가 순탄하면 괜찮지만, 동업관계가 흔들리기 시작하면 동업자의 탈퇴 및 지분청산 문제로 인해 많은 갈등이 발생합니다. 결국 동업관계를 청산하면서 다툼이 법정 소송으로 이어지기도 하는데, 여기서 중요한 것이 동업계약서입니다. 동업계약서가 동업자와의 다툼이 발생하는 것은 해결해 줄 수 없지만, 사업장 관련 재산 문제를 해결하는 데는 크게 작용하기 때문입니다.

2) 공동사업장은 조합관계이다

공동사업을 경영하기 위한 단체를 조합이라고 합니다. 소득세법에서는 공동사업장이라 하고, 민법에서는 조합이라고 합니다.

동업계약을 체결한 동업자들은 조합관계에 있습니다. 조합원이 출자한 재산과 조합이 공동사업으로 취득한 재산 및 그 과실 등은 조합재산을 이루게 됩니다. 조합재산은 조합원 각 개인이 아닌 합유에 속하게 됩니다.

민법 제704조(조합재산의 합유)
조합원의 출자 기타 조합재산은 조합원의 합유로 한다.

제274조(합유의 종료)
① 합유는 조합체의 해산 또는 합유물의 양도로 인하여 종료한다.
② 전항의 경우에 합유물의 분할이 관하여는 공유물의 분할에 관한 규정을 준용한다.

제272조(합유물의 처분, 변경과 보존)
합유물을 처분 또는 변경함에는 합유자 전원의 동의가 있어야 한다. 그러나 보존행위는 각자가 할 수 있다.

 정셈의 창업·스타트업을 위한 세무관리

제273조(합유지분의 처분과 합유물의 분할금지)
① 합유자는 전의의 동의 없이 합유물에 대한 처분을 처분하지 못한다.
② 합유자는 합유물의 분할을 청구하지 못한다.

제274조(합유의 종료)
① 합유는 조합체의 해산 또는 합유물의 양도로 인하여 종료한다.
② 전항의 경우에 합유물의 분할에 관하여는 공유물의 분할에 관한 규정을 준용한다.

박동업 씨의 동업 탈퇴 당시의 공동사업장의 재산상태를 기준으로 평가하여 실제 출자한 자산가액의 비율이 아닌 손익분배비율을 기준으로 박동업 씨의 재산을 계산합니다.

3) 출자비율과 손익분배비율

나창업 씨와 박동업 씨가 동업을 할 때 각각 출자를 하여 공동사업을 시작했습니다. 보통 출자비율과 손익분배비율을 동일하게 하는데, 출자비율과 사업장을 운영 하면서 발생하는 손익의 분배비율을 달리 정할 수 있습니다.

출자비율과 손익분배비율을 달리 정하기로 한다면 동업계약서에 이를 명시하는 것이 좋습니다.

4) 동업계약에 페널티 조항 산입

　동업으로 사업을 하는데 박동업 씨처럼 동업자가 의무를 이행하지 않는 경우 이에 대한 불이익을 줄 수 있는 조항을 동업계약서에 기재하는 것이 좋습니다. 동업할 때 계약서에 이런 조항이 없거나 동업계약서 자체를 작성하지 않은 경우 동업자에게 책임을 묻는 것은 매우 어렵기 때문입니다.

　동업자인 박동업 씨의 업무 태만 등으로 회사에 재산상 손해가 발생한다면, 그 손해를 입증하여 손해배상을 청구하는 것이 가능합니다. 그러나 이러한 사건이 발생하지 않도록 예방하는 것이 중요합니다. 동업계약서를 잘 쓰는 것이 매우 중요합니다.

　동업자 일부가 탈퇴하더라도 조합의 동일성은 유지합니다. 탈퇴한 동업자는 조합원으로서의 권리와 의무를 상실합니다. 따라서 조합은 탈퇴 조합원과의 사이에서 재산관계를 청산하여야 하므로 탈퇴조합원이 출자한 재산을 반환할 의무가 있습니다(대법원 2008.09.25. 선고 2008 다 1529). 그러나, 2인으로 된 조합에 있어서는 그중 1인이 탈퇴하면 조합관계는 종료되나, 특별한 사정이 없는 한 조합은 해산되지 않고 청산이 뒤따르지 않습니다. 다만, 조합재산은 남은 조합원의 단독소유에 속하여 탈퇴자와 남은 자 사이에는 탈퇴로 인한 계산을 하는 데 불과하다고 판시하고 있습니다(대법원 2006.03.09. 선고 2004다49693판결).

5) 동업자가 자기 지분을 처분하려면

동업자는 공동사업장 전원의 동의 없이 자신의 지분을 처분하지 못합니다. 박동업 씨가 자신의 지분을 팔고 싶으면 나창업 씨의 동의를 받아야 합니다. 만일 동업자로 홍길동도 있다면 홍길동의 동의도 받아야 합니다.

다만, 판례에 따르면 조합원의 동의 없이 각자 지분을 자유로이 양도할 수 있도록 조합원 상호 간에 약정하거나 사후적으로 지분 양도를 인정하는 합의를 하는 것은 유효합니다(대법원 2011.08.25. 선고 2010다44002 판결).

6) 동업계약에 부정경쟁방지 의무를 명시하자

동업자와 동업계약을 할 때 영업비밀, 핵심기술개발에 대한 소유권 및 비밀유지 의무를 명시하는 것이 중요합니다.

나창업 씨가 심혈을 쏟아부어 개발하고 특허를 출원한 기술을, 박동업 씨가 동업을 청산하면서 이 기술을 도용하여 사업을 한다면 나창업 씨는 큰 손실을 보게될 것입니다. 또한 박동업 씨가 고객정보를 유출하는 경우 나창업 씨는 큰 피해를 입게 될 것입니다.

만일 동업자가 이러한 행위를 하여 사업장에 피해를 끼칠 경우 민사상 손해배상을 할 수 있다는 것을 동업계약서에 명시할 필요가 있습니다.

이러한 피해방지를 위하여 동업할 때 계약서에 이와 관련한 조항을 명시하는 것이 중요합니다.

정셈의 창업 · 스타트업을 위한 세무관리

세무서에 휴업신고

스타트업을 개인사업자로 창업하여 경영하고 있는 나창업 씨는 요즘 고민이 많습니다. 사업장의 사정이 좋지 않은데 작년부터 매출이 크게 감소했습니다.

사업장을 폐업할까 고민도 되는데, 사업자 대출을 받은 것도 있고, 임대차 기간이 많이 남아 있어, 힘들지만 버티고 있습니다.

그런데 지난달부터 몸 건강이 안 좋아져서 고민이 큽니다. 어떻게 하는 것이 좋을지 모르겠습니다.

이에 대해 나창업 씨는 정셈에게 문의했습니다. 정셈은 다음과 같이 설명했습니다.

1) 휴업신고

휴업신고는 사업을 일시적으로 중단하는 것을 말합니다.

(1) 경제적 어려움

경제적 어려움으로 인해 영업을 일시적으로 중단하는 이유가 많습니다. 예를 들어 코로나19 팬데믹으로 많은 개인사업자들이 휴업을 했습니다.

(2) 개인적인 사유

사업자의 건강상의 문제나 가족의 돌봄 등을 이유로 영업을 일시적으로 중단하는 경우가 있습니다.

(3) 시설 개보수

사업장 인테리어를 새로 바꾸거나 시설 등을 개보수 하는 경우 일시적으로 영업을 중단하는 경우가 있습니다.

(4) 계절적 영향

음식점업이나 관광·여행 등 계절에 영향이 큰 업종의 경우 매출이 낮은 기간에는 일시적으로 영업을 중단하는 경우가 있습니다.

2) 휴업을 해도 사업장은 유지된다.

휴업을 영업을 일시적으로 중단하는 것입니다. 휴업 기간이 종료되면 영업은 재개됩니다.

3) 휴업과 세금

휴업을 해도 과세기간에 해당하는 부가가치세와 법인세(또는 종합소득세)는 신고납부 해야 합니다. 휴업기간에 소득이 발생하지 않는 것일 뿐 세금 신고납부 의무는 면제되는 것이 아닙니다.

67

세무서에 폐업신고와 청산하기

나창업 씨는 스타트업 창업하여 번듯한 회사를 만들기 위해 누구보다 사업을 열심히 하였지만, 시간이 지나도 생각보다 사업이 계속 잘 되지 않아 폐업을 할지 진지하게 고민을 하고 있습니다.

현재 회사도 너무 어렵고, 나창업 씨의 사정도 무척 안 좋습니다. 그래서 주변 지인들에게 고민을 털어놓았습니다.

지인들은 폐업을 할 때 여러 가지 주의해야 할 것들이 있다고 조언을 하였는데, 세금에 대해서도 주의해야 한다고 당부했습니다.

나창업 씨는 그동안 세금을 성실하게 납부해 왔고 회사 사정이 너무 어려워서 폐업을 심각하게 고민하는 것인데, 세금 문제가 있을까요?

이에 대해 나창업 씨는 정셈에게 문의했습니다. 정셈은 다음과 같이 설

명했습니다.

1) 폐업을 하는 이유

폐업을 하게 되는 사유는 경영 목적에 따른 이유와 경제적인 이유로 구분할 수 있습니다. 사업양수도 및 합병 및 분할 등의 경영 목적에 따른 사유가 있습니다. 청산이나 파산 등 경제적인 사유 등이 있습니다.

경제적인 어려움으로 사업을 그만두고 싶을 때에는 먼저 관할 세무서에 폐업신고를 하여야 합니다. 다만, 개인사업자와 법인의 경우 폐업절차에 차이가 있습니다.

2) 폐업 절차

(1) 개인사업자의 경우

개인사업자는 관할 세무서에 폐업신고서를 사업자등록증과 함께 제출합니다. 행정관청에도 영업폐업 신고를 해야 합니다.

업종(음식점, 소매업 등) 중에 관할 세무서에 폐업신고를 할 때 행정관청에 영업(인·허가 등) 폐업신고를 하는 것을 같이 할 수 있습니다.

(2) 법인의 경우

법인의 경우 폐업 신고를 하는 것 외에 해산 등기와 청산 등기 절차가 있습니다. 폐업만 하는 경우 해당 업종만 소멸하고, 법인 자체는 존속합니다. 법인을 소멸하기 위해서는 청산등기를 해야 법인이 소멸합니다.

폐업을 하면서 법인 결산을 하고, 법인의 채권자에게 채무 변제를 해야 합니다. 그래야 해산등기를 할 수 있습니다. 채무 변제가 다 안 된 경우 해산 등기 신청이 거절 될 수 있습니다. 해산 등기가 경료되면 청산등기를 합니다.

3) 세금 신고
(1) 부가가치세 신고
폐업 신고를 하고 나면 부가가치세 신고가 있습니다. 폐업일이 속하는 다음 달의 1일로부터 25일까지 부가가치세 확정신고를 하여야 합니다.

예를 들어 폐업을 8월 18일에 했다면 7월 1일부터 8월 18일까지의 부가가치세를 9월 1일부터 25일까지 신고납부를 해야 합니다. 만일 25일을 경과한 경우 무신고로 이 경우에는 기한후 신고를 해야 하며, 가산세 등의 불이익이 있으니 주의해야 합니다.

또한 폐업을 한 경우에는 '폐업 시 잔존재화'라고 것이 있을 수 있습니다. 이는 사업자가 폐업을 하면 자기생산·취득재화 중 남아 있는 재화를 사업자에게 공급한 것으로 보는 규정입니다. 폐업을 하면서 남아 있는 재화 등을 거래처와 소비자에게 직접 판매한 것은 아니지만 자기에게 판매한 것으로 보아 부가가치세를 과세합니다. 매입을 하면서 사업자가 부담한 부가가치세를 매입세액공제를 받는데, 폐업을 하면 결국 부가가치세를 부담하지 않고 매입한 것이 되기 때문입니다. 이 부분에 대해 부가가치세를 신고할 때 누락되지 않도록 주의해야 합니다.

 정셈의 창업 · 스타트업을 위한 세무관리

(2) 법인세 또는 종합소득세

개인사업자나 법인은 폐업을 하고 나서 소득세나 법인세를 신고납부해야 합니다.

개인사업자는 1월 1일부터 폐업일까지의 소득을 다음연도 5월에 종합소득세 신고납부를 합니다.

법인은 해당 사업연도 개시일부터 해산등기일까지, 해산등기일부터 청산등기일까지, 청산등기일부터 사실상 청산종결일까지 결산을 각각 하여 법인세를 신고납부해야 합니다. 사업연도 개시일부터 청산종결까지 같은 연도이고 매출이 크지 않다면 청산등기가 경료되면 잔여재산가액 확정일이 속하는 달의 말일로부터 3개월 이내에 청산소득에 대한 법인세를 신고납부해도 됩니다.

(3) 조세감면 사후관리

세법에는 세금을 감면하는 규정이 있습니다. 그런데 해당 감면 규정의 요건을 충족하면 세금을 감면을 있지만, 감면을 받고 나서 요건을 충족하지 않게 되면 감면받은 세금을 추징하는 규정이 있습니다. 이를 조세감면 사후관리라고 합니다.

폐업하기 전에 세금을 감면을 받았거나 감면을 받고 있다가 폐업하는 것이면, 해당 감면 규정을 검토해서 혹시나 폐업에 따른 감면받은 세금을 추징하게 되는지 주의를 해야 합니다.

4) 법인 청산에 따른 의제배당

법인은 사업 성과에 따른 이익잉여금을 주주에게 배당을 할 수 있습니다. 폐업과 관련해서도 배당이 있을 수 있습니다.

회사가 경제적으로 어려워서 폐업을 하는 경우는 적자가 누적이 돼서 어쩔 수 없이 폐업을 하기 때문에, 청산을 마무리하면 잔여재산이 없는 경우가 대부분입니다.

그러나 법인을 청산하면서 잔여재산가액이 있을 수 있습니다. 잔여재산가액은 주주의 몫으로, 주주가 출자한 금액보다 잔여재산가액이 큰 경우 차액에 해당하는 금액은 의제배당으로 주주에게 과세가 됩니다.

PART 08

엑시트 하기

창업을 하여 회사를 오랫동안 계속 경영하다가 자녀에게 회사를 승계하는 경우가 있지만, 회사가 어느 정도 성장하면 다른 회사에 매각하는 경우도 있습니다.

뉴스에서 벤처기업이 시장에서 그 회사의 기술과 제품이나 서비스가 인정을 받아 높은 가격에 매각되는 것을 기사를 볼 수 있습니다. 보통 이를 엑시트했다고 합니다.

엑시트 방법으로는 회사를 매각하는 방법, 이익배당을 하는 방법, 유상감자 또는 이익소각 하는 방법, 회사에 자기주식을 처분하는 방법 등이 있습니다.

개인사업자의 경우에는 다른 사업자에게 자기 사업장을 매각하는 방법이 있습니다. 보통 이를 권리금 받고 매각한다고 합니다.

※ 법인의 유상감자, 이익소각 등과 관련한 법인등기 및 정관 변경 관련 문의사항은 법무사에게 하시기 바랍니다.

68

회사를 양도

나창업 씨가 스타트업을 창업한 지도 벌써 몇 년이 지났는 모릅니다. 회사의 매출도 창업한 해와는 비교할 수 없을 정도로 증가했고, 근무하고 있는 직원도 많아졌습니다. 회사 사옥도 마련했습니다.

이제는 많은 사람들이 부러워하는 회사가 되어 자부심을 느낍니다. 나창업 씨는 최근에 예비 창업가들의 멘토로 사회에 재능기부 하는 것을 시작했습니다.

나창업 씨는 새로운 사업에 대해 생각을 하고 있습니다. 지금 하고 있는 사업이 시장에서 인정을 받고 수익률도 좋아 안정적이지만, 새로운 사업에 도전을 해보고 싶은 생각이 듭니다.

어느 날 나창업 씨는 홍투자 씨로부터 회사를 인수하고 싶다는 제안을 받았습니다. 그래서 나창업 씨는 이 기회에 회사를 매각할까 고민이 됩니다. 인수자가 제안한 금액이 회사 가치에 적절한 금액인지 의심이 되지만, 이번 기회가 아니면 이 제안 가격에 회사를 양도하기 어려울 수도 있다는 생각에, 회사를 매각하기로 결정하려고 합니다.

나창업 씨가 이대로 회사 매매계약서에 도장을 찍으면 될까요?

이에 대해 나창업 씨는 정셈에게 문의했습니다. 정셈은 다음과 같이 설명했습니다.

1) 회사 정관과 주식양도 제한

회사를 매각하는 것은 현재 매도인이 보유하고 있는 회사 주식을 매수인에게 양도양수를 하는 것입니다.

보유하고 있는 주식을 처분하는 것은 주주의 자유이지만, 회사 정관에서 규정으로 주식처분을 제한할 수 있습니다. 이는 어디까지나 주주가 주식을 처분하려면 일정 요건을 충족해야 하는 것이지, 주식 처분 자체를 금지하는 것은 아닙니다.

정관으로 주식처분을 제한하는 경우는 회사의 경영권 안정, 대주주 변동에 따른 업무 혼란 방지 등을 위해 주식 양도를 정관으로 제한을 합니다.

회사 정관에 요건을 충족하지 않은 채 주식을 양도하면 양도인과 양수인 간의 주식매매는 유효하지만, 주식 양수인은 회사에 대해 주주로서 인

    정셈의 창업 · 스타트업을 위한 세무관리

정을 받지 못하므로 주주로서 권리행사를 할 수 없습니다. 주식 양수인은 회사에 주식을 취득한 것에 대해 승인을 청구해야 합니다.

2) 1주당 주식가격 평가

세법에서는 주식을 거래할 때 주식가격은 시가를 원칙으로 합니다. 주식시장에 상장한 회사는 코스피 또는 코스닥 시장에서 회사주식이 거래가 되기 때문에 주식가격의 시가가 있지만, 비상장회사는 시가가 없습니다.

즉, 비상장회사는 시가를 알 수 없기 때문에, 세법 규정에 따라 계산된 금액을 시가로 합니다.

비상장회사의 주식를 거래할 때는 세법 규정에 따른 1주당 금액을 평가하여 거래가액을 참고하여 산정하는 것이 중요합니다.

3) 세법 규정에 따른 비상장주식 평가

상속세 및 증여세법에서는 비상장주식과 출자지분은 다음 가액에 의하여 평가하도록 규정하고 있습니다.

(1) 순손익가치

1주당가액 = 1주당 최근 3년간 순손익액의 가중평균액 ÷ 금융기관이 보증한 3년

만기회사채의 유통수익률을 감안하여 국세청장이 정하여 고시하는 이자율

(2) 순자산가치

1주당가액 = 당해 법인의 순자산가액 ÷ 발행주식총수

(3) 평가방법

일반법인 주식 = [(순손익가치 × 3) + (순자산가치 × 2)] ÷ 5

부동산 과다보유법인 주식 = [(순손익가치 × 2) + (순자산가치 × 3)] ÷ 5

회사 가치에 비해 저평가 되어 매각될 수도 있으니, 회사 매가금액이 적절한지를 판단하기 위해 세법상 평가를 정확하게 하는 것이 중요합니다.

4) 특수관계인에게 회사를 매각하는 경우

회사를 홍투자 씨에게 매각한다면 나창업 씨 입장에서는 적정가격보다 높은 가격에 매각을 하고 싶을 것입니다. 반대로 홍투자 씨는 적정가격보다 낮은 가격에 매수를 하고 싶을 것입니다. 매매가액은 협상을 통해 결정될 수도 있고, 협상이 되지 않으면 회사매각이 결렬될 수도 있습니다.

회사를 가족에게 매각을 한다면 1주당 가격을 세법상 평가된 주식가격보다 낮은 가격으로 책정하여 매매계약을 하는 경우가 많습니다. 이때 세법상 부당행위계산 부인 규정과 저가양도·고가양수에 따른 증여세 규정이 적용될 수 있으니 주의해야 합니다.

5) 최대주주 할증평가 배제

중소기업과 일정규모의 중견기업 주식평가에 대해서는 할증평가(20%)를 적용하지 않습니다.

69

이익배당

스타트업을 창업하여 지금까지 부지런히 달려 온 나창업 씨는 최근 몇 년 전부터 이익을 내고 있습니다. 큰 보람을 느끼고 있는데, 이에 대한 보상을 받고 싶습니다.

지인들과 식사 자리에서 어느 지인이 이익을 3년 연속으로 크게 얻어 배당을 했다고 했습니다. 이 얘기를 들은 나창업 씨도 배당을 할까 고민합니다.

이에 대해 나창업 씨는 정셈에게 문의했습니다. 정셈은 다음과 같이 설명했습니다.

1) 배당을 하려면 회사에 배당가능이익이 있어야 한다.

회사가 배당을 하려면 배당가능이익이 있어야 합니다. 회사가 재원이 부족한 상태에서 배당을 자의적으로 할 수 없도록 상법에서 규정을 두고 있습니다.

(1) 배당가능이익 계산

배당가능이익은 회사의 대차대조표상의 순자산액으로부터 아래의 금액을 공제하여 계산합니다. 참고로 회계와 세법은 Balance Sheet(B/S)을 재무상태표라고 하고, 상법은 B/S을 대차대조표라고 하고 있습니다.

① 자본금
② 결산기까지의 적립된 자본준비금과 이익준비금의 합계액
③ 그 결산기에 적립하여야 할 이익준비금의 액

배당가능이익은 먼저 법인 결산을 통해 법인의 순자산가액을 확정한 다음에 위 금액을 차감하여 계산해야 합니다.

(2) 자본금이란

회사 설립 시 자본금과 신주 발행에 따른 자본금의 합계액입니다.

(3) 자본준비금이란

자본준비금은 주식발행초과금, 감자차익, 자기주식처분이익, 합병·분할차액의 합계액입니다.

(4) 이익준비금이란

회사가 해당 결산기에 이익배당을 할 경우 이익배당액의 10%를 이익

준비금으로 적립해야 합니다.

2) 비상장회사는 배당을 1년에 2번 할 수 있다.

보통 배당은 정기배당을 말합니다. 정관에 규정을 두어 중간배당을 할 수 있습니다. 즉 법인은 배당을 1년에 2번 할 수 있습니다.

참고로 상장회사는 자본시장법에 따라 1년에 배당을 최대 4번까지 할 수 있습니다.

3) 현물배당도 가능하다.

배당은 금전배당이 원칙이지만, 금전대신 현물을 배당할 수 있습니다. 금전 대신 부동산, 타사 주식, 자기 주식 등을 현물로 배당을 할 수 있습니다.

현물배당을 하기 위해서는 정관에 근거 규정이 있어야 하고, 주주총회 또는 이사회 결의에서 현물배당을 한다는 결정을 하여야 합니다.

4) 이익배당 대신 무상증자를 할 수 있다.

주식회사는 이익배당 대신 이익잉여금을 자본으로 전입하여 주주들에게 주식을 무상으로 교부할 수 있습니다.

회사의 이익잉여금이 외부로 유출되지 않고 회사에 남아 있어 재무구조를 개선하는 효과가 있습니다. 무상증자는 발행주식 수가 늘어나지만,

회사의 자본총계는 동일합니다.

　회계에서 무상증자는 주주의 부에 변함이 없어 별도 회계처리를 하지 않지만, 세법에서는 배당으로 간주하여 주주에게 배당소득세를 부과합니다.

70

배당을 주주 한 명에게 몰아서 줄 수 있을까요?

나창업 씨는 스타트업을 창업할 당시에는 1인 기업으로 시작하여 지분 100%를 보유하고 있었습니다. 회사가 조금씩 성장하면서 아내와 자녀 2명에게 자신의 지분을 30%, 10%, 10% 각각 증여를 했습니다.

현재 회사 지분은 나창업 씨가 50%로 최대주주이고, 아내 30%, 자녀A가 10%, 자녀B가 10% 구성되어 있습니다.

나창업 씨는 매년 배당을 했으면 하는데, 아내와 대화를 하면서 자신들이 받을 배당을 자녀 2명이 받으면 좋지 않을까 얘기를 나눴습니다. 배당을 할 때 자녀 2명만 배당금을 몰아서 지급할 수 있을까요?

이에 대해 나창업 씨는 정셈에게 문의했습니다. 정셈은 다음과 같이 설명했습니다.

회사가 경영성과가 좋아서 이익을 남기면, 그 이익 중에 일부 금액을 임직원에 상여금으로 지급할 수 있고, 주주에게 배당금을 지급할 수 있습니다.

상여금 지급과 배당금 지급 결정 여부는 이사회에서 결정하고, 주주총회에서 의결을 합니다.

배당은 금전을 지급하는 것이 원칙이지만, 회사가 주식으로 배당을 할 수도 있습니다. 상법 규정에 따르면 회사가 주식으로 배당을 할 때는 배당금의 50%까지 주식으로 배당이 가능합니다.

1) 주주평등의 원칙

주식회사는 "주주평등의 원칙"이 엄격하게 적용되고 있습니다. 주주평등의 원 칙이란 회사의 동일한 사정 하에 모든 주주를 동등하게 대우함과 동시에, 자의적인 차별행위를 하지 않을 말합니다. 상법에 주주평등의 원칙을 명시적으로 규정하고 있지 않지만, 상법 해석에서 기본원리로 적용하고 있습니다.

주주평등의 원칙은 배당뿐만 아니라 유상증자, 무상증자, 보통주나 우선주 등의 주식발행, 유상감자, 무상감자, 회사의 합병·분할 등 회사 자산에 영향을 미치는 것에 적용이 됩니다. 회사 자산에 영향은 결국 회사 가치로 연결되고, 이는 주당 가격에 변동으로 주주에게 영향을 미치게 되기 때문입니다.

2) 차등배당을 하려면 총주주 동의가 필요

나창씨의 회사처럼 주주가 가족으로 구성된 회사인 경우 배당을 할 때 부모인 주주는 배당을 포기하고, 대신 자녀인 주주에게 배당을 몰아줄 수 있습니다. 이를 '차등배당' 또는 '초과배당'이라 합니다. 주식회사는 "주주 평등의 원칙"이 엄격하게 적용되기에 차등배당을 하려면 해당 법인의 주주총회에서 주주 전원이 동의를 해야 합니다.

3) 차등배당(또는 초과배당)

차등배당이란 주주가 지분율과 관계없이 배당률을 달리하여 받는 배당정책을 말합니다. 일반적으로 대주주가 배당권리의 일부를 양도 또는 포기함으로써 소액주주가 더 많은 배당을 받도록 활용하는 것입니다.

즉, 대주주인 나창업 씨 부부가 배당을 받을 권리를 포기하는 대신 자녀 주주에게 자신들이 포기한 배당금을 받게 하는 것입니다.

(1) 정기배당 또는 중간배당과 절차

배당은 정기배당과 중간배당이 있습니다. 배당은 보통 정기배당으로 합니다. 그래서 차등배당도 정기배당을 통해 합니다. 정관에 중간배당 규정을 두어 중간배당을 할 수 있으면, 차등배당도 중간배당을 통해 할 수 있습니다.

차등배당은 총주주 동의로 하는 것이기 때문에, 정기배당의 경우 주주총회 결의에서, 중간배당의 경우 임시 주주총회 결의에서, 대주주가 자신

 정셈의 창업·스타트업을 위한 세무관리

의 배당을 포기한다는 것을 동의를 받아야 하고 주주총회 의결이 되어야 합니다.

정관에 중간배당 규정이 있어 중간배당을 하는 경우 이사회에서 결정을 할 수 있는데, 차등배당으로 하려면 반드시 임시 주주총회를 개최해야 하고, 총주주 동의도 반드시 받아야 합니다.

(2) 차등배당과 증여세

배당을 할 때 주주의 지분율에 따라 지급하는 것이 원칙입니다. 배당에 대한 세금은 배당소득세 14%(지방소득세 1.4%)가 과세됩니다.

그런데 차등배당을 하게 되면 나창업 씨 부부가 포기한 배당을 자녀 2명에게 재분배가 됩니다. 예를 들어 배당을 1억 원을 하기로 한 결의가 된 경우 나창업 씨 5천만 원, 아내 3천만 원, 자녀A 1천만 원, 자녀B 1천만 원 각각 배당을 지급받습니다. 그런데 나창업 씨 부부가 배당을 포기하므로 배당금 8천만 원을 자녀 2명에게 절반씩 재분배를 하여 결국 자녀A 5천만 원, 자녀B 5천만 원을 지급받는 것입니다.

원래 지급받아야 하는 배당금을 초과하여 받은 것은 나창업 씨 부부가 자녀에게 증여한 것이 됩니다. 그래서 차등배당은 증여세와 관련이 있습니다.

4) 차등배당에 의한 증여세 계산

(1) 차등배당금액 계산

차등배당금액은 ①의 가액에 ②의 비율을 곱하여 계산을 합니다.

① 최대주주등의 특수관계인이 배당 또는 분배(배당등)를 받은 금액에서 본인이 보유한 주식 등에 비례하여 배당등을 받을 경우의 그 배당등의 금액을 차감한 가액

② 보유한 주식등에 비하여 낮은 금액의 배당등을 받은 주주등이 보유한 주식등에 비례하여 배당등을 받을 경우에 비해 적게 배당등을 받은 금액(과소배당금액) 중 최대주주등의 과소배당금액이 차지하는 비율

특정주주의 과대배당금액 ×(특정주주와 특수관계가 있는 최대주주 등의 과소배당금액/과소배당 받은 주주 전체의 과소배당금액)

(2) 차등배당금액에 대한 소득세 상당액의 계산

차등배당금액에 대하여 증여세를 부과할 때 해당 초과배당금액 대한 소득세 상당액은 다음 표의 구분에 따른 율을 말합니다.

　정셈의 창업 · 스타트업을 위한 세무관리

차등배당금액	세율
5,220만 원 이하	초과배당금액 × 100분의 14
5,220만 원 초과 8,800만 원 이하	731만 원 + (5,220만 원을 초과하는 초과배당금액 × 100분의 24)
8,800만 원 초과 1억 5천만 원 이하	1천590만 원 + (8,800만 원을 초과하는 초과배당금액 × 100분의 35)
1억 5천만 원 초과 3억 원 이하	3천760만 원 + (1억 5천만 원을 초과하는 초과배당금액 × 100분의 38)
3억 원 초과 5억 원 이하	9천460만 원 + (3억 원을 초과하는 초과배당금액 × 100분의 40)
5억 원 초과 10억 원 이하	1억 7천460만 원 + (5억 원을 초과하는 초과배당금액 × 100분의 42)
10억 원 초과	3억 8천460만 원 + (10억 원을 초과하는 초과배당금액 × 100분의 42)

(3) 증여재산가액 계산방법

증여재산가액은 다음 ①의 가액에 ②의 비율을 곱하여 계산한 초과배당금액에서 소득세상당액을 차감하여 계산을 합니다.

증여재산가액 = 초과배당금액 - 소득세 상담액

① 최대주주의 특수관계인 배당액 - 지분비례배당액
② (최대주주 등의 과소배당금액 / 총과소배당금액)

(4) 증여세 부과방법

세법 개정에 따라 2021년부터 초과배당을 지급받은 시점에서 증여세액을 가계산 한 후 초과배당금액이 발생한 연도의 다음연도 5. 1~5. 31(6. 30.) 기간 중 실제 소득세액을 반영 및 신고하여 증여세를 추가납부 또는 환급 받도록 하였습니다.

① 초과배당에 받은 시점의 증여세 계산(초과배당 시 증여세액)
초과배당금액에 대한 납부할 증여세 = [증여재산가액(초과배당금액 - 소득세상당액) - 증여재산공제] × 증여세율 + 세대생략 할증액

수증자가 손자, 손녀 등 한 세대를 건너뛴 증여에 해당하는 경우에는 직계비속에 대한 증여의 할증세액(산출세액의 30%)을 가산합니다.

② 증여세 정산
초과배당금액에 대한 실제 소득세액을 반영한 증여재산가액(정산증여재산가액)을 기준으로 계산한 증여세액에서 위 ①에 따라 계산한 증여세액을 차감하여 추가납부 또는 환급세액을 계산합니다.

증여세 정산 = 정산증여가액에 의한 증여세액 - 초과배당 시 증여세액

차등(초과)배당은 세법이 개정되기 전에는 매력적인 방법으로 가족기업에서 자녀에게 합법적으로 재산형성을 위한 수단으로 많이 이용했습니다. 그러나 세법이 개정되면서 매력이 많이 줄어 들었습니다. 그래도 차등배당은 가족기업에서 대주주인 부모가 자녀 주주에게 합법적인 증여 수단으로 이용할 수 있는 방법입니다.

71

자기주식을 그 회사에 처분할 수 있다

나창업 씨는 스타트업을 창업할 때 자기 재산의 대부분을 회사 설립 자금으로 사용했습니다. 사업아이템은 연구·개발이 지속적으로 많이 필요하기 때문에 설립자본금으로 부족하지 않도록 하고 싶었기 때문입니다. 회사 생활이 힘들어도 사업아이템을 상품화하여 성공적인 출시를 목표로 달려 왔습니다.

회사 제품 개발이 완료되어 시장에 출시가 되었는데 반응도 좋습니다. 판매가 증가하면서 수익성도 좋아지고 있습니다. 작년에 비해 올해 이익이 크게 상승했고, 내년에는 더 크게 증가할 것으로 기대가 되고 있습니다.

지금까지 나창업 씨는 창업 이후 오직 회사업무에만 계속 매진하고 있다 보니, 돈을 모아야겠다는 생각을 하지 못했습니다. 회사급여도 설립 초기에는 무보수였고, 지금은 최소한으로 책정하여 받고 있습니다. 그래서 모아둔 돈이 얼마 없다시피 합니다.

나창업 씨는 지금 원룸에 월세로 살고 있어서, 내 집 마련을 하고 싶은 생각이 간절하지만, 통장 잔고를 보면 고민만 깊어집니다. 어제 지인들과 저녁을 하면서 지인이 자기 소유의 회사 지분을 투자자에게 팔려고 했는데, 투자자를 계속 못 찾아 회사에 직접 팔아 목돈을 마련했다는 얘기를 했습니다.

그래서 나창업 씨도 지인처럼 회사 주식을 직접 회사에 팔까 고민을 하고 있는데, 이러한 거래를 해도 괜찮을까요? 주의할 점이 있을까요?

이에 대해 나창업 씨는 정셈에게 문의했습니다. 정셈은 다음과 같이 설명했습니다.

주식회사와 세금 문제에 있어서 단골 소재 중에 하나는 자기주식입니다. 주식이란 주식회사의 자본을 구성하는 단위이면서, 사원인 주주가 주식회사에 출자한 일정한 지분을 나타내는 증권을 말합니다.

주식은 재산권적 성질만 분리해서 양도하는 것이 불가능합니다. 그래서 주식을 양도하면 그 회사의 사원권도 함께 양도하게 되고, 주식을 취득하면 해당 주식회사에 사원의 지위를 갖게 됩니다.

자기주식 거래를 할 때는 먼저 상법 절차를 지켜야 합니다. 상법 절차 이행 여부에 따라 세금 문제가 발생하기 때문입니다.

1) 자기주식이란

주주가 보유하고 있는 주식을 그 회사가 자신의 주식을 취득하는 것을 자기주식이라고 합니다. 나창업 씨가 스타트업을 설립하면서 보유한 회사 주식을 그 스타트업이 자신의 취득한다면 자기주식이 되는 것입니다. 자기주식을 자사주라고도 합니다.

2) 자기주식 거래

과거 상법에서는 회사가 자기주식 취득을 엄격하게 규제해 왔습니다. 자기주식 거래로 자본의 공동화 문제, 불공정거래 가능성 문제가 발생할 수 있기 때문입니다. 2011년 개정상법에 따라 자기주식 거래가 전면적으로 허용되었습니다.

자기주식 거래에 대해 자유롭게 할 수 있다고 해서 상법 절차를 무시하고 거래를 하면 안 됩니다. 법에서 규정하고 있는 주주평등의 원칙, 이사회 의결 또는 주주총회 결의, 주식의 가격, 회사의 배당가능이익의 범위 등의 절차를 반드시 지켜야 합니다.

만일 법에서 정한 절차를 이행하지 않고 자기주식 거래를 한 경우, 해당 자기주식 거래는 무효가 될 수 있습니다.

3) 자기주식 거래를 위한 상법상 절차

자기주식 거래를 위한 상법상 절차는 다음과 같습니다. 자기주식 거래를 하려면 회사가 배당가능이익이 있어야 합니다. 배당가능이익 범위 내에서 자기주식을 취득할 수 있습니다.

(1) 주주총회 결의

주주총회의 보통결의로 취득할 수 있는 주식의 종류 및 수, 취득가액의 총액한도, 1년을 초과하지 아니하는 범위에서 자기주식을 취득할 수 있는 기간을 결정합니다.

(2) 이사회 결의((1) 주주총회 결의를 갈음하는 경우)

정관에서 이사회 결의로 이익배당을 할 수 있다고 정하고 있는 경우 이사회의 결의 주주총회 결의를 갈음할 수 있습니다.

이사회 결의를 통해 자기주식의 취득목적, 취득할 주식의 종류 및 수, 대가의 내용 등 취득의 조건을 결정합니다.

(3) 자기주식 취득 세부사항을 결의

주주총회 의결에 따라 자기주식 취득에 대한 내용이 정해진 경우 이사회에서 아래의 세부적인 내용을 의결합니다. 회사에 이사회가 없는 경우 주주총회에서 결정합니다.

구분	의결 사항	설명
1	자기주식 취득의 목적	보통 취득 목적은 이익의 주주환원 등으로 합니다.
2	취득할 주식의 종류 및 수	-
3	주식 1주를 취득하는 대가로 교부할 금전이나 그 밖의 재산 및 그 산정 방법	1주당 가액은 상증법 규정에 따라 평가합니다.

4	주식 취득의 대가로 교부할 금전 등의 총액	-
5	20일 이상 60일 이내의 범위에서 주식양도를 신청할 수 있는 기간	보통 기간을 간축을 위해 20일로 결정을 하지만, 기간을 단축하기 위해서는 나머지 주주들의 사전 신청 포기서(인감 날인)를 받아 신청 기간을 단축하는 것이 가능합니다.
6	양도신청 기간이 끝나는 날부터 1개월의 범위에서 양도의 대가로 금전 등을 교부하는 시기와 그 밖에 주식 취득의 조건	일반적으로 기간을 단축하기 위해 양도 신청 기간의 다음 날로 합니다.

(4) 주주에 대한 통지 및 공시

양도 신청기간이 시작하는 날의 2주 전까지 각 주주에게 회사의 재무현황, 자기주식 보유 현황 및 이사회 결의사항을 서면 또는 각 주주의 동의를 받아 전자문서로 통지합니다.

(5) 주주의 양도신청

양도신청서는 서면으로 작성합니다. 양도계약서를 작성할 때 계약의 성립일은 신청기간의 마지막 날로 합니다.

(6) 취득계약의 체결 및 주식대금의 지급

양도계약서를 작성할 때 계약의 성립일은 신청기간의 마지막 날로 합니다.

4) 회사에 주식을 처분했는데 잘차를 위반했다면

회사와 자기주식 거래를 하는데 상법 절차를 위반한 경우 어떤 문제가 발생할 수 있을까요? 세금 문제가 발생하는데, 자기주식 거래 목적에 따라 아래와 같은 세금 문제가 발생합니다.

구분	법인의 입장	주주 개인의 입장
자기주식 취득이 위법인 경우	주식 취득대가로 지급한 금액은 업무무관 가지급금에 해당	가지급금 인정이자에 따른 소득세 납세의무
소각목적으로 취득한 경우	자기주식 소각의 손익은 익금과 손금에 해당하지 않음	대가와 취득가액의 차액은 의제배당으로 과세
매매목적으로 취득한 경우	—	대가와 취득가액의 차액은 양도소득으로 과세
자기주식을 처분하는 경우	자기주식 처분손익을 익금과 손금에 산입	—
주식을 고가로 취득하는 경우	부당행위계산부인에 해당하여 익금산입(배당)	상여나 배당 소득처분에 따른 소득체 납세의무
주식을 저가로 취득하는 경우	개인주주로부터 저가매입 시 차액은 익금산입(유보)	양도소득으로 보는 경우 부당행위계산 부인

5) 자기주식 거래를 하는데, 상법 절차를 위반한 경우

나창업 씨가 자기 회사와 자기주식 거래를 하는데, 상법 절차를 따르지 않고 거래를 했습니다. 이 경우 해당 자기주식 거래는 무효가 됩니다. 나창업 씨가 자기주식 처분 대가로 받은 금액은 가지급금이 됩니다. 회사에 다시 돌려줘야 합니다. 자기주식 처분 대가를 돌려주지 않으면 회사는 가지급금 인정이자를 계상하여 나창업 씨에게 소득처분을 해야 합니다.

　자기주식 거래를 하는 데 세무상 위험을 방지하기 위해서는 상법 절차에 따라 거래를 해야 합니다. 그렇지 않으면 자기주식 거래가 종료된 이후 3-4년이 지난 후 관할 세무서에서 자기주식 거래를 문제 삼을 수 있습니다.

72

유상감자와 이익소각

스타트업을 창업하여 경영 중인 나창업 씨는 어느 날 지인들과 저녁 식사 중에 투자금 회수에 대해 얘기를 나누고 있었습니다.

어느 지인이 자기 회사에 잉여금이 많이 누적되어 있는데, 본인 지분 일부를 소각하여 자금을 회수했다고 했습니다. 지인의 얘기를 들은 나창업 씨는 자기도 그렇게 할까 고민합니다.

이에 대해 나창업 씨는 정셈에게 문의했습니다. 정셈은 다음과 같이 설명했습니다.

주주가 자기 지분을 처분하는 것은 제3자에게 지분을 양도하는 방법이 있고, 회사에 양도하는 방법이 있습니다. 그 외에 감자를 하는 방법이 있습니다. 유상감자를 하는 방법이 있고 이익소각을 하는 방법이 있습니다.

1) 유상감자란

유상감자는 회사가 주식 수를 줄여 자본을 감소시킬 때 회사에서 자본금의 감소로 발생한 환급 또는 소멸되 주식의 대가를 주주에게 지급하는 것을 말합니다.

2) 유상감자 절차

유상감자는 주주의 주식을 감소시키기 때문에 다른 주주의 지분율 변동이 발생할 수 있습니다. 그래서 주주총회 특별결의를 거쳐야 합니다.

① 이사회 결의 및 주주총회 소집

② 주주총회 특별결의로 유상감자 찬성

③ 채권자보호절차

④ 주권 제출 및 소각

⑤ 법인등기

3) 이익소각이란

회사가 누적된 이익잉여금을 이용하여 기존에 발행한 주식 가운데 일부를 대가를 주고 취득하여 소각하는 것을 말합니다.

4) 이익소각 절차

이익소각을 진행하기로 한 경우 상법 절차를 지켜야 합니다.

① 이사회 결의

② 자기주식 취득

③ 주식 소각 결의(이사회 또는 주주총회)

④ 법인등기

5) 유상감자와 이익소각의 차이점

① 유상감자의 경우 채권자보호절차를 반드시 거쳐야 하나 이익소각의 경우 채권자 보호절차가 필요없는 대신 자기주식 취득의 절차를 거쳐야 합니다.

② 유상감자의 경우 자본금이 감소하지만, 이익소각의 경우 이익잉여금만 감소합니다.

〈유상감자와 이익소각 비교〉

구분	유상감자	이익소각
대가의 성격	의제배당	의제배당
소득구분	배당소득	배당소득
과세방법	금융소득 종합과세	금융소득 종합과세
수입시기	유상감자 결의일	이익소각 결의일
절차	채권자 보호절차	자기주식 취득절차
발행주식수	감소	감소
자본금	감소	불변
이익잉여금	불변	감소
자본총계	감소	감소
부채비율	증가	증가

 정셈의 창업 · 스타트업을 위한 세무관리

73

개인사업장을 양도

나창업 씨는 창업을 개인사업자로 시작하여 10년 넘게 사업장을 운영하고 있습니다. 사업장도 창업 초기에는 매출이 미비하여 폐업하는 것을 여러 번 고려 하고 그랬지만, 포기 없이 지금까지 잘 버티고 왔습니다. 매출은 창업 초기와는 비교도 안 될 정도로 크게 증가했고, 이익도 큰 폭으로 얻고 있습니다.

나창업 씨는 다른 업종으로 창업하는 것을 고려하고 있습니다. 새로운 분야에 도전하고 싶습니다. 마침 나창업 씨의 사업장을 인수하고 싶다는 사람이 있어, 사업장 처분을 고민하고 있습니다.

이에 대해 나창업 씨는 정셈에게 문의했습니다. 정셈은 다음과 같이 설명했습니다.

1) 개인사업장을 양도할 수 있다.

개인사업장을 양도할 수 있습니다. 매수인은 매도인의 사업장을 포괄 승계합니다. 사업장은 그대로 있고, 사업자만 변경되는데, 사업자등록번호도 변경됩니다.

2) 권리금(영업권)

사회에서는 권리금이란 용어를 사용하지만, 회계나 세법에서는 이를 영업권이라는 명칭을 사용합니다.

영업권은 즉, 사업장의 자산에서 부채를 차감하면 사업장의 순자산가액입니다. 그런데 대가를 더 지불하거나 덜 지불할 수도 있습니다. 해당 사업장의 가치가 크면 지급하는 대가도 증가하고, 반대로 사업장의 가치가 낮으면 오리려 대가가 순자산가액보다 적어질 수 있습니다.

3) 권리금에도 세금이 있다.

영업권은 2가지 형태가 있습니다. 보통 사업장을 인수하면서 영업권 대가를 지급하는데 이 권리금은 기타소득에 해당하여 기타소득세를 부과합니다. 이 경우 사업장의 매수인은 영업권 대가를 기타소득으로 원천징수 하고 원천세 신고납부를 해야 합니다. 영업권 대가는 원천징수 세금을 차감한 금액으로 매도인에게 지급해야 합니다.

그런데 사업용 고정자산인 토지·건물·기계장비를 영업권과 함께 인수하면서 대가를 지급하는 경우 양도소득에 해당하여 양도소득세를 부과합니다. 이 경우 사업장의 매도인은 양도소득세 신고납부를 해야 합니다.

　　　　　　　　　　정셈의 창업·스타트업을 위한 세무관리

PART 09

세금 외 리스크 관리

　회사가 사업 중에 발생하는 리스크에는 세금뿐만 아니라 다른 리스크들이 있는데 몇 가지만 설명하면 다음과 같습니다.

　첫째, 기술·특허와 관련한 리스크, 상표 관련 리스크, 저작권 관련 리스크들 등 지식재산권 관련 리스크가 있습니다.

　둘째, 회사가 해외시장에 진출한 경우 외국환거래 규정을 준수해야 하고, 해외자회사와 거래 시 주의해야 할 것이 있습니다.

　셋째, 회사가 외부투자자를 받은 경우 그 투자자는 회사의 주주가 됩니다. 투자를 2번, 3번 받을수록 창업자의 지분은 낮아집니다. 창업자의 지분이 낮은 경우 경영권 보호가 중요해질 수 있습니다.

　※ 특허권 등 지식재산권 문의사항은 변리사(또는 변호사)에게, 경영권 보호관련 문의사항은 변호사에게 하시기 바랍니다.

74

특허 등 산업재산권이란

스타트업을 창업한 나창업 씨는 R&D에 집중적으로 투자한 결과 혁신적인 기술을 개발했습니다.

이를 제품개발에 접목하기 위해 몇 달 동안 노력한 끝에 시제품을 제작했고, 제품 양산에 착수했습니다.

지인들과 식사 자리에서 드디어 제품개발이 마무리 되고 양산에 시작되었다는 얘기를 했습니다. 지인들은 기술과 상표 등을 보호받기 위해 등록을 꼭 해야 한다고 조언했습니다.

이에 대해 나창업 씨는 정셈에게 문의했습니다. 정셈은 다음과 같이 설명했습니다.

혁신적인 기술을 핵심으로 하는 스타트업에게 핵심기술은 매우 중요한 자산이자 기업의 핵심 그 자체라고 할 수 있습니다.

경쟁 업체와의 차별화를 위해서는 앞선 기술, 신기술을 개발하는 것이 필요하고, 독자적인 기술이어야 합니다. 그 개발된 기술에 대해 특허 등을 출원해야 합니다.

1) 특허란

특허란 사전적의미로 발명에 대해 국가로부터 독점적·배타적으로 인정되는 권리를 뜻합니다.

특허법에서는 '발명'과 '특허발명'에 대해 다음과 같이 정의하고 있습니다.
① "발명"이란 자연법칙을 이용한 기술적 사상의 창작으로서 고도한 것을 말합니다.
② "특허발명"이란 특허를 받은 발명을 말합니다.
즉, 특허는 특허청에 의해 특허를 등록받은 발명을 의미한다고 이해할 수 있습니다.

2) 특허제도의 목적과 특허권의 효력

(1) 특허제도의 목적

특허제도는 발명을 보호·장려함으로써 국가산업의 발전을 도모하기 위한 것입니다.

　　　　　　　　정셈의 창업·스타트업을 위한 세무관리

(2) 특허권의 효력

특허권은 설정등록을 통해 효력 발생하며, 존속기간은 출원일로부터 20년(실용신안권 10년)으로, 권리를 획득한 국가 내에만 효력이 발생합니다.

3) 실용신안권

실용신안이란 이미 사용하고 있는 물품을 개량해서 보다 편리하고 유용하게 쓸 수 있도록 한 물품에 대한 고안을 말하며, 실용신안법 규정에 의한 고안은 물품의 형상·구조·조합이라는 일정한 형태에 구현될 것을 필요로 합니다.

유형의 물품에 구체화된 기술적 사상의 창작이므로, 방법에 관한 고안이나 물품이 아닌 물질에 관한 고안은 실용신안등록의 보호대상이 아닙니다.

일반적으로 실용신안의 대상물품은 특허에 비하여 제품의 라이프 사이클이 짧은 경우가 많습니다.

4) 특허와 실용신안과의 차이점

특허의 대상이 되는 발명의 특허법상 정의는 '자연법칙을 이용한 기술적 사상의 창작으로서 고도한 것'이고(특허법 제2조), 실용신안등록의 대상이 되는 고안의 실용신안법상 정의는 '자연법칙을 이용한 기술적 사상의 창작'로 되어 있습니다(실용신안법 제2조).

따라서 특허와 실용신안의 차이점은 발명의 '고도성' 여부에 있다고 할 수 있습니다.

5) 디자인권

디자인보호법 제2조 제1호에 따르면 '디자인'이란 물품[물품의 부분, 글자체 및 화상(畫像)을 포함한다. 이하 같다]의 형상·모양·색채 또는 이들을 결합한 것으로서 시각을 통하여 미감을 일으키게 하는 것을 말합니다.

따라서 글자체 및 화상디자인을 제외하고 독립거래의 대상이 되는 유체동산인 물품(또는 물품의 부분)의 외관에 관한 디자인이 디자인보호법상 보호대상이 될 수 있습니다. 예를 들면 휴대폰과 같은 물품의 외관을 디자인으로 등록받을 수 있습니다.

6) 상표권

상표(Trade Mark)라 함은 자기의 상품(지리적 표시가 사용되는 상품의 경우를 제외하고는 서비스 또는 서비스의 제공에 관련된 물건을 포함)과 타인의 상품을 식별하기 위하여 사용하는 표장을 말합니다(상표법 제2조 제1항 제1호).

표장이란 기호, 문자, 도형, 소리, 냄새, 입체적 형상, 홀로그램, 동작 또는 색채 등으로서 그 구성이나 표현방식에 상관없이 상품의 출처를 나타내기 위하여 사용하는 모든 표시를 말합니다(상표법 제2조 제1항 제2호).

자기의 상품과 타인의 상품을 식별하기 위하여 사용하는 표장이 아닌 것은 상표가 아니므로 상품에 사용된 것이라 하여도 그것이 단순히 상품의 심미감을 불러일으키게 하기 위하여 사용된 디자인이거나 자타상품 식별의사와 무관한 가격표시 등은 상표법상 상표가 아닙니다.

7) 디자인과 상표의 차이

디자인과 상표는 그 보호하고자 하는 대상이 다릅니다. 즉, '디자인'이란 '물품[물품의 부분, 글자체 및 화상(畫像)을 포함]의 형상, 모양, 색채 또는 이들을 결합한 것으로서 시각을 통하여 미감을 느끼게 하는 것'을 말합니다. 따라서 디자인권은 물품 등의 외관에 대한 권리입니다(디자인보호법 제2조 제1호).

한편, '상표'는 '자기의 상품이 타인의 상품과 식별되도록 하기 위해 사용하는 기호, 문자, 도형, 입체적 형상, 색채, 홀로그램, 동작 또는 이들을 결합한 것 또는 소리, 냄새'를 말합니다. 따라서 상표권은 제품 자체의 형태에 대한 권리가 아니라 제품에 부착하거나 광고 등에 사용하는 특정한 '표장'에 대한 권리입니다(상표법 제2조 제1항 제1호).

75

특허를 침해받은 경우 구제 방법

스타트업은 창업한 나창업 씨는 많은 시간과 비용을 들어 마침내 핵심 기술을 개발했습니다. 특허도 출원하여 등록도 마쳤습니다.

회사는 이 기술을 적용한 제품을 출시하여 시장에서 인정을 받고 있습니다.

경쟁에서 회사 제품과 비슷한 제품이 출시된 것을 알게 되었는데, 자사 제품과 성능과 사양 등 모든 것이 비슷하여 이상하다는 생각이 듭니다.

회사 연구팀에서 경쟁 업체가 자사의 기술을 표절했다는 보고를 받았습니다. 경쟁 업체에 어떤 조치를 할 수가 있을까요?

이에 대해 나창업 씨는 정셈에게 문의했습니다. 정셈은 다음과 같이 설명했습니다.

1) 특허를 침해를 받은 경우

"특허권 침해"란 제3자가 정당한 권한이 없이 타인의 권리(특허권 또는 전용실시권)로 되어 있는 발명을 업으로서 실시하는 경우를 말합니다.

특허권 침해에 대해서 특허법상의 민·형사적 보호를 받기 위해서는 권리로서 "등록"되어야 합니다.

2) 특허권 침해의 유형

(1) 직접침해

특허발명을 실시할 권한이 없는 자가 타인의 발명을 업으로서 실시하고 있는 경우

(2) 간접침해 (침해로 보는 행위)

① 제3자의 일정행위가 특허발명의 권리범위에 해당하는 직접적인 침해는 아니지만 장차 특허권을 침해할 전단계로서의 형태를 가지는 실시행위를 법률규정에 의하여 침해로 의제한 것을 의미
② 특허가 물건의 발명인 경우에는 그 물건의 생산에만 사용하는 물건을 생산, 양도, 대여 또는 수입하거나 그 물건의 양도 또는 대여의 청약을 하는 행위
③ 특허가 방법의 발명인 경우에는 그 방법의 실시에만 사용하는 물건을 생산, 양도, 대여 또는 수입하거나 그 물건의 양도 또는 대여의 청약을 하는 행위

3) 특허권 침해 여부 확인

특허의 침해 여부에 대한 판단은 구체적인 소송의 형태로서 민·형사 소송을 통해 이루어집니다.

다만, 특허심판의 하나로서 특허심판원에 "권리범위확인심판"을 청구할 수 있습니다. 권리범위확인심판은 특허발명의 보호범위를 확인하기 위하여 청구하는 심판으로서(특허법 제135조), 특허발명과 구체적으로 실시되고 있는 침해물이 권리범위에 속하는지를 확인하는 기능을 합니다.

4) 특허권 침해 시 구제수단

(1) 민사적 구제수단

특허권이 침해된 경우 특허권자는 민사적 구제수단으로서 침해금지청구권, 손해배상청구권, 신용회복청구권을 행사할 수 있습니다(특허법 제126조 내지 132조). 민법상의 부당이득반환청구권의 행사도 가능합니다.

(2) 형사적 구제수단

특허권을 고의로 침해한 경우 특허권자는 고소하여(20. 10. 20. 이후 범죄부터 반의사불벌죄로 전환하여 수사기관의 직권수사도 가능) 침해죄를 추궁할 수 있으며, 법인의 경우 등에 있어서는 침해자(종업원)와 법인(사용자)에게 양벌규정이 적용됩니다.

특허권 또는 전용실시권을 침해한 자에 대하여는 7년 이하의 징역 또는 1억 원 이하의 벌금에 처합니다(특허법 제225조, 제230조).

(3) 행정적 구제수단

특허청은 이러한 특허침해와 분쟁에 대하여「산업재산권분쟁조정위원
회」를 설치하여 당사자간의 원만한 합의를 유도해 나갈 수 있도록 조정
제도를 운영하고 있습니다.

76

저작권과 권리 보호

나창업 씨의 회사는 제품 홍보를 위해 많은 노력을 기울이고 있습니다. 광고 문구와 음악, 영상물, 포스터, SNS 홍보물 등 이를 위해 많은 비용을 지출했습니다.

경쟁업체의 홍보물이 자사의 홍보물과 거의 흡사한 것을 발견했습니다. 홍보팀에서 조사를 해보니 경쟁업체가 자사 홍보물을 따라한 것이라고 보고를 받았습니다. 어떤 조치를 할 수 있을까요?

이에 대해 나창업 씨는 정셈에게 문의했습니다. 정셈은 다음과 같이 설명했습니다.

1) 저작권이란

저작권이란 저작자가 자신의 저작물을 배타적·독점적으로 이용할 권리로서 저작인격권과 저작재산권으로 구성됩니다.

저작재산권은 저작자의 경제적 이익을 보호하기 위한 권리이고, 저작인격권은 저작물과 관련하여 저작자의 명예와 인격적 이익을 보호하기 위한 권리입니다.

2)「저작권법」의 목적

「저작권법」은 저작자의 권리와 이에 인접하는 권리(저작인접권, 데이터베이스제작자의 권리)를 보호하고 저작물의 공정한 이용을 도모함으로써 문화 및 관련 산업의 향상발전에 이바지함을 목적으로 합니다.

3) 저작자 · 저작물이란

저작자란 저작물을 창작한 자(자연인, 법인 · 단체 또는 사용자)을 말합니다.

저작물이란 인간의 사상 또는 감정을 표현한 창작물을 말합니다. 저작물의 예는 다음과 같습니다.

① 어문저작물: 소설 · 시 · 논문 · 강연 · 연설 · 각본 등 말이나 글로 표현된 창작물

② 음악저작물: 노래와 같이 음악으로 표현된 창작물

③ 연극저작물: 연극 및 무용 · 무언극 등과 같이 연극으로 표현된 창작물

④ 미술저작물: 회화 · 서예 · 조각 · 판화 · 공예 · 응용미술 등 시각적 형태로 표현된 창작물

⑤ 건축저작물: 건축물 · 건축을 위한 모형 및 설계도 등 건축 형태로 표현된 창작물

⑥ 사진저작물: 사진으로 표현된 창작물

⑦ 영상저작물: 영화와 같이 일정한 영상으로 고정되거나 영상으로 고정될 수 있도록 촬영된 창작물

⑧ 도형저작물: 지도, 도표, 설계도, 모형 등 도형으로 표현된 창작물

⑨ 컴퓨디프로그램저작물: 컴퓨터 프로그램과 같은 소프트웨어

⑩ 편집저작물: 여러 저작물이나 정보의 집합물을 창작적으로 편집한 저작물

⑪ 2차적저작물: 원저작물을 번역, 편곡, 변형, 각색, 영상 제작 등 다른 방법으로 작성한 창작물

4) 저작권 등록과 효력

저작권 등록이란, 저작물에 관한 일정한 사항(저작자 성명, 창작연월일, 공표연월일 등)과 저작재산권의 양도, 처분제한, 질권설정 등 권리의 변동에 대한 사항을 저작권 등록부라는 공적인 장부에 등재하고 일반 국민에게 공개, 열람하도록 공시하는 것을 말합니다.

저작권 등록을 해야만 권리가 발생하거나 보호를 받을 수 있는 것은 아니지만, 저작권 등록을 했을 때 법률상 추정력, 대항력 등의 법적 효과를 얻을 수 있습니다.

저작권은 저작물을 창작한 때부터 발생하지만 법에서 정한 보호기간이 경과하면 공유저작물(Public Domain)이 되어 누구나 자유로이 이용할 수 있습니다. 우리 저작권법은 특별한 규정이 있는 경우를 제외하고

 정셈의 창업 · 스타트업을 위한 세무관리

는 저작자가 생존하는 동안과 사망한 후 70년까지 저작권 보호기간을 인정하고 있으며, 보호기간은 저작자가 사망한 다음 해부터 기산합니다.

5) 저작권이 침해된 경우

저작권 침해가 성립하기 위해서는 아래의 요건이 충족되어야 합니다.

① 저작권법상 보호받는 '저작물', 즉 아이디어가 아닌 인간의 사상 또는 감정을 표현한 창작물을 이용하였을 것

② 타인의 저작물에 '의거(접근)'하여 작성하였을 것(의거성)

③ 창작적 표현에 있어서 '실질적인 유사성'이 드러날 것

6) 저작권이 침해된 경우 조치 방법

저작권 침해의 증거를 확보한 뒤, 서면으로 침해 사실을 통지하여 합의를 유도하거나, 분쟁조정 및 민형사상 법적 절차를 진행할 수 있습니다.

(1) 서면 통지

우선 저작권 침해에 대한 증거를 확보한 뒤, 침해자에게 침해 중지 등을 요구하는 내용을 기재한 후 우편으로 내용증명(저작권자 1부, 우체국 보관 1부, 침해자 1부, 총 3부 작성)을 보내거나 이메일로 통지하여 당사자 사이에 합의를 유도해 볼 수 있습니다.

(2) 분쟁 조정

만일 침해 사실을 부인하거나 합의 조건 등에 이견이 있다면 한국저작권위원회의 분쟁조정제도를 고려해 볼 수 있습니다. 조정제도는 비용이

저렴하고 단기간(신청일로부터 3개월 이내) 내에 해결이 가능하며, 조정이 성립되면 재판상의 화해와 동일한 효력을 가집니다.

(3) 형사

원칙적으로 형사상 저작권침해죄는 저작권자의 고소가 있어야만 처벌할 수 있는 친고죄로, 저작권자는 침해 행위를 알게 된 날로부터 6개월 이내에 고소를 진행해야 합니다.

다만, 영리를 목적으로 또는 상습적으로 저작권을 침해하는 경우에는 친고죄를 적용하지 않기 때문에 제3자도 수사기관에 처벌을 요구할 수 있습니다.

(4) 민사

민사는 고의든 과실이든 침해행위로 인하여 손해가 발생한 경우 소송을 제기할 수 있다. 우선 침해자에 대하여 '침해의 정지' 및 '침해행위로 만들어진 물건을 폐기'하도록 하는 등의 조치를 취할 수 있습니다.

77

기업의 해외 진출 형태

나창업 씨는 스타트업을 창업하여 사업에 집중하며 힘든 시기를 겪으면서도 열의를 갖고 지금까지 회사를 이끌어 왔습니다. 국내시장에서 입지를 다지면서 회사 규모와 매출도 큰 성장을 했습니다.

해외시장 진출을 고민하고 있습니다. 그동안 해외 바이어에게 수출을 해왔는데 직접 진출하여 판매를 하고 싶습니다. 이미 3년 전에 해외현지시장 조사도 했고, 조사결과는 나쁘지 않아 해외진출 준비를 결심했습니다.

지인들에게 알아보니 해외진출은 해외연락사무소 형태로 진출하는 방법, 해외지점을 설치하여 진출하는 방법, 해외자회사를 설립하여 진출하는 방법이 있다고 했습니다. 이 중에 어떤 형태로 진출하는 것이 좋을까요?

이에 대해 나창업 씨는 정셈에게 문의했습니다. 정셈은 다음과 같이 설명했습니다.

국내시장의 성공을 비평으로 한 사업다각화, 해외 현지에 아이템의 특성, 해외투지유치 등 여러 목적으로 해외 진출하는 스타트업이 늘고 있습니다. 해외진출의 형태는 여러 가지가 있으나, 일반적으로는 자회사, 지점 또는 연락사무소의 설립을 통한 해외직접투자의 형태가 많은 것 같습니다.

1) 일반적인 해외진출 방법

일반적으로 해외진출의 흐름은 먼저 해외연락사무소를 설치하여 현지 시장조사나 정보수집을 수행하여 사업타당성을 평가합니다. 이후 해외지점을 설치하거나 해외자회사를 설립하여 영업을 시작합니다.

해외연락사무소는 정보수집, 자료조사 등의 업무만 가능하며, 직접적인 영업행위는 불가합니다.

2) 사전 시장조사가 충분한 경우

사전 시장조사가 충분하고 해외시장 진출을 결정했다면, 해외연락사무소를 설치하지 않고 해외지점 설치 또는 해외자회사를 설립하여 진출해도 됩니다.

해외연락사무소 설치 후 해외지점 설치나 해외자회사 설립를 위해서는 해외연락사무소를 폐지하고 지점 설치 또는 자회사를 설립해야 합니다. 연락사무소를 지점이나 자회사로 직접 전환하는 것은 불가능합니다.

　　　정셈의 창업 · 스타트업을 위한 세무관리

3) 해외자회사 등에 송금하는 경우

현행 「외국환거래법」에서는 해외연락사무소, 해외지점, 해외자회사 설립 등 해외직접투자를 위해 자금을 해외로 송금하는 경우에는 이를 외환당국에 신고해야 합니다.

해외자회사나 지점은 국외라는 장소적 제약으로 인해 관리·감독에 어려움이 있습니다. 기간별 보고 및 실사 등을 통해 해외거점의 관리·감독에 신경을 써야 합니다.

4) 국외특수관계자 간 거래 시 주의

기업 간 거래 시 거래가격은 거래 당사자 간 자유롭게 정할 수 있는 것이 당연합니다.

특수관계에 있는 기업과 거래하는 경우 거래가격이 시가와 5% 이상 또는 3억 원 이상 차이가 나는 경우 부당행위계산 부인 규정이 적용됩니다.

국내회사와 해외 지점 또 해외자회사는 특수관계에 해당합니다. 국내회사와 국외 특수관계가 있는 회사 간의 거래 시에는 거래가격을 통상적인 제3자 간 거래가격(정상가격)을 기준으로 적정 여부를 판단합니다.

78

해외 투자를 할 경우
외국환거래 규정을 주의해야 한다

스타트업을 경영 중인 나창업 씨는 국내에서 출시한 제품이 인정을 받고 이어서 출시한 제품도 인정을 받아 매출이 크게 증가했습니다.

해외에 제품을 수출을 했는데 반응이 좋습니다. 수출을 적극적으로 했고, 제품 인지도도 높아졌습니다. 해외에 직접 진출하는 것을 고민하다가 사전 조사를 했고 결과도 좋아 해외 자회사를 설립하기로 결심했습니다.

지인들은 주변에서 해외 자회사를 설립해서 국내 본사와 거래를 할 때 주의할 것이 많다고 조언했습니다.

이에 대해 나창업 씨는 정셈에게 문의했습니다. 정셈은 다음과 같이 설명했습니다.

1) 해외직접투자(현지에 자회사를 설립하는 경우)

해외직접투자란 '증권취득 또는 금전대여를 통해 외국법인(설립 중 법인 포함)과 지속적인 경제관계를 맺는 행위'를 말합니다.

국내기업이 해외자회사를 설립하는 경우 자본을 납입하고 지분을 취득합니다. 해외자회사의 자금이 부족할 경우 추가 출자를 하거나 자금을 대여해야 합니다. 해외직접투자는 크게 두 가지로 볼 수 있습니다.

① 증권취득을 통한 해외직접투자(지분투자)
② 금전대여를 통한 해외직접투자(대부투자)

2) 해외직접투자 신고의무

(1) 신규(증액)신고의무

국내기업이 해외직접투자(증액투자를 포함)를 하고자 하는 경우 지정거래 외국환은행장에게 신고하여야 합니다.

외화를 휴대반출하여 해외 현지법인을 설립하는 경우 등 은행을 통한 송금절차를 거치지 않는 해외직접투자도 신고를 해야 합니다.

(2) 변경보고의무

해외직접투자와 관련하여 이미 신고한 내용을 변경하고자 하는 경우 변경사유가 발생한 후 3개월 이내에 지정거래외국환은행장에게 변경보고를 하여야 합니다.

다만, 해외직접투자를 한 거주자가 다른 거주자에게 당해 주식(지분)을 매각하는 경우 즉시 지정거래외국환은행장에게 보고해야 합니다.

3) 해외지사(사무소)를 설치하는 경우

국내기업이 해외지사(지점 또는 사무소)를 설치하고자 하는 경우 지정거래외국환은행장에게 신고하여야 합니다.

해외지점 설치신고 시 신고한 금액 범위 내에서 그 해외지점에 운영비를 지원해 줄려고 하는 경우 지정거래외국환은행을 통하여 지급하여야 합니다.

해외지사 설치신고 시 신고한 금액의 범위를 초과하여 운영비를 송금하고자 하는 경우에도 지정거래외국환은행의 장에게 신고하여야 합니다.

4) 해외지점의 결산보고

해외지점을 설치한 경우 매 회계기간별로 각 해외지점의 결산재무제표 및 그 부속서류와 결산결과 발생한 순이익금의 처분내역을 그 결산일부터 5월 이내에 지정거래외국환은행의 장에게 제출하여야 합니다.

5) 해외지사의 변경 및 폐쇄

해외지사의 명칭 또는 위치를 변경한 경우 변경 후 3개월 이내에 지정거래외국환은행의 장에게 그 변경내용을 사후보고 해야 합니다.

 정셈의 창업·스타트업을 위한 세무관리

해외지사 폐쇄 시 잔여재산을 국내로 즉시 회수하고 당해 해외지사의 재산목록, 대차대조표, 재산처분명세서, 외국환매각증명서류를 신고기관의 장에게 제출해야 합니다.

6)「외국환거래법」을 위반 시 처벌받을 수 있다.

「외국환거래법」을 위반 시 관세청은 해당 위반사항에 대해 조사를 하여 위반 내용 및 정도에 따라 관할지방검찰청에 사건을 송치할 수 있고, 검찰 조사에 따른 형사처벌 대상이 될 수 있습니다.

79

해외에 투자한 회사와 거래 시 주의해야 한다

스타트업을 창업한 나창업 씨는 어느덧 해외시장 공략을 하기 위해 해외자회사를 설립했고, 다른 나라에 공장도 지었습니다.

이를 회사와 거래를 하려고 합니다. 지인들은 국내회사와 해외자회사하고 거래를 할 때 거래금액을 잘못 정하지 않도록 주의해야 한다고 조언했습니다.

이에 대해 나창업 씨는 정셈에게 문의했습니다. 정셈은 다음과 같이 설명했습니다.

특수관계가 있는 국내 기업과 정당한 사유 없이 시가 보다 부당행위계산 부인 규정이 적용될 수 있습니다.

국내 기업과 해외자회사는 특수관계에 해당합니다. 자회사가 외국에 있으니 거래하는 데 가격 기준에서 문제 될 수 있을까요?

1) 이전가격세제란

이전가격세제란 국내기업이 국외특수관계자와의 거래에 있어 정상가격보다 높거나, 낮은 가격을 적용하여 과세소득이 감소되는 경우 과세관청은 그 거래에 대하여 정상가격을 기준으로 과세소득금액을 재계산하여 조세를 부과하는 제도입니다.

이전가격 거래 시에는 법령상의 정상가격결정방법을 통하여 정상가격을 찾아 이를 적용하여야 하며, 이러한 과정에 관한 자료를 구비하고 있어야 합니다. 이전가격조사를 받는 경우에는 적용한 가격이 정상가격임을 입증할 수 있는 구체적인 자료를 과세당국의 요구에 따라 제출하여야 합니다.

2) 국외특수관계자란

대표적인 국외특수관계자는 다음과 같습니다.

① 당해 내국법인 또는 국내사업장을 가진 외국법인의 의결권 있는 주식(출자지분 포함. 이하 같음)의 50% 이상을 직·간접으로 소유하는 경우로서 외국에 거주하거나 소재하는 자(주주 및 출자자 포함)
② 당해 거주자·내국법인 또는 국내사업장을 가진 외국법인이 의결권 있는 주식의 50% 이상을 직·간접으로 소유하는 다른 외국법인
③ 당해 내국법인 또는 국내사업장을 가진 외국법인의 의결권 있는 주

식의 50% 이상을 직·간접으로 소유하는 자가 의결권 있는 주식의 50% 이상을 직·간접으로 소유하는 다른 외국법인(동 외국법인의 국내사업장 포함)

3) 주식소유비율 계산방법

국외특수관계자를 판정함에 있어서, 의결권 있는 주식의 100분의 50 이상을 직접 또는 간접으로 소유하는지 여부는 일방법인이 타방법인에 대하여 직접적으로 소유하는 주식의 비율과 간접적으로 소유하는 주식의 비율을 합한 비율에 의하여 판정합니다.

① 일방법인이 타방법인의 주주인 법인의 의결권 있는 주식을 50% 이상 소유하는 경우에는 그 주주인 법인의 타방법인에 대한 의결권 있는 주식 소유비율
② 일방법인이 타방법인의 주주인 법인의 의결권 있는 주식을 50% 미만 소유하는 경우에는 당해 소유비율과 그 주주인 법인의 타방법인에 대한 의결권 있는 주식 소유비율을 곱한 비율

4) 정상가격이란

정상가격이란 거주자·내국법인 또는 외국법인 국내사업장과 이들의 국외특수관계자간의 거래와 동일·유사한 거래로서 특수관계 없는 자(독립기업)간의 거래(비교대상거래)에서 적용되었거나 적용될 것으로 기대되는 가격을 말합니다. 다음 방법 중 가장 합리적인 방법으로 계산한 가격으로 합니다.

(1) 비교가능 제3자 가격방법

거주자와 국외특수관계인 간의 국제거래에서 그 거래와 유사한 거래 상황에서 특수관계가 없는 독립된 사업자 간의 거래가격을 정상가격으로 보는 방법

(2) 재판매가격방법

거주자와 국외특수관계인이 자산을 거래한 후 거래의 어느 한 쪽인 그 자산의 구매자가 특수관계가 없는 자에게 다시 그 자산을 판매하는 경우 그 판매가격에서 그 구매자의 통상의 이윤으로 볼 수 있는 금액을 뺀 가격을 정상가격으로 보는 방법

(3) 원가가산방법

거주자와 국외특수관계인 간의 국제거래에서 자산의 제조 · 판매나 용역의 제공 과정에서 발생한 원가에 자산 판매자나 용역 제공자의 통상의 이윤으로 볼 수 있는 금액을 더한 가격을 정상가격으로 보는 방법

(4) 이익분할방법

거주자와 국외특수관계인 간의 국제거래에 있어 거래 쌍방이 함께 실현한 거래순이익을 합리적인 배부기준에 의하여 측정된 거래당사자들 간의 상대적 공헌도에 따라 배부하고 이와 같이 배부된 이익을 기초로 산출한 거래가격을 정상가격으로 보는 방법

(5) 거래순이익률방법

거주자와 국외특수관계인 간의 국제거래에 있어 거주자와 특수관계가 없는 자 간의 거래 중 해당 거래와 비슷한 거래에서 실현된 통상의 거래순이익률을 기초로 산출한 거래가격을 정상가격으로 보는 방법

(6) 그 밖에 합리적이라고 인정되는 방법

그 밖에 합리적이라고 인정되는 방법이란 법에서 정한 산출방법 외에 거래의 실질 및 관행에 비추어 합리적이라고 인정되는 방법을 말하는데, 매출총이익의 영업비용에 대한 비율(Berry Ratio) 등이 있다.

5) 소득금액조정에 따른 소득처분과 세무조정

(1) 임시유보로 처분

익금에 산입되는 금액이 국외특수관계인으로부터 내국법인에게 반환되었는지 여부를 확인하기 전까지 임시유보로 처분합니다.

(2) 반환이 확인되지 않은 경우

정상가격에 의한 과세조정으로 익금에 산입되는 금액이 국외특수관계인으로부터 내국법인에게 반환되었는지를 확인하기 전까지 임시유보로 처분하고, 납세자에게 임시유보 처분통지서로 통지합니다.

해당 통지서를 받은 날부터 90일 이내에 반환되었다는 것을 확인하는 이전소득금액반환확인서를 제출하지 않은 경우, 이를 반환하지 않은 것으로 보아, 다음과 같은 방법에 따라 처분합니다.

국외특수관계인	소득처분
내국법인의 주주에 해당하는 경우	해외 국외특수관계인에게 귀속되는 배당으로 처분
내국법인이 출자한 법인에 해당하는 경우	해외 국외특수관계인에 대한 출자의 증가로 보아 유보로 처분
이 외의 자인 경우	해외 국외특수관계인에게 귀속되는 배당으로 처분

80

경영권 방어 수단

나창업 씨는 스타트업을 창업하여 기술개발과 제품 출시를 성공적으로 이루어냈습니다. 제품이 시장에서 인정받고 다음 제품도 성공적으로 출시했습니다.

회사는 매출과 규모가 창업 초기와는 비교할 수 없을 정도로 커졌습니다. 회사가 첫 제품을 출시하기까지 투자를 여러 번 받았습니다.

지인들과 식사 자리에서 서로의 창업에 대한 고생담을 얘기하던 중 어느 지인이 회사 경영권을 뺏길 뻔한 얘기를 했습니다. 이 얘기를 들은 나창업 씨는 혹시나 자기도 회사 경영권은 다른 주주에게 뺏길 수 있다는 걱정이 들었습니다.

이에 대해 나창업 씨는 정셈에게 문의했습니다. 정셈은 다음과 같이 설명했습니다.

 정셈의 창업·스타트업을 위한 세무관리

1) 경영권 방어 수단

M&A 방어 수단으로는 다음과 같은 방법이 있습니다.

① 초다수결의제(Supermajority Voting)

② 최대주주 및 특수관계인에 대한 제3자 배정 또는 사모 방식 유상증자

③ 최대주주 및 특수관계인에 대한 주식연계채권의 사모 발행

④ 발행 즉시 의결권이 있는 주식으로 전환이 가능한 종류주식 발행

⑤ 이사 시차임기제(Staggered Election)

⑥ 황금낙하산(Golden Parachute)

⑦ 포이즌 필(Poison Pill),

⑧ 주식대량보유신고제도(Filing of Changes in Ownership of Block Shares)

⑨ 의무공개매수제도(Mandatory Bid)

⑩ 차등의결권주식(Dual-class Share)

⑪ 황금주(Golden Share)

위 수단 중에 차등의결권주식, 포이즌필, 황금주는 국내에서 상법상 인정되지 않는 방법으로, 현재 경영계에서 정부에 오래 전부터 국내에 도입을 요청하고 있는 수단입니다.

2) 초다수결의제

임원 해임 및 인수·합병은 통상적으로 상법상 주주총회 특별결의(출석주주 의결권의 2/3 이상과 발행주식총수의 1/3 이상 충족)를 통해 가능

합니다.

하지만 정관에 규정을 두어 주주총회 특별결의보다 더 까다로운 요건을 만족시켜야만 임원의 해임이나 기업의 인수·합병이 가능하도록 할 수 있습니다. 이를 초다수결의제(Supermajority Voting)라고 합니다.

주주총회 특별결의보다 더 가중된 결의요건을 의무화함으로써 이사진 교체와 인수·합병에 필요한 주주 찬성률 기준을 높여 해당 안건이 주주총회에서 가결되기 어렵게 하는 것이 목적입니다.

3) 최대주주 및 특수관계인 지분율의 인위적인 증대

최대주주 및 특수관계인에 대한 제3자 배정 또는 사모 방식 유상증자, 최대주주 및 특수관계인에 대한 전환사채(Convertible Bond, CB) 또는 신주인수권부사채(Bond with Warrant, BW)의 사모 발행, 발행 즉시 의결권이 있는 주식으로 전환이 가능한 종류주식을 발행하여 최대주주 등의 지분율을 높이는 방법입니다.

4) 시차임기제 이사

시차임기제(Staggered Election)는 매년 전체 이사 가운데 일부만 선임하여 이사들의 임기 만료 시점을 분산시켜 임원 전체가 교체되는 시점을 지연시키는 적대적 M&A 방어 수단입니다.

5) 황금낙하산

인수합병 대상기업의 임원이 적대적 M&A로 인하여 임기 전에 사임하게 될 경우 거액의 퇴직금 또는 저가로 주식을 매입할 수 있는 콜옵션 등의 권리를 부여할 것을 사전에 고용계약에 기재하거나 정관에 명시하여 인수 비용을 사실상 증가시키는 방어 전략입니다.

6) 포이즌 필

적대적 M&A로 인해 기존 경영권이 위협을 받을 경우 기존 주주들에게 회사 신주를 시가보다 훨씬 낮은 가격으로 매입할 수 있는 콜옵션을 부여하여 기존 주주의 지분율을 높이거나, 기존 주주의 의결권을 강화함으로써 적대적 M&A 시도자의 지분 확보를 어렵게 하는 전략입니다.

7) 주식대량보유신고제도

5% 규칙이라고도 불리는 주식대량보유신고제도(Filing of Changes in Ownership of Block Shares)는 상장법인의 의결권 있는 발행주식총수의 5% 이상을 신규 취득하는 경우, 5% 이상 대량보유자가 1% 이상 지분을 사거나 팔 경우, 주식대량보유목적에 변경이 있는 경우 5일 이내에 금융위원회와 한국거래소에 보고하도록 한 제도입니다.

8) 의무공개매수제도

의무공개매수제도(Mandatory Bid)란 적대적 M&A를 목적으로 시장에서 주식을 공개적으로 매입할 때 인수 부담을 가중시키기 위해 반드시 특정 비율 이상의 주식을 매수하도록 강제하는 제도입니다.

9) 차등의결권주

차등의결권주(Dual-class Share) 또는 복수의결권주라고도 불리는 동 제도는 1주(株) 1의결권 원칙의 예외로서 경영권을 보유한 대주주의 주식에 대해서는 일반 주주가 보유한 보통주보다 더 많은 의결권을 부여하는 것입니다.

10) 황금주

황금주(Golden Share)란 보유 수량이나 비율에 관계없이 극단적으로 단 1주만 가지고 있어도 적대적 M&A 등 특정한 주주총회 안건에 대하여 거부권을 행사할 수 있는 권리를 가진 주식을 말합니다.

납세자 보호와 구제 제도

회사가 관할 세무서로부터 과세예고통지서를 받는 경우가 있을 수 있습니다. 또한 세무조사 사전통지서를 받는 경우가 있습니다.

회사가 세금 신고한 내역에 오류가 있어서 그럴 수 있지만, 관할 세무서에서 판단을 잘 못 해서 그럴 수도 있습니다.

만일 회사가 세금 신고를 적법하게 했는데도 과세예고통지서를 받거나 세무조사 사전통지서를 받는 경우 구제받을 수 있는 제도는 없을까요?

세법은 납세자를 보호하는 제도를 두고 있습니다.

세무조사가 적법한지 다툴 수 있고, 세금 추징이 적법한지도 다툴 수 있습니다.

형사재판에서 국선변호사 제도를 통해 피고인이 도움을 받는 것처럼, 세무대리인을 선임하기 어려운 납세자가 조세불복에서 도움을 받을 수 있도록 국선(세무)대리인 제도가 있습니다.

※ 조세소송(행정법원에 세금 소송) 관련 문의는 변호사에게 하시기 바랍니다.

81

경정청구와 세금환급

법인세 등 세금 신고를 하면서 원래 내야 될 세금보다 더 많이 신고해서 세금을 납부한 경우가 있을 수 있습니다.

매출이 아닌데 매출로 반영한 경우, 사업과 관련된 비용인데 비용에 반영하지 않은 경우, 이월결손금이 있는데 반영하지 않은 경우, 세액감면이나 세액공제 적용이 가능한데 이를 적용하지 않은 경우 등이 있을 수 있습니다.

또한 매입세액공제 내역이 있는데 신고 시 이를 누락한 경우, 거래상대방이 매입세금계산서 발급을 누락한 경우 등이 있을 수 있습니다.

이와 같은 경우에는 기신고한 내용을 정정하여 세금신고를 해야 합니다. 이를 '경정청구'라고 합니다.

1) 경정청구를 하려면 세금 신고 내역이 있어야 한다.

경정청구는 세금을 법정신고기한 이내에 신고를 한 경우에만 신고를 할 수 있습니다. 무신고한 경우에는 관할세무서에 세금을 신고한 것이 없기 때문에 경정청구를 할 수 없습니다. 또한 수정신고를 한 경우에도 다시 경정청구를 할 수 있습니다.

2) 경정청구를 할 수 있는 기간

경정청구는 법정신고기한 경과 후 5년 이내에 관할 세무서장에게 청구를 해야 합니다.

예를 들어 12월말 결산법인의 2024년 귀속 법인세 신고는 2025년 3월 31일까지입니다. 경정청구 기간은 2025년 4월 1일부터 2030년 3월 31일까지입니다. 경정청구 기간이 지나면 법적으로 경정청구를 할 수 없습니다.

2024년 귀속 종합소득세는 신고기한이 2025년 5월 31일까지입니다. 경정청구 기간은 2025년 6월 1일부터 2030년 5월 31일까지입니다.

※ 2019년 귀속 법인세와 종합소득세 및 2020년 1기 부가가치세는 경정청구 기간이 지나서 경정청구 대상이 아닙니다.

3) 후발적 경정청구 사유

다음의 경우에는 그 사유가 발생한 것을 안 날부터 3개월 이내에 경정청구를 하여야 합니다. 이를 후발적 사유라고 합니다.

① 최초의 신고·결정 또는 경정에서 과세표준 및 세액의 계산근거가
된 거래 또는 행위 등이그에 관한 소송에 대한 판결에 의하여 다른
것으로 확정된 때

② 소득 그 밖의 과세물건의 귀속을 제3자에게로 변경시키는 결정 또
는 경정이 있은 때

③ 조세조약의 규정에 의한 상호합의가 최초의 신고·결정 또는 경정
의 내용과 다르게 이루어진 때

④ 결정 또는 경정으로 인하여 당해 결정 또는 경정의 대상이 되는 과
세기간 외의 과세기간에 대하여 최초에 신고한 국세의 과세표준 및
세액이 세법에 의하여 신고하여야 할 과세표준 및 세액을 초과한 때

⑤ 위와 유사한 대통령령으로 정하는 사유가 당해 국세의 법정신고기
한이 지난 후에 발생한 때

4) 경정청구의 처리결과 기간은? 환급내역 확인은?

경정청구를 기한 내에 경정청구서를 제출하면, 경정청구를 받은 관할
세무서장은 경정청구를 받은 날부터 2개월 이내에 처리결과를 통지해야
합니다.

환급내역은 국세청 홈택스나 관할 세무서 담당자를 통해 확인이 가능

합니다. 관할 세무서에서 환급 결정을 하기 전에는 환급 진행상황 등이 조회되지 않습니다.

5) 경정청구를 다시 할 수 있나요?

이미 경정청구를 해서 환급을 받았는데, 자료를 재차 확인해 보니 누락한 것이 발견될 수 있습니다. 경정청구 횟수를 제한하는 규정은 없습니다.

이 경우에는 관할 세무서의 담당자와 통화를 한 이후 경정청구서를 직접 담당자에게 제출해야 합니다.

6) 경정청구를 하면 세무조사를 받나요?

경정청구를 하면 세금 환급을 받는 것 때문에 세무조사 대상에 해당하지 않습니다. 경정청구와 세무조사는 관련이 없습니다.

다만, 경정청구를 하면 2개월 이내에 검토해서 경정청구를 처리해야 하기 때문에, 담당자가 검토할 시간이 부족하여 원래 세금 환급 대상이 아닌데 환급을 하는 경우가 있을 수 있습니다. 세금 환급을 한 이후에 세무서에서 자료를 다시 재검토 해서 세금을 추징하는 것은 가능합니다.

상급기관(지방국세청)이나 감사원에서 세무서가 업무한 것을 감사 하면서, 세무서가 업무처리를 잘못한 것을 감사지적 받아 이를 재검토하여 세금 추징을 할 수 있습니다.

이는 세금 환급을 잘못한 경우로 이를 바로 잡는 절차를 진행하는 것입니다.

7) 경정청구를 했는데 관할 세무서에서 기각했습니다.

관할 세무서에 경정청구를 하면 60일 이내 인용 또는 기각의 결정을 합니다. 인용 결정이 되면 좋지만, 기각 결정이 되면 선택을 해야 합니다. 기각 결정을 수용할 것인지 아니면 불복할 것인지 결정을 해야 합니다.

불복하려면 경정청구 기각 결정을 받은 날로부터 90일 이내에 이의신청이나 심판청구 또는 심사청구를 해야 합니다. 만일 90일 기간을 단 하루라도 넘기면 부적합한 청구로서 각하 결정을 합니다. 불복청구 기한은 불변기한이므로 반드시 주의해야 합니다.

  정셈의 창업 · 스타트업을 위한 세무관리

82

납세자보호 제도

세법에는 납세자가 부당한 세금으로 인해 어려움을 겪지 않도록 납세자를 보호하는 제도를 두고 있습니다. 납세자보호관과 납세자보호위원회 제도를 운영하고 있습니다.

1) 납세자보호관

납세자가 부당한 세금으로 인해 어려움을 겪지 않도록 납세자의 입장에서 업무를 처리하는 등 국세청의 납세자 권익보호 업무를 총괄하기 위해 2009년 8월 국세청에 납세자 보호관 제도를 도입하여 운영하고 있습니다.

납세자보호관의 구체적인 직무와 권한은 다음과 같습니다.

① 위법·부당한 세무조사 및 세무조사 중 세무공무원의 위법·부당한 행위에 대한 일시중지 및 중지

② 세무조사 과정에서 위법·부당한 행위를 한 세무공무원 교체 명령 및 징계 요구

③ 위법·부당한 처분(세법에 따른 납세의 고지는 제외)에 대한 시정요구

④ 위법·부당한 처분이 행하여 질 수 있다고 인정되는 경우 그 처분 절차의 일시중지 및 중지

⑤ 납세서비스 관련 제도·절차 개선에 관한 사항

⑥ 납세자의 권리보호업무에 관하여 세무서 및 지방국세청의 담당관(법 제81조의16제2항에 따라 세무서 및 지방국세청에 납세자 권리보호업무를 수행하기 위하여 두는 담당관을 말한다. 이하 "납세자보호담당관"이라 한다)에 대한 지도·감독

⑦ 세금 관련 고충민원의 해소 등 납세자 권리보호에 관한 사항

⑧ 그 밖에 납세자의 권리보호와 관련하여 국세청장이 정하는 사항

국세청은 납세자보호관이 독립적으로 전국의 납세자보호담당관을 지휘할 수 있는 권한을 부여함으로써 납세자보호관이 공정하게 독립적으로 업무를 수행할 수 있도록 지원하고 있습니다.

2) 납세자보호위원회

납세자보호위원회는 납세자 권익보호 사안을 보다 공정하고 투명하게 처리하기 위해 설치한 기구로서 독립적 지위에서 위법·부당한 세무조사 등 국세행정을 견제·감독하는 역할을 수행합니다.

 정셈의 창업·스타트업을 위한 세무관리

(1) 지방청 · 세무서 납세자보호위원회 심의 대상

① 위법 · 부당한 세무조사 및 세무공무원의 위법 · 부당한 행위

② 중소규모 납세자의 세무조사 기간 연장 · 범위 확대에 대한 이의 제기

③ 대규모 납세자의 세무조사 기간 연장 · 범위 확대

④ 장부 등의 일시 보관 기간 연장

⑤ 그 밖에 납세자의 권리보호를 위하여 납세자보호담당관이 심의가
   필요하다고 인정하는 안건(고충 민원 등)

(2) 국세청 납세자보호위원회

지방청 · 세무서 납세자보호위원회의 심의를 거친 결정 (위 ① ~ ③ 항목) 에 이의가 있는 경우에는 결정 통지를 받은 날부터 7일 이내에 국세청장(국세청 납세자보호위원회)에게 재심을 요청할 수 있습니다.

83

조세불복

사업을 하다 보면 세금과 관련하여 부당한 처분을 받거나 필요한 처분을 받지 못하여 억울하다고 생각되는 경우가 있을 수 있습니다.

이런 경우에는 다음과 같은 제도를 이용하여 조세불복을 청구함으로써 권리침해를 방지하거나 침해된 권리를 구제받을 수 있습니다.

조세불복 제도는 사전 구제 제도와 사후 구제 제도가 있습니다.

1) 조세불복 제도 종류

(1) 세금이 고지되기 전

- 세무서 또는 지방국세청에 제기하는 '과세전적부심사'

(2) 세금이 고지된 후

- 세무서 또는 지방국세청에 제기하는 '이의신청'

- 국세청에 제기하는 '심사청구'

- 조세심판원에 제기하는 '심판청구'

- 감사원에 제기하는 '감사원 심사청구'

(3) 소송(조세불복 후)

- 행정소송법에 의하여 법원에 제기하는 '행정소송'

2) 과세전적부심사제도

'과세전적부심사제도'는 세무조사를 실시하고 그 조사결과를 납세자에게 통지하거나, 업무감사 및 과세자료에 의하여 고지처분 하는 경우에 과세할 내용을 미리 납세자에게 알려 준 다음 납세자가 그 내용에 대하여 이의가 있을 때 과세예고의 적법 여부에 대한 심사를 청구하는 제도입니다.

'과세전적부심사'를 청구하려면 세무조사결과통지서 또는 과세예고통지서를 받은 날로부터 30일 이내에 통지서를 보낸 해당 세무서장·지방국세청장에게 청구서를 제출하여야 합니다.

그러면 세무서장 등은 이를 심사하여 30일 이내에 국세심사위원회의 심의를 거쳐 결정을 한 후 납세자에게 그 결과를 통지합니다.

3) 이의신청

납세자는 과세전적부심사로 구제를 받지 못한 경우 관할 세무서장이나 지방국세청에게 이의신청을 할 수 있습니다.

이의신청은 임의단계로 과세전적부심사를 하지 않고 바로 이의신청을 할 수 있습니다. 또한 과세전적부심사와 이의신청 없이 바로 심사청구나 심판청구를 할 수 있습니다.

다만, 이의신청을 한 경우에는 심사 또는 심판청구를 거쳐야 행정소송을 제기할 수 있습니다.

세금이 고지된 이후 이의신청을 하려면 반드시 고지서 등을 받은 날 또는 세금부과 사실을 안 날로부터 90일 이내에 관련 서류를 제출해야 합니다.

만약 이 기간을 지나서 서류를 제출하면 아무리 청구이유가 타당하더라도 '각하'결정을 하므로 청구기간은 반드시 지켜야 합니다.

4) 심사청구 또는 심판청구

납세자는 심사청구와 심판청구 중 하나를 선택하여 청구할 수 있습니다. 심사청구는 국세청 심사청구가 있고, 감사원 심사청구가 있습니다. 심판청구는 조세심판원에 청구하는 것입니다.

납세자는 심사청구나 심판청구를 중복적으로 할 수 없고, 하나의 절차만 선택해서 청구할 수 있습니다. 심사청구가 기각되는 경우 이를 심판청구할 수 없고, 심판청구에서 기각 처분을 받은 것을 심사청구할 수 없습니다.

납세자는 과세전적부심사 또는 이의신청을 거쳐 심사청구나 심판청구를 할 수 있고, 과세전적부심사 또는 이의신청 없이 바로 심사청구나 심판청구를 할 수 있습니다. 과세전적부심사와 이의신청은 임의적 단계이기 때문입니다.

(1) 국세청 심사청구

납세자는 해당 처분이 있음을 안 날(처분의 통지를 받은 때에는 그 받은 날)부터 90일 이내에 국세청장을 대상으로 심사청구를 할 수 있습니다. 해당 심사청구에 대해 국세청장은 90일 이내에 결정해야 합니다.

(2) 감사원 심사청구

납세자는 해당 처분이 있음을 안 날(처분의 통지를 받은 때에는 그 받은 날)부터 90일 이내에 감사원장을 대상으로 심사청구를 할 수 있습니다. 해당 심사청구에 대해 감사원장은 3개월 이내에 결정해야 합니다.

(3) 조세심판원 심판청구

납세자는 해당 처분이 있음을 안 날(처분의 통지를 받은 때에는 그 받은 날)부터 90일 이내에 조세심판원장으로 대상으로 심판청구를 할 수 있습니다. 해당 심판청구에 대해 조세심판원장은 90일 이내에 결정해야 합니다.

5) 행정소송

납세자가 심사청구나 심판청구에서 구제를 받지 못한 경우 마지막 단계로 행정법원에 행정소송을 제기할 수 있습니다.

행정소송을 제기하려면 반드시 심사청구나 심판청구를 거쳐야 하는데, 이를 '행정심판전치주의'라고 합니다. 이는 먼저 심사청구나 심판청구를 통해 구제를 받고, 그 외에 구제받지 못한 것을 소송을 통해 구제받을 수 있도록 하여 법원에 부담을 줄이기 위함입니다.

행정소송은 심사청구나 심판청구에서 결정통지를 받은 날로부터 90일 이내에 행정소송을 제기해야 하며, 이 기간이 경과한 경우에는 행정소송을 제기할 수 없습니다.

84

정보공개제도

정부는 국민의 알권리 보장을 위해 공공기관 정보공개의 범위를 확대와 정보에 대한 접근을 용이하게 하는 등 정보공개제도의 투명성과 실효성을 강화하고 있습니다.

이런 흐름을 반영하듯 일선 세무서에 접수되는 정보공개청구 건수도 크게 증가하고 있습니다.

1) 정보공개제도란

"정보공개제도"란 공공기관이 직무상 작성 또는 취득하여 관리하고 있는 정보를 수요자인 국민의 청구에 의하여 열람·사본·복제 등의 형태로 청구인에게 공개 하거나, 공공기관이 자발적으로 또는 법령 등의 규정에 의하여 보유하고 있는 정보를 배포 또는 공표 등의 형태로 제공하는 제도를 말합니다.

2) 정보공개 청구권자

(1) 재정과정은 모든 국민

모든 국민은 청구인 본인 또는 그 대리인을 통하여 공공기관에 정보공개를 청구할 권리 있음

(2) 법인·단체

법인과 단체의 경우는 대표자의 명의로 공공기관에 정보공개를 청구할 권리 있음

(3) 외국인

청구권이 인정되는 외국인의 범위는 다음과 같음
- 국내에 일정한 주소를 두고 거주하는 자
- 학술·연구를 위하여 일시적으로 체류하는 자
- 국내에 사무소를 두고 있는 법인 또는 단체

3) 정보공개 청구방법

청구인은 청구하고자 하는 정보를 보유·관리하고 있는 공공기관에 「정보공개청구서」에 청구인의 이름, 주민등록번호 및 주소, 청구하는 정보의 내용, 정보형태, 공개방법 등을 기재하여 제출합니다.

정보공개청구서는 공공기관에 「직접출석」하여 제출하거나 「우편·모사전송」 또는 「정보통신망 https://www.open.go.kr」에 의하여 제출할 수 있습니다.

2인이상 다수인이 공동으로 정보공개를 청구하는 때에는 '1인'의 대표자를 선정하여 청구하여야 합니다.

4) 정보공개에서 제외되는 경우

본인의 소득내역 등의 과세정보 및 공동사업자와의 사업관련 서류 등은 공개되는 게 원칙입니다.

다만, 공개 청구된 정보가 법률 규정에 의한 비공개대상 정보에 해당하는 경우에는 비공개되는 것이므로 공개청구를 요청한다 해서 무조건 열람할 수 있는 것은 아닙니다. 세무서에 접수되는 정보공개청구 중 비공개 대상이 되는 청구를 몇 가지 예를 들면 다음과 같습니다.

① 채권자가 소송제기 목적으로 채무자 거래처의 주소 및 주민등록번호 등 인적사항과 그 거래처의 폐업여부에 대하여 청구하는 경우

② 채권자가 법원의 보정명령을 근거로 채무자의 인적사항에 대하여 청구하는 경우

③ 상거래 채권자가 채무자의 임차보증금을 압류할 목적으로 임대차 계약서를 청구하는 경우 등으로 공개될 경우 개인 사생활의 비밀과 자유를 침해할 우려가 있다고 인정되는 과세 정보가 포함된 경우

「국세기본법」 제81조의13(비밀유지)에서는 납세자의 과세정보는 타인

에게 제공할 수 없도록 엄격하게 제한하고 있으며, 이는 납세자의 가족이나 종업원, 이해관계인의 경우도 예외를 두지 않습니다.

다만, 동법 단서 규정에 따라 예외적으로 과세정보를 제공할 수 있는 '법원의 제출명령'이 있는데, 이는 과세관청에 대한 제출명령을 말하는 것으로 이 또한 소송당사자에 대한 보정명령이나 사실조회서 등은 해당되지 않습니다.

　정셈의 창업·스타트업을 위한 세무관리

85

국선(세무)대리인 제도

세금을 부과받으면 대부분의 납세자들은 억울하다고 생각합니다. 납세자는 불복을 할지 결정을 해야 하는데, 세무대리인을 통해서 불복을 하려면 수임료를 부담해야 합니다.

만일 경제적 사정으로 불복대리인을 선임할 수 없는 경우 납세자 스스로 불복해야 하는데, 도움을 받을 방법이 없을까요? 이 경우 국선(세무)대리인 제도를 이용할 수 있습니다.

1) 국선세무대리인 제도란?

청구세액 5천만 원 이하의 과세전적부심사·이의신청·심사청구를 제기하는 영세납세자에게 불복대리인을 무료로 지원하는 제도입니다.

2) 지원대상

세무대리인 없이 국선세무대리인 제도를 통해 청구세액 5천만 원 이하

의 과세전적부심사, 이의신청, 심사청구를 제기하려는 경우 다음과 같은
요건을 충족해야 합니다.

(1) 개인

종합소득금액이 5천만 원 이하이고, 소유재산가액이 5억 원 이하인 경우로 한정

(2) 법인

수입금액이 3억 원 이하이고, 자산가액이 5억 원 이하인 경우로 한정.

다만, 세금 중에 상속세·증여세·종합부동산세는 제외합니다.

3) 국선세무대리인은 누구?

국선세무대리인은 지식기부에 참여한 관련경력 3년 이상의 조세전문가인 세무사·공인회계사·변호사를 말하며 관련 직능단체의 추천·공모를 통해 국세청장이 위촉합니다.

국선세무대리인은 영세납세자를 위하여 무료로 불복청구서 작성·보완 법령검토·자문, 증거서류 보완 등 불복청구 대리업무를 수행합니다.

4) 국선세무대리인은 어떻게 지원받나요?

(1) 불복청구 전에 지원받는 경우

영세납세자가 불복청구를 하려는 세무관서에 국선세무대리인 선정을

　　　　정셈의 창업·스타트업을 위한 세무관리

신청하면, 지원대상 여부를 확인하여 국선세무대리인을 지원합니다.

(2) 불복청구 후에 지원받는 경우

영세납세자가 불복대리인 선임 없이 불복청구를 세무하면 세무관서에서 국선세무대리인 지원대상 여부를 확인하여 안내해 드리니, 납세자는 안내에 따라 국선세무대리인 선정을 신청 하시면 됩니다.

5) 국선세무대리인을 선택하여 신청하려는 경우

각 지방국세청 홈페이지에 게시된 국선대리인 명단에서 선정을 희망하는 국선대리인 1명을 선택한 뒤, 별도의 서식(국선대리인 선택제 이용 신청서)을 작성하여 국선대리인 선정 신청서와 함께 제출하시면 됩니다.

※ 다만, 선택한 국선대리인에게 부득이한 사유가 있는 경우 다른 국선대리인이 선정될 수 있습니다.

6) 전심에서 국선세무대리인을 지원받은 경우

전심(과세전적부심사청구, 이의신청 등) 사건에 국선세무대리인을 지원받은 후, 상급심 사건에서 다시 국선세무대리인 선정을 신청하면 전심에서 선정한 국선세무대리인을 연계하여 지원합니다.

※ 다만, 전심 국선세무대리인에게 부득이한 사유가 있는 경우 다른 국선세무대리인이 선정될 수 있습니다.

사업에 원가관리회계 활용

회계에는 재무제표를 작성하기 위한 재무회계가 있고, 정확한 세금 계산을 위한 세무회계가 있습니다. 그리고 원가관리회계가 있는데, 회사의 제품이나 서비스의 원가계산과 회사 경영의 의사결정을 위한 회계입니다.

회사를 경영하는 데 의사결정을 해야 합니다. 선택지에서 회사에 가장 큰 이익을 부여하는 선택을 해야 합니다.

예를 들어 A, B, C 대안이 있는데 어느 대안이 이익을 가장 크게 주는지 또는 제품 A, B, C가 있는데 어떤 제품이 이익이 가장 큰지 선택을 하려면 각 대안이나 제품에 대한 회계정보가 있어야 비교가능합니다. 이를 위한 도구가 원가관리회계입니다.

사업이 적자인데 사업을 폐지하는 것이 유리한지 적자이어도 유지하는 것이 유리한지 선택을 해야 합니다. 보통 적자이면 사업을 폐지하는 쪽을 선택하겠지만, 오히려 더 큰 손실을 입는 선택이 될 수 있습니다.

원가관리회계는 합리적인 선택을 하는 데 유용한 정보를 제공합니다.

86

회계의 종류

보통 회계를 생각하면 장부 작성을 하여 재무제표를 만드는 것을 생각합니다. 맞습니다. 그러나 이는 재무회계 역할에 관한 것입니다.

회계는 크게 재무회계, 원가관리회계, 세무회계로 구분합니다. 원가관리회계는 원가회계와 관리회계를 합친 것입니다.

1) 재무회계

재무회계는 기업의 재무정보를 다양한 이해관계자에게 전달하기 위해 재무제표 작성을 목적으로 하는 회계를 말합니다. 흔히 회계라고 하면 재무회계를 말합니다. 기업의 이해관계자는 주주, 채권자, 경영진, 정부, 임직원 등이 해당합니다. 이들 이해관계자에게 공통적인 회계정보인 기업의 재무제표를 작성하여 제공하는 것이 목적입니다.

재무제표는 재무상태표(대차대조표), 포괄손익계산서, 현금흐름표, 자본변동표로 구성되어 있습니다.

① 재무상태표: 일정시점에서 자산·자본·부채 등 기업의 재무상태가 어떠한지 나타내는 표입니다.
② 포괄손익계산서: 일징기간 동안 기입 활동 과정에서 발생한 비용과 수익들을 기록해 두는 표입니다.
③ 현금흐름표: 일정 기간 동안 기업의 경영 활동으로 인해 발생한 현금흐름 상황을 나타내는 표입니다. 여기서 현금이란 실제 기업이 보유하고 있는 화폐뿐만 아니라 기업이 필요로 할 때 쉽게 현금화할 수 있는 예금 및 만기 3개월 이내의 채권 등도 포함합니다.
④ 자본변동표: 자본의 크기와 그 변동에 관한 정보를 제공하는 재무제표로, 주주들의 최대 관심사인 자본의 변동내역에 대한 정보를 제공해 투자자들의 욕구를 충족시켜 주기 위한 표입니다.

재무제표는 회사의 따라 사업연도 종료일에 작성되기도 하고, 반기별로 또는 분기별로 작성하기도 합니다. 회사 경영상 필요에 따라 매달 작성하기도 합니다.

2) 원가관리회계

원가관리회계는 경영자의 일상적인 경영활동을 위한 계획, 의사결정과 통제, 성과평가 및 외부보고용 재무제표를 작성(제품 원가계산)하는데 목적으로 하는 회계를 말합니다.

재무회계는 외부정보이용자를 대상으로 하는데, 원가관리회계는 기업의 내부정보이용자인 경영진 등에게 회계정보 제공을 목적으로 합니다. 재무회계는 외부보고 목적이고, 원가관리회계는 내부보고가 목적입니다.

기업의 경영진 등은 기업의 활동과 관련된 계획, 통제 및 평가 과정에서 의사결정을 해야 합니다. 의사결정을 하는 데 있어서 필요한 회계정보를 원가관리회계를 통해 제공합니다.

원가회계는 여러 재무정보 중 원가정보를 측정하여 재무회계와 관리회계에 필요한 정보를 제공합니다. 이 정보를 바탕으로 관리회계는 기업의 경영자들이 경영과 관련한 계획, 통제, 성과평가 등을 하는 데 필요한 정보를 제공합니다.

3) 세무회계

헌법 제38조에 국민에게 납세의무를, 헌법 제59조는 조세법률주의를 명시하고 있습니다. 정부는 국가재정을 조달하기 위해 세금을 걷습니다. 정부가 걷는 세금은 법률에 따라 걷을 수 있고, 국민이나 기업이 세금을 연체하면, 법률에 따라 세금을 징수합니다.

세무회계는 과세소득의 계산을 목적으로 하는 회계를 말합니다. 기업은 회사 특성에 따라 기업마다 기업회계기준(재무회계)이 허용하는 범위 내에서 회계정책을 정할 수가 있어서, 같은 규모의 회사라도 이익이 차이가 있을 수 있습니다. 이러한 기업 특성을 고려하여 과세소득을 계산한다면, 기업은 최대한 세부담이 적은 회계기준을 이용하여 할 것입니다.

세무회계는 기업이 기업회계기준에 따라서 측정된 회계상 이익을, 세법의 규정에 따라 과세소득으로 측정하는 과정을 말합니다. 세무회계로 재무회계처럼 과세소득을 직접 계산하지 않고, 세무회게와 재무회계의 차이는 조정하는 방식으로 과세소득을 계산합니다. 이를 세무조정이라고 합니다. 이렇게 하는 이유는 기업의 부담을 덜어주기 위함입니다. 세무회게도 재무회계처럼 장부를 작성하여 과세소득을 계산해야 한다면 기업에 비용부담이 크기 때문입니다.

세무회계는 세법 규정에 따라 과세소득과 세액을 공평하고 정확하게 산출하여 납부할 세금을 계산합니다. 납세자는 이렇게 계산된 근거로 신고서와 각종 서식 및 자료를 첨부하여 과세관청에 제출하고 세금을 납부합니다.

회사 규모에 따라 회계의 중요성이 다릅니다. 규모가 작을수록 회계 역할이 세금 신고로 제한됩니다.

87

외상매출이 많을수록 세금은 번 돈이 아닌 회사 돈으로 낼 수 있다

회사가 기업을 상대(B2B)로 하는 업종은 외상매출금 관리가 중요합니다. 소매업 등 최종소비자를 대상으로 하는 업종의 경우 카드결제, 특히 전자결제 수단이 발달한 현재는 거의 대부분이 카드 등으로 결제로 이루어지기 때문에 외상매출금이 발생하지 않습니다.

그러나 기업고객 비율이 높을수록 매출에서 외상매출금이 많을 수밖에 없습니다. 회사의 손익계산서에는 매출로 계상을 하고, 재무상태표에 동 금액은 자산의 외상매출금(또는 미수금)으로 계상을 합니다.

회사는 매출원가와 판관비 등 비용을 지출합니다. 매출로 현금이 유입되고, 운영비 등으로 현금이 유출하는데, 유동성 관리가 특히 중요합니다. 현금이 부족하면 유동성 위기로 회사가 부도날 수 있습니다.

세금은 금전으로 납부하는 것이 원칙입니다. 회사가 외상매출이 많아

현금이 부족한 상황에서 세금 납부로 고생할 수 있습니다.

1) 부가가치세

법인은 1년에 부가가치세를 상반기에 예정·확정신고, 하반기에 예정·확정신고 해서 총4번을 신고납부 합니다. 개인사업자는 상반기 신고와 하반기 신고해서 총2번 신고를 합니다.

예를 들어 부가가치세를 포함한 1.1억 원을 외상판매 하였는데 부가가치세를 포함한 거래대금을 못 받았어도 부가가치세 신고납부는 해야 합니다. 외상판매분에 대한 부가가치세 1천만 원을 회사가 부담해야 한다는 것입니다.

2) 법인세 또는 소득세

외상판매에 의한 매출은 회계상 매출에 해당하고, 세법에서도 매출에 해당합니다. 과세소득에 해당하여 법인세나 소득세를 부담해야 합니다.

예를 들어 회사의 과세표준이 2억 원이면 납부해야 하는 법인세는 1.8천만 원입니다. 과세표준의 50%가 외상판매분인 경우 납부할 법인세 중 9백만 원은 회사가 거래대금을 못 받았어도 납부해야 합니다.

외상판매가 많을수록 납부할 세금도 증가하여 회사가 현금부족으로 힘들 수도 있습니다. 외상매출은 현금을 회수를 하기까지 시차가 발생하기 때문입니다. 해당 외상매출이 거래처의 파산 등으로 회수불능이면 피해가 크기 때문에 주의가 필요합니다.

88

손실인데 이익이라 세금을 내야 한다고요?

회사가 사업과 관련하여 지출한 것은 비용에 해당합니다. 그런데 당해 연도에 사업과 관련하여 지출한 비용이 전부 당기 비용으로 처리되는 것은 아닙니다.

일반적으로 지출한 비용은 그 연도에 당기비용에 해당하지만 감가상각자산에 지출한 것은 당해연도에 전액 비용 처리하지 않고, 연도로 안분하여 비용처리를 하기 때문입니다.

1) 감가상각자산의 비용처리 방법

사업자가 생각하는 이익과 회계상 이익이 다를 수 있습니다. 사업자는 비용을 지출하면 당기 비용이라고 생각할 수 있습니다. 그러나 건물·기계설비·비품 같은 감가상각자산은 취득한 연도에 전액 비용으로 처리되는 것이 아니라 내용연수에 따라 비용처리가 됩니다. 토지·건물·기계설비·비품 같은 자산을 사업용 고정자산이라고 합니다. 사업용 고정자

산(토지 제외)

2) 사례1-지출한 비용에서 감가상각자산이 큰 경우

예를 들어 매출 1억 원에 비용이 8천만 원인데, 비용 중에 비품이 5천만 원이고 내용연수가 5년이라면 비품의 감가상각비는 1천만 원(= 50,000,000원 ÷ 5년)입니다. 이익은 다음과 같이 차이가 납니다.

구분		사업자가 생각하는 이익	회계상 이익
매출		100,000,000	100,000,000
비용		80,000,000	40,000,000
이익		20,000,000	60,000,000
세금	법인세	1,800,000	5,400,000
	종합소득세	1,740,000	8,640,000

사업자는 비용으로 총 8,000만 원을 지출했고, 지출한 비용 전체가 당연히 비용이라고 생각합니다. 그러나 비용 중 비품 5,000만 원은 감가상각대상 구입비용으로 내용연수 5년 동안 매년 1,000만 원만 비용처리 됩니다. 즉, 올해 1천만 원이 감가상각비로 비용처리 되고, 나머지 4천만 원은 다음 연도로 이월되는데 내년에도 1천만 원만 감가상각비로 비용처리가 되는 것입니다. 비용 3천만 원과 감가상각비 1천만 원 해서 총 비용은 8천만 원이 아니라 4천만 원인 것입니다. 그래서 사업주가 생각하는 이익과 차이가 나는 것이고, 이는 실제 내야 되는 세금에도 차이가 나는 것입니다.

　정셈의 창업 · 스타트업을 위한 세무관리

3) 사례2-영업손실인데 감가상각자산 때문에 영업이익인 경우

예를 들어 매출 1억 원에 비용이 1.2억 원인데, 비용 중에 비품이 8천만 원이고 내용연수가 5년이라면 비품의 감가상각비는 1.6천만 원(= 80,000,000원 ÷ 5년)입니다. 이익 또는 손실이 다음과 같이 차이가 납니다.

구분		사업자가 생각하는 손실	회계상 이익
매출		100,000,000	100,000,000
비용		120,000,000	56,000,000
이익(또는 손실)		-20,000,000	44,000,000
세금	법인세	**0**	**3,960,000**
	종합소득세	**0**	**5,340,000**

사업자는 수입보다 지출이 커서 손실이라고 생각할 수 있습니다. 그러나 지출 내역 중에 감가상각자산은 내용연수에 따라 감가상각을 하여 비용에 반영하기 때문에, 비용 40,000,000원과 감가상각비 16,000,000원을 합산한 56,000,000원이 비용에 해당합니다. 당해연도는 손실이 아니라 오히려 이익이고, 법인세나 소득세를 납부해야 합니다.

사업을 준비할 때 인테리어 공사, 설비구입, 비품 구입 비용 등을 지출합니다. 사업을 영위하고 있을 때 설비를 교체하거나 새로 구입하는 경우도 있고, 인테리어를 새로 하는 경우도 있습니다. 이때 지출한 비용은 지출한 연도에 전액 비용으로 처리되는 것이 아니라, 감가상각을 통해 비용처리가 되는 것입니다.

사업용 고정자산을 취득할 때 주의해야 합니다. 사업자는 실제 현금을 지출한 금액으로 비용을 생각할 수 있습니다. 현금흐름에 따른 이익(또는 손실)과 회계에 따른 이익(손실)은 다릅니다.

89

자동화기기를 도입하는 것이 이익일까?

요즘 코로나 팬데믹으로 비대면 거래가 폭발적으로 증가했습니다. 식당이나 카페 같은 음식점의 경우 키오스크 도입이 적극적으로 도입하고 있습니다. 기업들은 자동화 설비, 최신 전산시스템 등을 도입할지 고민합니다. 인건비를 가능하면 절감하고 싶어 하기 때문입니다.

1) 자동화기기를 도입한 경우 비용처리는?

기업이 자동화기기를 도입한다면 설비 구입 후에 평균 매출이나 이익이 예상한 금액 이상이어야 합니다. 자동화기기는 감가상각자산으로 내용연수에 걸쳐 감가상각비로 비용에 반영합니다.

2) 자동화기기와 노동자의 생산성 비교

기업이 노동자 대신 자동화기기를 도입하는 것을 고려 중이다면 생산성을 비교하여 도입 여부를 판단할 수 있습니다.

노동자 1명이 1년에 제품을 생산할 수 있는 물량과 자동화기기를 도입했을 때 1년에 제품을 생산할 수 있는 물량을 비교합니다. 노동자의 인건비와 자동화기기의 감가상각비 대비 생산량을 비교하여 생산성의 차이를 알 수 있습니다.

생산성 = 노동자(자동화기기) 생산량 ÷ 인건비(감가상각비)

예를 들어 노동자의 1년 연봉이 1억 원이고 자동화기기의 감가상각비가 5억 원입니다. 노동자의 연간 생산량이 5만 개이면, 최소한 자동화기기의 연간 생산량은 25만 개 이상은 되어야 합니다.

정셈의 창업·스타트업을 위한 세무관리

90

본전을 얻으려면 얼마를 벌어야 할까?

회사의 수익과 비용이 일치하는 손익분기점은 얼마일까요? 이번 달에 제품 몇 개를 판매해야 될까요? 영업이익 1억 원을 얻기 위한 판매량은 몇 개일까요? 가격을 5% 인상하면 영업이익은 얼마나 증가할까요?

1) 원가-조업도-이익(CVP)분석

관리회계는 회사가 의사결정을 하는 데 필요한 정보를 제공하고, 계획을 세우는 데 도움을 제공합니다. 대표적인 것이 원가-조업도-이익(CVP)분석입니다. CVP분석을 하여 회사가 계획을 수립하거나 가격을 결정, 판매전략 수립 등을 하는 데 활용할 수 있습니다.

2) 비용을 변동비와 고정비로 구분할 수 있다

비용을 변동비와 고정비로 구분할 수 있습니다. 변동비는 제품을 한 단위 생산을 할 때마다 추가로 발생이 되는 원가입니다. 반면에 고정비는 제품 생산량과 관계없이 일정하게 발생합니다. 대표적인 고정비가 임차료(월세)입니다. 임차료는 제품 생산과 관계없이 매달 일정하게 발생하는 고정비입니다.

3) 공헌이익이란?

용어 중에 '공헌이익(contribution margin)'이 있습니다. 매출액에서 변동비를 차감한 금액을 말합니다. 공헌이익이 증가할수록 고정비를 먼저 회수하고 점차 이익의 증가로 이어집니다. 공헌이익을 활용한 방법은 다음과 같습니다.

① 공헌이익 = 매출액 - 변동비
　　　　　 = (단위당 판매가격 - 단위당 변동비) × 판매량
　　　　　 = 고정비 + 이익

② 공헌이익을 제품 한 단위 공헌이익으로 계산하면
　　단위당 공헌이익 = 단위당 판매가격 - 단위당 변동비

③ 공헌이익률 = 공헌이익 ÷ 매출액
　　　　　　 = 단위당 공헌이익 ÷ 단위당 판매가격

④ 손익분기점 판매량 = 고정비 ÷ 단위당 공헌이익

⑤ 목표이익 달성을 위한 판매량
　　= (목표이익 + 고정비) ÷ 단위당 공헌이익

⑥ 목표이익 달성을 위한 매출액

= (목표이익 + 고정비) ÷ 공헌이익률

4) 사례

회사는 신제품을 총 1만 개를 생산하여 1만 원에 판매할 계획입니다.
단위당 변동비는 6,000원이고, 고정비는 총 3,000만 원입니다.

① 회사의 공헌이익은?

공헌이익 : (10,000원 - 6,000원) × 10,000개 = 40,000,000원입니다.

② 손익분기점 판매량과 매출액은?

손익분기점 판매량 : 30,000,000원 ÷ (10,000원 - 6,000원) = 7,500
개입니다.

손익분기점 매출액 : 30,000,000원 ÷ (4,000원 ÷ 10,000원)

= 75,000,000원

7,500개 × 10,000원 - 7,500개 × 6,000원 - 30,000,000원 = 0원입니다.

③ 회사가 이익을 1억 원으로 계획한 경우 총 몇 개를 생산하여 판매해
야 될까요? 그리고 매출액은 얼마일까요?

목표이익 달성을 위한 판매량

= (목표이익 + 고정비) ÷ 단위당 공헌이익

= (100,000,000원 + 30,000,000원) ÷ 4,000원 = 32,500개

목표이익 달성을 위한 매출액

= (100,000,000원 + 30,000,000원) ÷ (4,000원 ÷ 10,000원)

= 325,000,000원

정셈의 창업 · 스타트업을 위한 세무관리

91

특별주문 요청을 받았는데,
수락하는 게 무조건 이익일까?

A회사는 부품을 생산하여 판매하는 제조업체입니다. 어느 날 갑회사로부터 제품을 개당 20만 원에 2,000개를 구매하고 싶다는 제안을 받았습니다. 이 제안은 판매할 때 변동비가 발생하지 않고, 고정비 2천만 원이 발생합니다.

A회사 대표는 그 제안을 바로 수락하고 싶습니다. 매출 4억 원에 해당하는 제안이기 때문입니다.

현재 A회사는 제품을 개당 25만 원에 판매하고 있고, 제품의 변동비는 제조할 때 개당 18만 원, 판매할 때 개당 2만 원이 발생합니다. 고정비는 1.5억 원입니다.

이 제안을 수락하는 것이 회사의 이익일까요?

1) 현 상황의 이익과 특별주문의 이익

구분		현재 상태	특별주문
매출액		7,000 × 250,000 = 1,750,000,000	2,000 × 200,000 = 400,000,000
변동비	제조	7,000 × 180,000 = 1,260,000,000	2,000 × 180,000 = 360,000,000
	판매	7,000 × 20,000 = 140,000,000	
공헌이익		350,000,000	40,000,000
고정비		150,000,000	20,000,000
영업이익		200,000,000	20,000,000

특별주문을 수락하면 매출이 4억 원 발생하고, 비용은 변동비 3.6억 원, 고정비 2천만 원이 발생하여 총 비용 3.8억 원이 발생합니다. 영업이익은 2천만 원입니다. 이 특별주문 수락으로 영업이익 2천만 원을 얻을 수 있습니다.

2) 특별주문 수락이 이익에 미치는 영향

만일 회사의 여유 생산력이 1,000개여서 특별주문을 수락하려면, 현행 생산을 1,000개 감소시켜야만 특별주문량 2,000개를 생산할 수 있습니다. 이 특별주문을 수락하면 회사이익이 어떻게 될까요?

　정셈의 창업 · 스타트업을 위한 세무관리

구분		현 주문	특별주문
매출액		6,000 × 250,000 = 1,500,000,000	2,000 × 200,000 = 400,00,000
변동비	제조	6,000 × 180,000 = 1,080,000,000	2,000 × 180,000 = 360,000,000
	판매	6,000 × 20,000 = 120,000,000	
공헌이익		300,000,000	40,000,000
고정비		150,000,000	20,000,000
영업이익		150,000,000	20,000,000

현재 상태 생산판매에서 1,000개 감소에 따른 이익이 5,000만 원이 감소했습니다. 특별주문 수락으로 이익이 2천만 원이 증가했습니다. 통산하면 이익이 오히려 3,000만 원 손해를 봅니다.

여유 생산능력이 있는 상태에서는 특별주문이 현상태에 영향을 미치지 않습니다. 그러나 여유 생산능력이 부족한 상태에서는 특별주문 수락이 현상태에 영향을 미치게 됩니다.

이를 수익·비용에 영향을 미치는 것만 고려해서 판단을 하면 다음과 같습니다

3) 증분손익 분석 : 여유 생산능력이 있는 경우

중분수익	공헌이익: 2,000개 × 20,000(=200,000-180,000) = 40,000,000
증분비용	고정비: 20,000,000
증분이익	증분수익 - 증분비용 = 40,000,000 - 20,000,000 = 20,000,000

4) 증분손익 분석 : 여유 생산능력이 부족한 경우

중분수익	공헌이익: 2,000개 × 20,000(=200,000-180,000) = 40,000,000
증분비용	공헌이익: 1,000개 × 50,000(=250,000-180,000-20,000) 　　　　　= 50,000,000 고정비: 20,000,000
증분이익	증분수익 - 증분비용 = 40,000,000 - 70,000,000 = 30,000,000

추가적인 고려사항으로는 낮은 가격으로 공급하는 것을 다른 고객들이 알게 되면 회사의 평판에 좋지 않은 영향을 미칠 수가 있고, 고객의 신뢰·충청도가 떨어질 수 있습니다.

92

자가제조 또는 외부구입 여부의 의사결정

회사는 필요한 부품을 업체에서 공급받거나 자체적으로 제작합니다. 부품뿐만 아니라 용역도 내부 인력으로 충원하거나 업체에서 용역을 제공받기도 합니다.

경영지원서비스, 외부인력파견, 제조 위탁 등 아웃소싱이 다양합니다. 회사는 부품의 안정적인 공급과 생산성과 효율성 및 품질유지 등을 고려하여 자가제조할 것인가 아니면 외부에서 구입할 것인가를 고민합니다.

회사는 관리회계를 이용하여 자가제조할 경우와 외부구입할 경우의 차이가 나는 수익·비용·이익을 비교하면 의사결정을 하는 데 유용한 정보를 얻을 수 있습니다.

1) 자가제조와 외부구입 비교

구분	자가제조할 경우	외부구입할 경우
증분수익	외부구입에 따른 원가 감소	자가제조에 따른 원가 감소 유휴생산능력을 대체적 용도를 통한 이익
증분비용	자가세소에 따른 원가 증가 유휴생산능력을 대체적 용도를 통한 이익 상실분	외부구입에 따른 원가 증가
증분이익	이익 또는 손실	이익 또는 손실

현재(외부구입) 기존 유휴생산능력을 임대하고 있거나 다른 부품이나 제품을 생산하는 데 이용하고 있는데, 이 유휴생산능력을 이용하여 부품을 자가제조하면 임대료나 다른 부품이나 제품을 생산하여 얻을 수 있는 이익을 포기(기회비용)해야 하므로 의사결정을 할 때 이를 반영하여야 합니다.

2) 회계(또는 재무적)적 요소 외에 고려해야 할 사항

회계(또는 재무적)적 요소 외에 고려해야 할 사항은 다음과 같습니다.

(1) 자가제조할 경우

① 기존 공급업자와의 유대관계

② 과대투자의 위험성

③ 종업원의 증원으로 인한 추가 노사문제

　　　　　정셈의 창업 · 스타트업을 위한 세무관리

(2) 외부구입할 경우

① 신규 공급업자의 안정적인 공급능력과 품질수준

② 종업원의 감원에 따른 노동조합의 반발가능성

③ 기존 설비의 대체적 이용가능성 여부

3) 사례

회사는 그동안 제품을 생산하는 데 필요한 부품A를 자가제조해 왔습니다. 부품A 10,000개를 제조하는 데 개당 변동비가 20,000원, 고정비가 총 80,000,000원이 발생합니다. 최근 부품A를 개당 2,300원에 공급하겠다는 제안을 받았습니다. 부품A를 외부에서 구입한다면 고정비 중 30,000,000원은 절감이 가능합니다.

(1) 부품A를 외부에서 구입하는 경우 이익인지 여부

증분수익	변동비 감소: 10,000개 × 20,000원 = 200,000,000원 고정비 감소: 30,000,000원
증분비용	부품 구입비 증가: 10,000개 × 25,000원 = 250,000,000원
증분손익	230,000,000원 - 250,000,000원 = -20,000,000원

부품A를 외부에서 구입하는 경우 -2,000만 원의 손실이 발생하므로, 부품A를 자가제조 하는 것이 이익입니다.

(2) 부품A를 외부에서 구입 시 기존 생산 설비를 임대하여 40,000,000 원의 임대수익을 얻을 수 있는 경우

증분수익	변동비 감소: 10,000개 × 20,000원 = 200,000,000원 고정비 감소: 30,000,000원 설비임대수익: 40,000,000원
증분비용	부품 구입비 증가: 10,000개 × 25,000원 = 250,000,000원
증분손익	270,000,000원 - 250,000,000원 = 20,000,000원

부품A를 외부에서 구입하는 경우 2,000만 원의 이익이 발생하므로, 부품A를 외부에서 구입하는 것이 이익입니다.

93

제품을 계속 생산할지 중단할지 여부

회사는 1가지 제품만 생산판매를 하는 것이 아니라 여러 종류의 제품을 생산하여 판매합니다. 회사의 서비스 상품도 마찬가지입니다.

현재 생산·판매하고 있는 제품 중에 손실이 계속해서 발생하는 것이 있으면, 이 제품을 계속 생산할지 아니면 중단할지를 결정해야 합니다. 회사는 관리회계를 이용하여 의사결정에 활용할 수 있습니다.

1) 계속 생산하거나 중단할 때 고려할 사항

제품 생산중단으로 감소되는 비용과 감소되는 수익 그리고 고정비 감소 여부를 유의하여야 합니다. 또한 제품 생산 중단에 따른 유휴생산능력이 발생하므로 이에 대한 활용방안이 있다면 이로 인한 이익을 의사결정을 하는 데 반영하여야 합니다.

이 방법은 제품을 생산판매하는 제조업만 해당되는 것이 아니라 다른 업종에도 의사결정을 하는 데 유용한 도움을 받을 수 있습니다.

제품의 생산중단 여부에 대한 의사결정을 할 때는 회계(재무)적 요소 외에 다음의 사항을 고려해야 합니다.
① 기존 제품의 생산중단이 기업의 대외적 이미제에 미치는 영향
② 다른 제품의 판매에 미치는 영향
③ 종업원의 감원에 따른 노동조합의 반발 가능성
④ 유휴생산능력의 활용방안

2) 사례

회사는 제품 A, B, C를 생산하여 판매하고 있습니다. 제품별 매출, 비용, 이익이 다음과 같습니다. 제품B의 계속된 손실로 B제품의 생산 중단을 검토하고 있습니다. 총 고정비는 각 제품의 매출액에 비례하여 배부하고 있으며, 제품B 생산을 중단하여도 발생되는 고정비는 동일합니다.

구분	제품A	제품B	제품C	합계
매출액	300억	200억	500억	1,000억
변동비	120억	150억	150억	420억
공헌이익	180억	50억	350억	580억
고정비	120억	80억	200억	400억
영업이익	60억	-30억	150억	180억

정셈의 창업·스타트업을 위한 세무관리

① 제품B 생산을 중단하는 것이 이익인가요?

증분수익	변동비 감소: 150억
증분비용	매출액 감소: 200억
증분손익	150억 - 200억 = -50억

제품B 생산을 중단하면 50억 원 손실로, 손실 규모가 20억 원이 더 증가합니다. 제품B를 계속 생산하는 것이 이익입니다.

② 제품B 생산을 중단하면 유휴생산설비를 임대하여 40억 원의 설비임대수익을 얻을 수가 있고, 고정비 중에 제품B의 광고비 20억 원이 발생하지 않습니다. 이 경우 제품B 생산을 중단하는 것이 이익인가요?

증분수익	변동비 감소: 150억 광고비 감소: 20억 임대료 증가: 40억
증분비용	매출액 감소: 200억
증분손익	210억 - 200억 = 10억

제품B 생산을 중단하면 10억 원 이익입니다. 제품B 생산을 중단하는 것이 이익입니다.

③ 제품B 생산을 중단하고, 제품A 광고비를 10억 원 추가 지출을 하면, 제품A의 판매량이 15% 증가할 것으로 예상합니다. 제품B 생산을 중단하는 것이 이익인가요?

증분수익	변동비 감소: 150억 제품A 판매 증가: 300억 × 15% = 45억
증분비용	매출액 감소: 200억 제품A 비용 증가: 120억 × 15% = 18억 제품A 광고비 증가: 10억
증분손익	195억 − 228억 = −33억

33억 원 손실로, 손실 규모가 3억 원이 더 증가합니다. 제품B를 계속 생산하는 것이 이익입니다.

94

기업의 제한된 자원의 사용 문제

기업은 원재료, 노동력, 생산설비 등 자원을 투입하여 제품이나 부품을 생산합니다. 서비스 분야도 회사는 인적자원을 활용하여 사업을 영위합니다.

기업이 사용할 수 있는 자원은 한정되어 있습니다. 그래서 기업은 생산하고 있는 제품이나 부품 중에 제한된 자원을 어디에 우선적으로 투입할지 결정하여야 합니다.

1) 회사의 제한된 자원의 사용

회사에 제한된 자원의 사용 또는 제약요인이 존재할 경우 우선 순위에 따라 자원을 투입해야 합니다. 이를 의사결정 또는 최적생산배합의 결정이라고 합니다.

이 방법은 제품 생산에만 활용할 수 있는 것이 아니라, 모든 업종에 서비스 분야에도 활용할 수 있는 방법입니다.

2) 회사의 공헌이익을 극대화

기업의 제한된 자원은 하나일 수도 있고 여러 개일 수도 있습니다. 어느 경우나 기업의 공헌이익을 최대화 할 수 있는 방향으로 의사결정을 하여야 합니다.

기업의 제한된 자원이 하나인 경우는 제약요인으로 1가지가 존재하는 경우입니다. 기업의 공헌이익을 최대화하기 위해서는 제품 단위당 공헌이익이 큰 제품을 우선해야 하는 것이 아닙니다. 제한된 자원 단위당 공헌이익이 큰 제품을 우선적으로 제한된 자원을 투입해야 기업의 공헌이익이 최대화됩니다.

3) 사례

회사는 제품 A와 B를 생산판매하고 있습니다. 각 제품의 판매가격과 원가 정보는 다음과 같습니다.

구분	제품A	제품B
단위당 판매가격	100,000원	150,000원
단위당 직접재료비	30,000원	40,000원
단위당 직접노무비(시간당 10,000원)	20,000원	40,000원
단위당 변동제조간접비	10,000원	20,000원
단위당 변동판매관리비	10,000원	10,000원
연간 수요량	5,000단위	3,000단위

     정셈의 창업 · 스타트업을 위한 세무관리

연간 고정제조간접비와 고정판매관리비는 각각 70,000,000원,
30,000,000원이며, 연간 이용 가능한 노동시간은 20,000시간입니다.

회사의 이익을 최대화하기 위해 제품A와 B의 생산량은 각각 몇 단위인
가요? 이로 인해 연간 달성 가능한 이익은 얼마인가요?

회사의 제약요인은 노동시간입니다. 연간 이용 가능한 노동시간 20,000
시간으로 공헌이익을 최대화할 수 있는 제품 배합으로 의사결정을 해야
합니다.

구분	제품A	제품B
단위당 판매가격	100,000원	150,000원
단위당 변동비	70,000원	110,000원
단위당 공헌이익	30,000원	40,000원
단위당 노동시간	2시간	4시간
노동시간당 공헌이익	15,000원	10,000원
생산 순위	1순위	2순위
생산량	5,000단위	2,500단위
총 공헌이익	150,000,000원	100,000,000원

제품A의 단위당 변동비: 30,000 + 20,000 + 10,000 + 10,000 = 70,000원

제품B의 단위당 변동비: 40,000 + 40,000 + 20,000 + 10,000 = 110,000원

제품A의 단위당 공헌이익: 100,000 - 70,000 = 30,000원

제품B의 단위당 공헌이익: 150,000 - 110,000 = 40,000원

제품 단위당 공헌이익은 제품B가 큽니다. 그러나 제품 단위당 공헌이익으로 제품 생산 배합을 결정하면 안 됩니다. 제약요인이 노동시간이기 때문에 생산에 투입된 노동시간으로 공헌이익을 비교해야 합니다. 제품A의 단위당 노동시간은 2시간이고, 제품B의 단위당 노동시간은 4시간입니다.

제품A의 노동시간당 공헌이익: 30,000원 ÷ 2시간 = 15,000원
제품B의 노동시간당 공헌이익: 40,000원 ÷ 4시간 = 10,000원

제품 단위당 공헌이익을 투입된 노동시간으로 계산하면 제품A의 노동시간당 공헌이익이 15,000원으로, 제품b의 노동시간당 공헌이익이 10,000원보다 크므로, 제품A 생산에 노동시간을 우선적으로 투입하는 것이 이익입니다. 제품A는 5,000단위까지 생산할 수 있으므로, 제품A 생산에 10,000시간(5,000단위×2시간)을 투입하고, 나머지 10,000시간은 제품B 2,500단위(10,000÷4시간) 생산에 투입합니다.

총 공헌이익은 제품 단위당 공헌이익으로 계산하거나 노동시간당 공헌이익으로 계산할 수 있습니다.
5,000단위 × 30,000원 + 2,500단위 × 40,000원 = 250,000,000원
15,000원 × 10,000시간 + 10,000원 × 10,000시간 = 250,000,000원

회사의 자원이 한정적인 상황에서 제품이나 부품을 외부에서 구입할 수 있는 경우 자가 생산의 우선 순위는?

회사의 자원은 한정되어 있습니다. 한정된 자원으로 회사는 이익을 극대화 또는 기업가치를 극대화해야 합니다.

회사가 여러 제품 종류의 제품을 생산하고 있습니다. 자원이 제한적인 상황에서 어떤 제품을 생산하고 어떤 제품을 외부 업체에서 구입할지 결정해야 합니다.

1) 제품 생산 우선순위는 공헌이익 크기 순으로

회사는 제품 생산에 필요한 부품을 자가제조할 수도 있고, 외부에서 조달할 수도 있습니다. 자가제조할 때 회사가 이용할 수 있는 자원이 한정적이고, 자가제조보다는 외부에서 구입하는 것이 비용절감인 경우도 있습니다.

자가제조를 할지 외부에서 구입할지 의사결정을 할 때 비용절감이 큰 것을 우선순위에 두는 것이 아니라, 제한된 자원을 기준으로 비용절감 효과가 큰 것을 우선순위로 생산하는 것이 이익입니다. 즉 공헌이익이 큰 순으로 제품을 생산하는 것이 이익입니다.

2) 사례

회사는 제품을 생산하고 있습니다. 제품 생산에 부품 A, B, C, D가 사용되는데, 자체 생산할 수 있고, 외부에서 구입할 수도 있습니다. 이들 부품을 자체 생산에 설비를 이용할 수 있는 기계시간은 연간 60,000시간입니다. 각 부품과 관련된 정보는 다음과 같습니다.

구분	부품A	부품B	부품C	부품D
단위당 재료비	20,000원	40,000원	40,000원	60,000원
단위당 노무비	10,000원	20,000원	30,000원	40,000원
단위당 제조관접비	10,000원	10,000원	20,000원	25,000원
계(단위당 변동비)	40,000원	70,000원	90,000원	125,000원
연간 소요량	15,000	10,000	30,000	20,000
부품단위당 기계시간	2시간	3시간	1시간	1.5시간
단위당 외부구입가격	80,000원	85,000원	105,000원	110,000원

각 부품 생산순위를 어떻게 결정해야 할까요?

회사의 각 부품별 단위당 변동비와 자체생산할 경우 원감절감액은 다음과 같습니다.

  정셈의 창업 · 스타트업을 위한 세무관리

구분	부품A	부품B	부품C	부품D
단위당 외부구입가역	80,000원	85,000원	105,000원	110,000원
단위당 변동비	40,000원	70,000원	90,000원	125,000원
자체 생산 시 단위당 원가절감액	40,000원	15,000원	15,000원	(15,000원)
부품단위당 기계시간	2시간	3시간	1시간	1.5시간
기계시간당 원가절감액	20,000원	5,000원	15,000원	
생산 순위	1순위	3순위	2순위	외부구입
소요량 생산에 필요한 기계시간	30,000시간	30,000시간	30,000시간	30,000시간

회사가 이용가능한 기계시간은 연간 60,000시간입니다. 제약요인은 기계시간입니다. 각 부품별로 자체생산할 경우 단위당 원가절감액을, 부품별로 소요되는 기계시간으로 계산합니다. 우선수위를 기계시간당 원가절감액이 가장 큰 것을 우선적으로 자체생산 합니다. 기계시간당 원가절감액이 가장 큰 부품A를 1순위로 자체생산합니다. 부품A를 15,000단위 생산하면, 남은 기계시간은 30,000시간입니다. 2순위로 부품C를 자체 생산합니다. 부품B와 부품D는 외부구입을 합니다.

만일 회사는 부품D의 단위당 외부구입가격이 최소한 얼마여야 부품D를 자체생산하는 것이 유리할까요?

→ 회사 입장에서는 부품D를 자체생산할 때 기계시간당 원가절감액이 2순위인 부품C를 자체생산할 때 기계시간당 원가절감액보다 커야 부품D를 자체생산하는 것이 유리합니다.

(외부구입가격-부품D의 단위당 변동비) ÷ 1.5시간 ≥ 부품C를 자체생
산할 때 기계시간당 원가절감액

(외부구입가격-125,000) ÷ 1.5시간 ≥ 15,000원

외부구입가격 ≥ 15,000 × 1.5시간 + 125,000

외부구입가격 ≥ 147,500원

96

기업의 제한된 자원이 여러 개인 경우
(제약요인이 2개 이상 존재)

기업에 제한된 자원은 한 개가 아니라, 2개 이상인 경우가 일반적입니다. 제한된 자원이 2개 이상 존재하는 경우에는 기업이 의사결정을 어떻게 해야 할까요?

제한된 자원 단위당 공헌이익이나 제한된 자원 단위당 원가절감액으로 기업의 공헌이익을 최대화하는 방법으로는 의사결정을 할 수가 없습니다.

이 경우 다른 분석기업을 사용해야 하는데, 이때 이용되는 기법이 선형계획법입니다.

1) 선형계획법

선형계획법은 여러 개의 제한된 자원이 존재하는 경우에 특정 목적(이익최대화 또는 비용최소화)을 달성하고자 하는 기업의 의사결정에 도움을 주기 위하여 개발된 기법입니다.

보통 선형계획법에서 특정 목적을 달성하기 위한 최적해를 찾는 방법으로 다음의 4단계에 의하여 최적해를 구합니다.

[1단계] 기업의 목적(이익최대화 또는 비용최소화)을 결정하고, 이와 관련된 목적함수식을 세웁니나.

[2단계] 회사의 제약요인(투입 가능한 원재료, 노동시간, 기계시간 등)과 관련된 제약조건식을 세웁니다.

[3단계] [2단계]의 제약조건식과 관련된 영역을 그래프에 표시한 후, 모든 제약조건을 충족하는 실행가능영역을 표시합니다.

[4단계] [3단계]에서 표시된 실행가능영역에서 목적함수의 조건을 만족하는 최적해를 구합니다. 최적해는 항상 꼭지점에 존재합니다.

이때 최적해는 실행가능영역에 목적함수선을 그려서 찾으면 되는데, 이익최대화는 목적함수선이 원점에서 멀어질수록 이익이 증가합니다. 그러므로 목적함수선을 평행이동시켜서 원점에서 가장 멀리 떨어진 꼭지점을 선택하면 됩니다.

비용최소화는 목적함수선이 원점에 가까워질수록 원가가 감소합니다. 그러므로 실행가능영역에서 원점쪽으로 목적함수선을 평행이동시켜 원점에서 가장 가까운 꼭지점을 선택하면 됩니다.

　　　　　　　정셈의 창업·스타트업을 위한 세무관리

2) 선형계획법 사례

회사는 제품A와 제품B를 생산하여 판매하고 있습니다. 제품을 생산하는 데 제약요인은 원재료와 기계시간입니다. 각 제품의 판매가격과 원가정보와 투입되는 원재료 및 기계시간은 다음과 같습니다.

구분	제품A	제품B
단위당 판매가격	600,000원	1,000,000원
단위당 변동비	300,000원	800,000원
단위당 공헌이익	300,000원	200,000원
단위당 사용원재료	2Kg	1Kg
제품단위당 기계시간	3시간	6시간

회사가 제품A, B를 생산하는데, 연간사용가능 원재료는 360Kg, 연간사용가능 기계시간은 720시간이고, 연간 고정비는 10,000,000원이 발생합니다.

회사가 이익을 최대화할 수 있는 각 제품의 생산량과 이때 이익은 얼마인가요?

[1단계] 기업의 목적

회사의 이익을 최대화할 수 있는 각 제품의 생산량을 구하는 것이므로, 이와 관련된 목적함수를 세웁니다.

제품A와 제품B의 생산량을 각각 A, B라고 하면, 총공헌이익은 다음의 식으로 표현할 수 있습니다.

max Z = 300,000A + 200,000B - 10,000,000

[2단계] 회사의 제약요인 파악

제약요인인 원재료, 기계시간과 관련된 제약조건식을 세웁니다. 단, 각 제품 생산량은 (-)가 될 수 없으므로 이에 대한 조건식도 세웁니다.

원재료: $2A + B \leq 360$

기계시간: $3A + 6B \leq 720$

제품조건: $A \geq 0, B \geq 0$

[3단계] [2단계]의 제약조건식과 관련된 영역을 표시

[2단계]에서 세운 제약조건식 등을 그래프에 표시합니다.

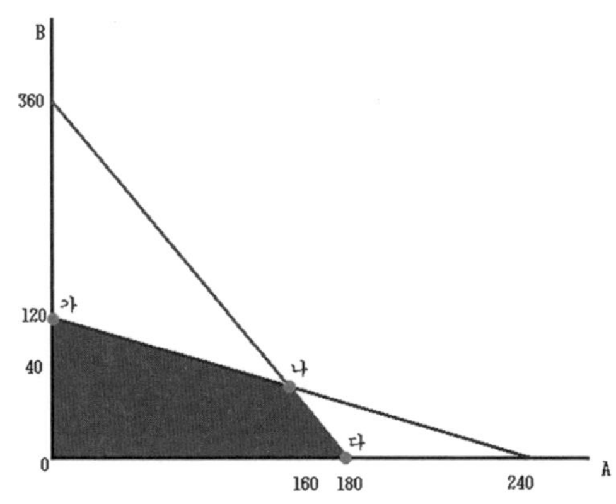

 정셈의 창업 · 스타트업을 위한 세무관리

[4단계] 실행가능영역에서 목적함수의 조건을 만족하는 최적해 구하기

[3단계]에서 표시한 실행가능영역에서 목적함수인 이익을 극대화할 수 있는 최적해를 구합니다.

목적함수를 제품B를 Y축으로 정리하여 기울기를 구하면 기울기가 -3/2으로, 그래프상의 '나'에서 회사의 이익을 극대화 할 수 있는 제품A, B의 생산량을 구할 수가 있습니다.

3A + 6B = 720시간

2A + B = 360Kg

연립해서 풀면 제품A, B의 생산량은 제품A 160단위, 제품B 40단위입니다.

기업이 제품A 160단위, 제품B 40단위 생산으로 얻을 수 있는 이익은 다음과 같습니다.

160단위 × 300,000 + 40단위 × 200,000 - 10,000,000 = 46,000,000원

※ 위에서 구한 제품 생산 배합이 회사의 이익을 극대화할 수 있는 생산배합인지 총공헌이익으로 검토를 해보면 다음과 같습니다.

가: 0단위 × 300,000 + 120단위 × 200,000 = 24,000,000원

나: 160단위 × 300,000 + 40단위 × 200,000 = 56,000,000원

다: 180단위 × 300,000 + 0단위 × 200,000 = 54,000,000원

그래프에 표시된 가, 나, 다 중에 나의 생산량이 기업의 공헌이익을 가장 크게 증가시킵니다.

97

재고품을 정리 처분할 때
가격은 얼마로 정할까?

재고로 남아 있는 상품이 유행에 민감한 상품인데, 유행이 지나서 창고에 보관하고 있습니다. 회사 입장에서는 고민이 이만저만이 아닐 것입니다. 재고품을 팔릴 때까지 보관하기에는 보관비용 등이 계속 발생하고, 할인을 크게 해서 팔자니 손해를 많이 보는 것 같아 고민입니다.

회사는 고민 끝에 이 재고품을 할인해서 팔기로 결정했는데, 최소한 받아야 하는 금액은 얼마로 정해야 할까요?

1) 매몰원가

최소 판매가격을 산정하기 위해서는 이 상품의 매몰원가를 알아야 합니다.

매몰원가(sunk cost)란 사업자가 의사결정을 하는 데 있어서 영향을 미치지 않는 원가를 말합니다. 이미 지출된 비용으로 사업자가 어떤 선택을 하든지 이 비용은 변화지 때문에 의사결정을 할 때 고려할 필요가 없습니다. 매몰원가를 고려하나 고려하지 않나 차이가 없기 때문입니다.

2) 사례

예를 들어 상품의 원가가 10,000원인데, 이 중에 매몰원가가 5,000원이면 5,000원이 최소 판매가격이 됩니다. 매몰원가 5,000원은 고려할 필요가 없습니다. 상품을 판매하지 않고 폐기처분 한다면 원가 10,000원이 비용이 됩니다. 그러나 5,000원에 판매를 한다면 최소한 원가 10,000원 중에 5,000원을 회수할 수 있습니다.

재고품을 폐기하든, 5,000원에 판매를 하든 매몰원가 5,000원이 발생하는 것은 동일합니다. 여기서 고려할 것은 판매금액 5,000원을 회수할 수 있느냐가 중요합니다. 그 금액만큼의 이익을 얻을 수 있는 것과 같기 때문입니다.

     정셈의 창업 · 스타트업을 위한 세무관리

98

사업 초기에는 이익보다
투자금 회수가 더 중요하다

회사나 개인사업장을 창업하여 사업을 시작할 때 매년 이익을 창출하는 것이 중요합니다. 사업 초기에 이익를 얻는 것보다 중요한 것은 창업할 때 투자된 자금을 빨리 회수하는 것이 더 중요합니다.

1) 감가상각자산에 투자

창업을 할 때 공통적으로 인테리어, 비품 등에 자금이 소요됩니다. 제조업 같은 경우 기계장치을 취득하기 위해 자금이 소요됩니다.

이들 자산은 감가상각자산입니다. 감가상각자산은 투자금액이 크고 내용연수에 거쳐 감가상각비로 비용처리를 합니다. 업종과 감가상각자산 종류에 따라 내용연수가 다릅니다.

2) 폐업할 경우 - 회사 매각이 가능

창업을 하여 사업이 잘 되면 좋지만 그렇지 않은 경우가 더 많습니다.

폐업 하는 경우 회사 또는 사업장을 매각이 가능한 경우와 가능하지 않은 경우로 구분할 수 있습니다.

회사나 사업장을 매각하는 경우 매각대금으로 투자금의 일부를 회수가능하고 이미 투자금을 회수한 경우에는 매각으로 이익을 얻는 것입니다.

3) 폐업할 경우 - 회사 매각이 불가능

회사 매각이 가능하면 좋지만, 창업한 지 몇 년 안 되어 폐업하는 경우 매각이 가능하지 않은 상황이 대부분입니다.

매각 시 사무실의 임차보증금은 회수가 되지만, 감가상각자산은 회수가 되는 것과 회수불능인 것으로 구분됩니다.

(1) 회수불능 감가상각자산

인테리어의 경우 회수가 불가능하므로 폐기를 해야 합니다. 폐업 시 임차공간을 원상복구 해야 하므로 인테리어는 전부 폐기합니다.

(2) 일부 회수가능 감가상각자산

감가상각자산 중에 비품, 차량 같은 자산은 중고품으로 매각이 가능합니다. 이들 자산을 매각하여 투자금 중 일부 회수가 가능하여 손실을 줄일 수 있습니다.

회사를 폐업할 때 투자금 중 일부를 회수한 경우와 그렇지 않은 경우를

　　정셈의 창업 · 스타트업을 위한 세무관리

비교하면 수익률에서 큰 차이가 발생합니다. 인테리어 같은 자산은 폐업할 때 폐기되는 경우가 대부분이고, 비품·차량 같은 자산만 중고품으로 판매되어 자금 회수가 가능할 뿐입니다. 그래서 사업 영위 중에 감가상각자산 취득으로 투자된 금액을 먼저 회수하는 것이 중요합니다.

99

회계상 이익과 현금흐름상 이익은 다르다

영세한 규모의 회사를 제외한 일반적인 회사는 재고자산이 있는 회사와 재고자산이 없는 회사로 구분할 수 있습니다.

재고자산이 있는 회사는 제품을 제조하는 회사, 제품을 매입하여 판매하는 회사로 구분할 수 있습니다.

재고자산이 없는 회사는 서비스업이나 주문형 제작 판매를 하는 회사로 구분할 수 있습니다.

1) 재고자산이 있는 회사 특징

대표적인 업종이 제품을 생산하여 판매하는 회사나 제품을 매입하여 판매하는 회사입니다.

이들 회사의 특징은 재고자산이 많을수록 회계상 이익이 높아지는 것이 특징입니다. 재고자산은 생산이 되거나 매입했을 때는 자산으로 계상합니다. 재고자산이 판매가 될 때 비로소 매출원가로 비용처리 됩니다.

2) 회사의 고정비와 생산량과의 관계

회사의 비용은 변동비와 고정비로 구분할 수 있습니다. 고정비는 제품의 원가를 구성하는 것과 당기 비용으로 처리되는 고정비로 나눌 수 있습니다.

제품의 원가를 구성하는 고정비는 생산량에 따라 고정비를 배분합니다. 생산량이 많을수록 단위당 고정비는 낮아져서, 단위당 제품원가가 낮아집니다. 제품은 재고자산으로 제품이 판매될 때 매출원가로 경비처리가 됩니다. 즉, 판매되기 전에는 회사의 재고자산으로 자산에 해당합니다.

3) 기말재고와 손익 관계

매출원가는 전기 재고자산(기초재고자산)에 당기 재고자산에서 기말재고자산을 차감하여 계산합니다.

기말 재고자산에 따라 매출원가 크기가 달라집니다. 일부 회사의 경우 영업손익을 조정하기 위해 기말 재고자산 금액을 조정합니다. 영업이익이 작거나 영업손실을 피하기 위해 기말 재고자산을 높여 매출원가를 낮추어 영업이익을 높입니다. 이렇게 하는 것은 손익을 조작하는 것이어서 불법입니다.

100

가격 할인(또는 인상) 정책에 관리회계를 활용

사업의 목적은 이익을 극대화하는 것입니다. 또 다른 목적은 기업가치의 극대화를 둘 수 있습니다. 이익 극대화는 회사와 개인사업자 둘 다 해당하고, 기업가치 극대화는 회사만 해당될 것입니다.

이익 극대화를 위해 다양한 전략이 있는데, 대표적인 전략으로 가격 할인(또는 인상) 전략이 있습니다.

기업이 가격을 할인(또는 인상)했을 때 매출이나 판매량에 미치는 영향을 알 수 있다면, 가격 할인 정책을 적정하게 사용하여 이익을 증가시킬 수 있습니다.

예를 들어 기업이 제조판매하는 제품가격이 100만 원이고, 단위당 변동비가 50만 원입니다. 연간 제품 판매량은 10,000개이고, 연간 고정비가 20억입니다.

가격을 10% 할인하면 판매량이 10% 증가하고, 가격을 10% 인상하면 판매량이 10% 감소할 것으로 예상됩니다.

1) 가격 정책을 시행하기 전 영업이익

단위당 공헌이익: 1,000,000 - 500,000 = 500,000

영업이익: 500,000 × 10,000개 - 2,000,000,000 = 3,000,000,000

2) 10% 가격할인이 판매량 10%를 증가시키는 경우

단위당 공헌이익: 1,000,000 × (1 - 10%) - 500,000 = 400,000

영업이익: 400,000 × 10,000개(1 + 10%) - 2,000,000,000 = 2,400,000,000

3) 10% 가격인상이 판매량 10%를 감소시키는 경우

단위당 공헌이익: 1,000,000 × (1 + 10%) - 500,000 = 600,000

영업이익: 600,000 × 10,000개(1 - 10%) - 2,000,000,000 = 3,400,000,000

가격 정책이 기업의 판매량과 영업이익에 어떻게 영향을 미치는지, 기업의 목표이익에 부합하는를 고려하여 가격을 결정해야 합니다.

고객수익성을 분석하자

회사가 지속되기 위해 중요한 것이 고객 만족도를 높이고 수익성도 높이면서 유지하는 것이 중요합니다. 수익성을 개선하기 위한 방안으로 고객 수익성을 분석할 필요가 있습니다.

고객 수익성을 분석하는 이유는 고객마다 거래조건이 달라 수익률도 다를 수가 있고, 이익일 줄 알았던 고객과의 수익률이 손실일 수도 있기 때문입니다.

1) 고객수익성 분석이란

고객수익성분석이란 회사의 제품이 아닌 고객별로 수익 및 원가를 파악하여 수익성을 분석하는 것을 말합니다.

회사는 고객수익성분석을 이용하여 고객 중에 어떤 고객이 중요한 고객인지, 이 고객과 계속해서 거래를 하는 것이 유리한지, 고객의 수익성을 개선할 방안이 있는지 등 회사의 유익한 정보를 얻을 수 있습니다.

즉, 고객에 대한 이해를 높여 지속적으로 경쟁력 있는 기업으로 존속할 수 있는 다양한 정보를 얻을 수 있습니다. 그러기 위해서는 먼저 고객수익과 고객원가를 분석하여야 합니다.

예를 들어 회사는 고객수익성분석을 통해 고객별로 예상한 수익과 실제 수익이 차이가 발생하는 이유를 분석할 수 있습니다. 예상수익과 실제수익과의 차이가 가격할인 정책으로 발생한 경우 고객수익성을 유지하기 위해서 가격할인폭을 조정하여 수익성을 제고할 수 있습니다.

2) 고객원가분석

고객수익성분석을 하려면 먼저 고객별 원가분석을 해야 합니다. 제품과 서비스의 원가보다 마케팅·유통·고객서비스원가 등이 크게 증가하고 있습니다. 이 원가들은 제품보다 고객특성에 따라 달라지는 경향이 있어서 고객원가분석이 필요합니다.

3) 활동기준원가계산으로 원가분석

고객별로 발생하는 원가를 정확하게 파악하기 위하여 활동기준원가계산의 원가계층 개념을 고객에게 적용하면 다음과 같은 고객원가계층(customer cost hierarchy)을 도출할 수 있습니다.

(1) 고객판매량단위수준원가(customer output—unit-level cost)

고객에게 제품을 1단위 판매할 때마다 수행되는 활동으로 인하여 발생되는 원가를 말합니다.

예) 판매량 1개당 발생하는 제품취급원가, 제품포장원가 등

(2) 고객묶음수준원가(customer batch-level cost)

고객에게 판매된 제품의 묶음(batch)수와 관련된 활동으로 인하여 발생되는 원가를 말합니다.

예) 주문처리원가, 배달원가 등

(3) 고객유지원가(customer-sustaining cost)

고객에게 판매된 제품수나 묶음수에 관계없이 개별고객을 유지하기 위한 활동으로 인하여 발생되는 원가를 말합니다.

예) 고객방문원가 등

(4) 유통경로원가(distribution—channel cost)

판매된 제품수, 묶음수, 개별고객과 관계없이 특정유통경로의 유지와 관련하여 발생 되는 원가를 말합니다.

예) 소매유통경로관리자의 급여 등

(5) 기업유지원가(corporate—sustaning cost)

개별고객이나 개별유통경로에 추적할 수 없는 전반적인 기업 활동과 관련하여 발생되는 원가를 말합니다.

　　　　정셈의 창업 · 스타트업을 위한 세무관리

예) 최고경영자의 급여 및 본사관리비, 종업원교육훈련원가, 공장안전
유지원가 등

위의 고객원가계층은 활동기준원가계산의 원가계층과 유사합니다.

4) 활동기준원가계산의 주의할 점

활동기준원가 계산의 원가계층은 제품을 강조하는 반면, 고객원가계
층은 고객에 초점을 맞추고 있다는 점과 고객원가계층이 각 유통경로를
지원하는 데 소요되는 원가인 유통경로원가라는 원가계층을 추가로 가
지고 있다는 점에 차이가 있을 뿐입니다. 고객계층원가 중 고객판매량단
위수준원가와 고객묶음수준원가 및 고객유지원가와 같이 개별고객별로
직접 추적할 수 있는 원가를 고객수준원가라고 부르는데, 고객수익성을
분석할 때에는 개별고객과 관련이 있는 고객수준원가만을 포함시기고,
유통경로원가나 기업유지원가는 포함시기지 않는 것이 타당합니다.

원가계층	고객원가계층	비교
단위수준원가 묶음수준원가 제품유지원가	고객판매량단위수준원가 고객묶음수준원가 고객유지원가	고객수준원가
설비유지원가	유통경로원가	
	기업유지원가	

5) 고객별 수익성 평가

회사는 고객수익성평가로 고객의 수익성을 평가하여 이익인 고객과

손실인 고객을 파악할 수 있습니다. 손실이 발생하는 고객에 대해 거래 조건 변경이나 거래를 중단하는 조치를 취할 수 있습니다.

비록 회사가 고객과의 거래에서 손실이 발생하고 있는 고객이라도 다른 측면에서 손실을 상쇄할 만한 가치를 지닐 수 있기 때문에, 고객을 평가할 때에는 현재의 이익과 손실뿐만 아니라 다음의 사항을 추가로 고려하여야 합니다.

① 고객이 비록 단기적으로 손실을 기록하더라도 장기적으로는 기업의 이익에 기여할 가능성이 있기 때문에 고객의 평가는 장기적인 관점에서 이루어져야 합니다.

② 손실을 보이는 고객이 opinon leader로서 다른 고객의 수요를 창출할 수도 있으며 개발 중인 다른 제품을 대량 구매할 수도 있기 때문에 기업전체 관점에서 전략적으로 고객을 평가해야 합니다. 또한, 최고경영자가 전략적 차원에서 손실을 보이는 고객과 거래를 지속하도록 지시했다면 해당 고객에 대한 성과는 이를 담당하는 판매관리자의 성과평가에서 제외되어야 합니다.

③ 고객이 새로운 제품에 대한 아이디어나 기존 제품의 만족도를 높이는 방법들을 제공할 가능성이 있는지도 고려하여야 합니다. 왜냐하면 이러한 점을 제공하는 고객은 아주 가지가 높기 때문입니다.

 정셈의 창업 · 스타트업을 위한 세무관리

6) 고객별 수익성 평가 사례

화장품을 수입하여 판매하는 ㈜한국은 도매사업부와 소매사업부를 두고 중간업자인 대형할인점과 소매상에 화장품을 판매하고 있습니다. ㈜한국은 활동기준원가회계시스템을 도입하여 다음과 같이 ㈜한국에서 수행되고 있는 활동관련 정보를 얻고 있습니다.

활동	원가동인	원가동인율
주문처리	구매주문횟수	주문횟수당 500원
고객방문	고객방문횟수	방문횟수당 400원
정기배달	배달거리(km)	km당 10원
상품취급	판매량	판매된 화장품당 0.1원
긴급배달	긴급배달횟수	긴급배달횟수당 3,000원

㈜한국은 상황에 따라 각 고객에세 가격할인을 해 주고 있습니다. 회사는 수익성을 증진시키기 위해 고객 각각에 대한 수익성을 평가하고자 합니다. 이와 관련된 자료는 다음과 같으며, 화장품 1개의 정판매가격은 12원이고 구입원가는 10원입니다.

구분	대형할인점		소매상	
	A	B	X	Y
판매량	500,000개	400,000개	35,000개	30,000개
실제판매가격	11.5	11.8	11.0	12.0
구매주문횟수	40	200	30	10
고객방문횟수	6	30	8	6
배달횟수	50	100	40	20
배달 1회당거리(km)	10	24	40	5
긴급배달횟수	1	20	4	

① 고객별 영업이익이 어떻게 되나요?

구분	대형할인점		소매상	
	A	B	X	Y
총매출액	6,000,000	4,800,000	420,000	360,000
가격할인	250,000	80,000	35,000	-
순매출액	5,750,000	4,720,000	385,000	360,000
매출원가	5,000,000	4,000,000	350,000	300,000
매출총이익	750,000	720,000	35,000	60,000
판매비와 관리비				
주문처리비용	20,000	100,000	15,000	5,000
고객방문비용	2,400	12,000	3,200	2,400
정기배달비용	5,000	24,000	16,000	1,000
상품취급비용	50,000	40,000	3,500	3,000
긴급배달비용	3,000	60,000	12,000	-
소계	80,400	236,000	49,700	11,400
영업이익	669,600	484,000	-14,700	48,600

 정셈의 창업 · 스타트업을 위한 세무관리

② 고객별 매출총이익률과 매출액이익률 기준으로 수익성은 어떻게
되나요?

구분	대형할인점		소매상	
	A	B	X	Y
매출총이익률	13.04%	15.25%	9.09%	16.67%
순위	3순위	2순위	4순위	1순위
매출액이익률	11.65%	10.25%	-3.82%	13.50%
순위	2순위	3순위	4순위	1순위

③ 회사의 수익성을 증가시킬 수 있는 방안

고객 A와 X는 과도한 가격할인으로 인하여 매출총이익률이 낮으므로
가격할인을 낮추는 방안을 강구해야 합니다. 고객 X는 매출액에 비하여
많은 활동을 요구하고 있어 매출액이익률도 낮습니다. 따라서 원가동인
수를 줄이는 방안도 동시에 모색해야 할 것입니다. 고객 B는 매출총이익
률은 높으나 매출액이익률은 상대적으로 낮습니다. 그 이유는 비슷한 매
출액을 보이는 고객 A에 비하여 상대적으로 구매주문횟수, 고객방문횟
수, 배달횟수, 긴급배달수가 많기 때문입니다. 따라서 매출액의 감소 없
이 원가동인수를 줄일 수 있는 방안을 검토하여야 합니다.

④ 회사에 대형할인점과 소매상을 관리하기 위한 비용이 각각 100,000
원과 20,000원이 발생하였으며, 본사관리가 50,000원이 발생하였습
니다. 유통경로수준준영업이익과 회사전체의 영업이익은 어떻게

되나요?

구분	대형할인점			소매상			기업전체
	A	B	계	X	Y	계	
순매출액	5,750,000	4,720,000	10,470,000	385,000	360,000	745,000	11,215,000
고객수준원가	5,080,400	4,236,000	9,316,400	399,700	311,400	711,100	10,027,500
고객수준영업이익	669,600	484,000	1,153,600	-14,700	48,600	33,900	1,187,500
유통경로원가			100,000			20,000	120,000
유통경로수준영업이익			1,053,600			13,900	1,067,500
본사관리비							50,000
기업전체영업이익							1,017,500

정셈의 창업 · 스타트업을 위한 세무관리

102

현재 직원 급여를 줄 형편도 못 되는데 차리리 휴업할까?

한국 경제가 장기 저성장이 계속되고 있습니다. 창업한 지 3년 이내 폐업하는 비율이 매년 높아지고 있습니다.

업종에 따라 경기변동에 민감한 업종이 있고, 계절에 영향을 많이 받는 업종이 있습니다. 대외 환경에 영향을 민감한 업종도 있습니다.

현재 회사가 손실을 보고 있는데, 직원 급여를 지급하기에 빠듯합니다. 휴업을 할까요?

1) 비용은 변동비와 고정비로 분류

회사가 손실을 본다는 것은 수익보다 비용이 크기 때문입니다. 비용에는 매출원가, 인건비, 차량유지비, 임차비용, 복리후생비, 업무추진비 등이 있습니다.

비용은 생산에 비례해서 발생하는 것과 생산에 무관하게 발생하는 비용으로 구분할 수 있습니다. 변동비와 고정비로 구분할 수 있습니다.

변동비와 고정비를 통해 영업손실을 들어다 봐야 합니다.

2) 휴업을 하는 경우가 이익일까요?

휴업을 하는 경우와 손실을 보지만 계속 운영을 하는 경우를 비교하면 휴업을 하는 것이 이익일까요?

휴업을 하면 영업손실 대신 고정비 지출이 발생합니다. 고정비는 생산량(또는 판매량)과 무관하게 발생하는 비용입니다.

휴업을 하면서 발생하는 지출은 곧 회사의 손실입니다. 이 손실이 회사를 계속 운영하면서 발생하는 영업손실보다 작다면 휴업하는 것이 이익입니다.

반대로 휴업하는 경우 손실이 더 크다면, 이는 회사가 영업손실을 보고 있지만, 생산과 판매를 통해 고정비 중에 일부를 회수하는 것입니다. 휴업을 하면서 고정비의 일부 회수를 못하므로 오히려 손해를 더 크게 보는 것입니다.

 정셈의 창업 · 스타트업을 위한 세무관리

103

사업부 간에 대체가격 결정하기

창업한 회사가 성장하면 조직규모도 커집니다. 회사가 판매하는 제품이나 서비스도 점차 다양합니다. 회사는 생산한 제품을 직접 판매하거나 이를 가공 등을 거쳐 다른 제품으로 판매합니다.

회사는 외부환경이 복잡해지고, 시장의 규모가 거지고, 고객의 요구가 다양화 됨에 따라 이에 대응하기 위하여 분권화를 합니다 분권화된 조직의 대표적인 형태가 사업부제입니다. 분권화된 사업부는 독립적인 경영을 위하여 필요한 판매, 생산, 구매, 관리 등의 권한을 갖고 조직을 운영합니다.

예를 들어 회사에 A사업부와 B사업부가 있습니다. A사업부(공급사업부)가 부품을 생산하는데, B사업부(구매사업부)가 생산하는 제품에 이 부품이 사용됩니다. B사업부는 A사업부에서 부품을 공급받을 수 있고, 외부업체로부터도 부품을 공급받을 수 있습니다. 이 경우 사업부 간 부품가격을 어떻게 책정해야 할까요?

1) 대체가격(이전가격)이란?

회사 사업부 간에 재화나 용역을 이전해야 하는 경우가 빈번하게 발생합니다. 회사 내부에서 사업부 간에 행해지는 재화나 용역의 이전거래를 (사내)대체거래 또는 이전거래라고 하며, 이전되는 재화나 용역에 부여되는 가격을 대체가격(TP) 또는 이전가격이라고 합니다.

각 사업부 간에 대체거래가 발생할 경우, 재화나 용역을 제공하는 공급사업부와 재화나 용역을 구매하는 구매사업부 간에 이해가 상충되기 때문에 대체가격을 결정하는 것은 매우 어렵습니다.

또한, 대체가격이 얼마로 결정되는가에 따라 자율권을 부여받은 각 사업부의 의사결정이 달라지고, 이에 따라 회사전체의 성과도 영향을 받기 때문에 대체가격 결정은 성과평가를 중시하는 각 사업부의 관점에서뿐만 아니라 회사전체의 이익을 최대화하고자 하는 회사전체의 관점에서도 중요합니다.

각 사업부가 투자의사결정에 대한 권한까지 부여받았다면 투자중심점이 되므로 각 사업부 경영자들은 현재보다 투자수익률, 잔여이익 또는 경제적 부가가치를 증가시기려고 할 것입니다.

　　　　　　　　　　　　정샘의 창업·스타트업을 위한 세무관리

2) 대체가격 결정 시 고려할 기준

회사 사업부 간의 대체가격을 결정할 때에는 다음과 같은 기준을 신중하게 검토하여 대체가격을 결정해야 합니다.

(1) 목표일치성 기준

목표일치성 기준은 대체가격을 결정할 때 최우선적으로 고려해야 할 기준으로, 회사의 각 사업부는 사업부의 성과가 회사의 성과를 높이는 방향으로 대체가격을 결정해야 한다는 기준입니다.

(2) 성과평가 기준

성과평가 기준은 각 사업부의 성과가 공정하게 평가될 수 있도록 대체가격을 결정해야 한다는 기준입니다.

대체가격이 얼마로 결정되는가에 따라 각 사업부의 성과가 달라지므로, 대체가격이 합리적으로 결정되지 않는다면 각 사업부에 대한 성과평가는 공정성을 상실하게 되어 불신을 초래하게 되어, 이는 회사 성과에 불리한 영향을 미치게됩니다.

(3) 동기부여 기준

높은 수준의 관리적 노력을 하도록 대제가격을 결정하여야 한다는 기준입니다. 중간제품이나 용역을 판매하는 공급사업부는 원가를 절감하도록, 구매사업부는 중간제품이나 용역을 효율적으로 취득하여 사용하도록 동기부여를 할 수 있어야 합니다.

(4) 자율성 기준

자율성 기준은 각 사업주가 자율적으로 대체가격을 결정하여야 한다는 기준입니다. 자율성을 너무 중시하면 각 사업부가 자기 성과만을 최우선시하여 회사 성과를 달성할 수 없는 준최적화 현상이 발생될 수 있습니다.

3) 대체가격 결정방법

대체가격을 결정할 때 고려해아 할 기준들은 본질적으로 서로 상충되므로 이 기준들을 동시에 만족시키는 대체가격을 결정하는 것은 현실적으로 매우 어렵습니다. 따라서 기업은 기준들의 우선순위를 부여하고 그에 상응하는 대체가격을 결정하게 됩니다. 일반적으로 기업 내의 공급사업부가 구매사업부에 중간제품을 대체할 경우에 이용하는 대제 가격의 결정방법은 다음과 같습니다.

(1) 회사 대표자(또는 최고경영자)가 직접 중재

사업부는 좋은 성과평가를 받고 싶어서 다른 사업부와 거래를 할 때 유리한 조건으로 합의를 하고 싶습니다. 이러한 각 사업부의 사정으로 합의가 되지 않고 결렬이 될 가능성이 큽니다. 회사로서는 사업부의 협력으로 A사업부가 B사업부에게 부품을 공급하는 것이 유리합니다.

사업부 간의 갈등으로 협의가 안 될 경우 회사의 대표자(또는 최고경영자)가 직접 대체가격을 결정하는 방법입니다.

 정셈의 창업·스타트업을 위한 세무관리

이 방법은 회사의 이익을 최대화하는 방향으로 대체가격을 결정할 수 있다는 장점은 있으나, 사업부의 자율성을 침해할 단점이 있을 수 있습니다.

(2) 시장가격을 기준으로

사업부 간 대체거래에서 시장가격을 대체가격 기준으로 정하는 방법입니다. 시장가격을 대체가격으로 이용하면, A사업부는 부품을 B사업부에 납품할 때 외부업체에 판매하는 가격과 같으므로 불만이 없습니다. B사업부도 부품을 외부업체에서 구매하는 가격과 같으므로 불만이 없습니다. 두 사업부의 성과평가에서 공정한 방법으로 볼 수 있습니다.

시장가격을 대체거래의 기준으로 이용하려면 조건이 있습니다. A사업부의 부품시장이 완전경쟁시장이어야 하고, A사업부와 B사업부의 상호의존성이 낮아야 합니다. B사업부가 부품을 A사업부에서 구매하거나 외부업체에서 구매했을 때 차이가 없어야 합니다.

(3) 원가기준

시장가격 기준을 이용할 수 없는 경우 원가기준을 대체가격으로 이용할 수 있는 방법입니다. 원가기준으로 전부원가 기준과 변동원가 기준이 있습니다.

① 전부원가기준

전부원가를 대체가격으로 이용하는 방법으로, A사업부는 전부원가에 이익을 가산하여 대체가격을 결정합니다.

이 방법은 간단하여 적용하기 쉽지만, 원가통제에 대한 동기부여를 하지 못하고, 회사 입장에서 최적이 아닌 의사결정을 내릴 가능성이 있습니다.

② 변동원가 기준

변동원가를 대체가격으로 이용하는 방법으로, A사업부에 유휴설비가 있는 경우에 주로 이용됩니다.

변동원가를 기준으로 대체가격을 결정하면 A사업부에는 이익이 발생하지 않거나 고정비만큼 손실이 발생합니다. B사업부는 변동원가만 부담하기 때문에 모든 이익은 B사업부로 이전되어 성과평가를 공정하게 할 수 없습니다.

변동원가 기준으로 대체가격을 결정하려면 변동원가에 일정 금액을 가산하여 대체가격을 결정합니다.

104

성과평가하기: 투자수익률

회사는 조직과 직원의 성과를 평가하여 목표 달성도를 파악하고, 개선점을 찾아내 조직과 직원의 발전에 동기부여 하여 회사 성장으로 이끌 수 있도록 합니다.

성과평가 도구로 관리회계를 이용할 수 있습니다. 대표적으로 투자수익률과 잔여이익을 둘 수 있습니다.

1) 투자수익률

투자수익률(ROI)은 투자액에 대한 이익의 비율을 나타내는 수익성지표를 말하며, 투자중심점의 이익을 투자중점의 투자액으로 나눈 값입니다.

이익만을 고려하는 것이 아니라 투자액도 고려하므로 투자의사결정에 자율성이 부여된 투자중심점의 성과평가에 유용하게 사용될 수 있습니다.

투자수익률은 매출액이익률과 자산회전율로 나눌 수 있습니다. 이 방법은 두퐁사에서 처음 도입하였기 때문에 듀퐁 분석이라고도 합니다.

> 투자수익률 = 이익 ÷ 투자액
>
> = (이익 ÷ 매출액) × (매출액 ÷ 투자액)
>
> = 매출액이익률 × 자산회전율

2) 투자수익률을 증가시키는 방법

투자수익률은 매출액이익률과 자산회전율의 곱으로 계산할 수 있습니다. 투자수익률을 높이기 위해서는 매출액이익률이나 자산회전율을 증가시키면 됩니다.

(1) 매출액이익률을 증가시킴(원가통제측면)

일정한 매출액 하에서 원가절감 → 이익 증가 → 매출액이익률 증가 → 투자수익률 증가

(2) 자산회전율을 증가시킴(수익창출측면, 자금운용측면)

일정한 투자액 하에서 매출액 → 자산회전율 증가 → 투자수익률 증가

일정한 매출액을 창출하는 데 소요되는 투자액 감소 자산회전율 → 투자수익률 증가

3) 투자수익률로 성과평가할 경우 의사결정의 문제점

회사가 투자중심점으로 성과평가를 하는 경우 조직과 직원은 성과평

가를 유리하게 받기 위하여 아래와 같이 의사결정을 할 수 있습니다.

(1) 투자안 채택

신규 투자안의 투자수익률 ≥ 투자 전 투자수익률

투자 후 투자수익률 ≥ 투자 전 투자수익률

(2) 투자안 기각

신규 투자안의 투자수익률 < 투자 전 투자수익률

투자 후 투자수익률 ≥ 투자 전 투자수익률

신규 투자안의 투자수익률이 투자 전 투자수익률보다 높으면 해당 투자안을 채택하는 것이 유리합니다. 그런데 신규 투자안의 투자수익률이 투자 전 투자수익률보다 높지만, 투자 후의 투자수익률이 투자 전 투자수익률보다 낮게 된다면 해당 투자안을 기각할 수 있습니다. 이는 회사 입장에서 손해를 보는 것입니다.

4) 투자수익률 사례1

투자중심점으로 운영되고 있는 회사의 A, B사업부에 관한 자료입니다.

구분	A사업부	B사업부
매출액	3,200,000,000	6,000,000,000
영업이익	160,000,000	600,000,000
평균투자액	800,000,000	2,000,000,000

(1) A, B사업부의 매출액이익률, 자산회전율, 투자수익률이 어떻게 되나요?

구분	A사업부	B사업부
매출액이익률	5%	10%
자산회전율	4회	3회
투자수익률	20%	30%

① 매출액이익률

A사업부: 160,000,000 ÷ 3,200,000,000 = 5%

B사업부: 600,000,000 ÷ 6,000,000,000=10%

② 자산회전율

A사업부: 3,200,000,000 ÷ 800,000,000 = 4회

B사업부: 6,000,000,000 ÷ 2,000,000,000 = 3회

③ 투자수익률

A사업부: 160,000,000 ÷ 800,000,000=5% × 4회 = 20%

B사업부: 600,000,000 ÷ 2,000,000,000=10% × 3회 = 30%

5) 투자수익률 사례2

B사업부는 평균투자액이 500,000,000이고, 영업이익은 100,000,000원이 될 것으로 예상되는 신규 투자안을 검토하고 있습니다. 회사는 투자수익률로 각 사업부를 성과평가 하고 있습니다. 회사의 최저필수수익률은 15%입니다.

 정셈의 창업·스타트업을 위한 세무관리

(1) B사업부의 투자 후 투자수익률은 어떻게 되나요?

구분	투자 전	신규 투자안	투자 후
영업이익	600,000,000	100,000,000	700,000,000
평균투자액	2,000,000,000	500,000,000	2,500,000,000
투자수익률	30%	20%	28%

(2) B사업부 경영자는 신규 투자안을 채택할까요?

신규 투자안의 투자수익률이 20%로 B사업부의 투자 전 투자수익률 30%보다 낮으므로 신규 투자안을 채택하면 투자 후의 투자수익률 28%로 투자 전의 투자수익률 30%보다 낮아져 사업부의 성과가 낮아지기 때문에 신규 투자안을 채택하지 않을 것입니다.

(3) 회사전체 입장에서 신규 투자안을 채택하는 것이 유리한가요?

신규 투자안의 투자수익률 20%가 회사의 최저필수수익률 15%보다 높으므로 회사전체의 입장에서는 신규 투자안을 채택하는 것이 유리합니다.

6) 투자수익률로 성과평가를 할 경우 목표일치성을 유도하는가요?

신규 투자안이 회사전체의 입장에서 경제성이 있지만 투자수익률로 성과평가를 하면 위에서 보듯이 해당 사업부가 신규 투자안을 기각하는 경우가 존재할 수 있어 목표일치성을 유도하지 못합니다. 투자수익률은 목표일치성 측면에서 상과평가의 지표로서 결정적인 문제점을 지니고 있습니다.

7) 준최적화 현상과 투자수익률의 유용성 및 한계

(1) 준최적화 현상

투자수익률에 의하여 성과평가를 하면 회사전체의 입장에서 유리한 투자안이라도 투자중심점의 경영자가 상과평가를 유리하게 받기 위하여 투자안을 기각하는 경우가 발생됩니다. 이와 같이 개별투자중심점 입장에서 최적이 회사전체의 입장에서는 최적이 되지 않는 것을 준최적화 현상이라고 합니다.

(2) 투자수익률의 유용성

① 계산이 간편하고, 투자액을 고려하므로 투자에 대한 권한을 부여받은 투자중심점 경영자의 성과를 측정하는 데 유용합니다.

② 비율로 표현되기　문에 투자규모가 다른 투자중심점이나 투자규모가 다른 동일산업 내 다른 기업과 성과를 비교하는 데 유용합니다.

(3) 투자수익률의 한계

① 투자중심점의 경영자들이 해당 투자중심점의 투자수익률을 극대화하다 보면 회사 전체적인 입장에서 바람직한 투자안(회사전체의 최저필수수익률보다 높은 수익률을 창출하는 투자안)을 부당하게 기각하게 되는 준최적화 현상이 발생할 수 있습니다.

② 각 투자중심점에 내재하는 위험요소를 고려하지 않고 있습니다.

③ 각 투자중심점의 사업내용이 상이할 경우에는 이익을 결정하는 회계원칙의 차이가 존재할 수 있으며 동일한 회계원칙 내에서도 여러 가지 회계처리방법을 인정하는 경우가 있습니다. 투자중심점들이

 정셈의 창업 · 스타트업을 위한 세무관리

다른 회계원칙이나 회계처리방법을 적용할 경우에는 투자중심점들의 성과를 비교하는 것이 어렵습니다.

④ 투자수익률에서 이용하는 회계적 이익은 투자의사결정에서 사용하는 현금흐름과 일치하지 않으며 화폐의 시간가치를 반영하지 않기 때문에 투자수익률에 의하여 성과평가를 하면 투자의사결정과 성과평가의 일관성이 결여됩니다.

⑤ 연구개발비, 교육훈련비 등의 지출은 시설투자 못지 않게 기업에 장기적인 효익을 제공함에도 불구하고 지출한 연도에 비용 처리되므로 단기적으로는 투자수익률이 감소하게 되는 원인이 되기 때문에 투자중심점 경영자는 단기적인 성과를 위하여 연구개발과 교육훈련 등을 소홀히 하게 됩니다. 이는 고객만족의 실패와 생산성 저하로 이어져 장기적인 관점에서 기업에 부정적인 영향을 미칩니다.

⑥ 기업이 성공하려면 고객만족도, 품질, 납기시간과 같은 비재무적 성과도 중요한데 재무적 성과만을 고려합니다.

105

성과평가하기: 잔여이익

투자수익률로 투자중심점의 성과평가를 할 경우에는 준최적화 현상이 발생하는데 이를 극복하기 위하여 고안된 것이 잔여이익입니다.

1) 잔여이익이란

잔여이익(RI)이란 투자중심점의 이익에서 투자액으로부터 벌어들어야 하는 최소한 이익을 차감한 잔액을 말합니다.

잔여이익 = 이익 - 투자액으로부터 벌어들어야 하는 최소한의 이익
= 이익 - (투자액 × 최저필수수익률)

최저필수수익률이란 투자액으로부터 벌어들여야 하는 최소한을 수익률로 요구수익률이라고도 합니다.

투자중심점의 위험은 투자중심점이 처한 상황에 따라 달라지므로 회

사전체의 위험과는 다른 것이 보통입니다. 일반적으로 투자중심점의 최저필수수익률은 회사전체의 최저필수수익률을 기초로 해당 투자중심점의 위험을 추가로 고려하여 결정합니다.

2) 잔여이익으로 성과평가 할 경우 투자중심점 경영자의 의사결정

회사가 성과평가를 잔여이익으로 하는 경우 조직이나 직원은 성과평가를 유리하게 받기 위하여 아래와 같이 의사결정을 합니다.

① 신규 투자안의 잔여이익 ≥ 0

투자 후 잔여이익 $\geq$ 투자 전 잔여이익

$\therefore$ 투자안 채택

② 신규 투자안의 잔여이익 < 0

투자 후 잔여이익 $<$ 투자 전 잔여이익

$\therefore$ 투자안 기각

3) 준최적화 현상 극복 등

잔여이익은 아래와 같이 계산할 수도 있습니다.

잔여이익 = 이익 - (투자액 × 최저필수수익률)

= (투자액 × 투자수익률) - (투자액 × 최저필수수익률)

= 투자액 × (투자수익률 - 최저필수수익률)

잔여이익으로 성과평가를 하면 신규 투자안의 투자수익률이 최저필수수익률보다 클 경우 투자중심점 경영자는 신규 투자안을 채택하게 되므로 목표일치성을 유도하게 되어 투자수익률로 성과평가할 때의 문제점인 준최적화 현상을 극복할 수 있습니다.

잔여이익은 투자액이 동일할 경우에는 투자수익률이 클수록, 투자수익률이 동일한 경우에는 투자액이 클수록 커집니다.

4) 잔여이익 사례

투자중심점으로 운영되고 있는 회사의 A, B사업부에 관한 자료입니다. 회사의 최저필수수익률은 15%입니다.

구분	A사업부	B사업부
매출액	3,200,000,000	600,000,000
영업이익	160,000,000	60,000,000
평균투자액	800,000,000	200,000,000

(1) 각 사업부의 잔여이익과 잔여이익에 의한 A, B사업부의 상대적 성과 순위는 어떻게 되나요?

① A사업부 잔여이익

$160,000,000 - 800,000,000 \times 15\% = 40,000,000$

② B사업부 잔여이익

정셈의 창업·스타트업을 위한 세무관리

$$60,000,000 - 200,000,000 \times 15\% = 30,000,000$$

$\therefore$ A사업부 1순위, B사업부 2순위

B사업부는 평균투자액이 50,000,000이고, 영업이익은 10,000,000원이 될 것으로 예상되는 신규 투자안을 검토하고 있습니다. 회사는 투자수익률로 각 사업부를 성과평가 하고 있습니다. 회사의 최저필수수익률은 15%입니다.

(2) B사업부의 투자후 잔여이익은 얼마인가요?

구분	투자 전	신규 투자안	투자 후
영업이익	60,000,000	10,000,000	70,000,000
평균투자액	200,000,000	50,000,000	250,000,000
최소한의 이익(15%)	30,000,000	7,500,000	37,500,000
잔여이익	30,000,000	2,500,000	32,500,000

(3) B사업부 경영자는 신규 투자안을 채택할까요?

신규 투자안의 잔여이익이 0보다 크므로 신규 투자안을 채택하면 투자 후의 잔여이익이 투자 전의 잔여이익보다 커져 자신의 성과가 높아지기 때문에 신규 투자안을 채택할 것입니다.

(4) 회사전체 입장에서는 신규 투자안을 채택하는 것이 유리한가요?

신규 투자안의 투자수익률(20%)이 회사의 최저필수수익률(15%)을 상회하므로 회사전체의 입장에서는 신규 투자안을 채택하는 것이 유리합니다.

(5) 잔여이익으로 성과평가를 하는 경우 목표일치성을 유도하나요?

잔여이익으로 성과평가를 하면 투자중심점 경영자는 투자자금의 여유가 있는 한 최저필수수익률을 초과하는 투자안을 모두 채택하게 되므로 투자중심점과 회사전체의 잔여이익을 동시에 극대화시킬 수 있습니다. 따라서 잔여이익은 목표일치성을 유지합니다.

5) 잔여이익의 유용성 및 한계

(1) 잔여이익의 유용성

① 투자액을 고려하므로 투자중심점 경영자의 성과를 측정하는 데 유용합니다.

② 투자수익률을 이용하여 투자중심점의 성과평가를 할 때 발생하는 준최적화 현상을 극복할 수 있습니다.

③ 각 투자중심점이 속한 환경과 사업내용이 다를 경우에는 투자중심점에 따라 위험도 달라지는데 이러한 위험의 차이를 최저필수수익률을 조정함으로써 성과평가에 반영할 수 있습니다. 즉, 위험이 높은 투자중심점의 최저필수수익률은 높게, 위험이 낮은 투자중심점의 최저필수수익률은 낮게 설정합니다.

(2) 잔여이익의 한계

① 잔여이익은 투자액의 영향을 받으므로 투자규모가 다른 투자중심점의 성과 비교와 기간별로 투자규모가 다른 투자중심점의 기간별 성과 비교가 어렵습니다.

② 각 투자중심점의 사업내용이 상이할 경우에는 이익을 결정하는 회

계원칙의 차이가 존재할 수 있으며 동일한 회계원칙내에서도 여러 가지 회계처리방법을 인정하는 경우가 있습니다. 투자중심점들이 다른 회계원칙이나 회계처리방법을 적용할 경우에는 투자중심점들의 성과를 비교하는 것이 어렵습니다(투자수익률의 한계와 동일).

③ 잔여이익에서 이용하는 회계적 이익은 투자의사결정에서 사용하는 현금흐름과 일치하지 않으며 화폐의 시간가치를 반영하지 않기 때문에 잔여이익에 의하여 성과평가를 하면 투자의사결정과 성과평가의 일관성이 결여됩니다(투자수익률의 한계와 동일).

④ 잔여이익도 투자수익률과 마찬가지로 투자중심점 경영자의 근시안적인 행동을 억제하지 못합니다(투자수익률의 한계와 동일).

⑤ 비재무적 성과는 무시하고 재무적 성과만을 고려합니다.(투자수익률의 한계와 동일)

재무제표 분석

회사 재무제표를 통해 여러 유용한 정보를 알 수 있습니다.

회사의 경영에 따른 성과를 기간별로 나타내는 것이 손익계산서입니다. 회사의 매출과 비용 및 이익이 손익계산서에 기재됩니다. 회사의 자산, 부채 및 자본 등의 정보를 나타내는 것은 재무상태표입니다.

회사 재무제표를 분석하여 회사가 성장성, 수익률, 재무건전성 등의 정보를 알 수 있고, 다른 회사와 이를 비교하여 경쟁력을 갖추고 있는지도 알 수 있습니다.

재무제표로 통해 이러한 정보를 얻기 위해서는 먼저 재무제표 자체가 정확하게 작성되어야 합니다. 정확한 재무제표 작성을 위해서는 회계·세무에 신경을 많이 써야 합니다.

재무제표 분석(재무비율 중심)

재무제표 분석(financial statement analysis)은 회사의 이해관계자가 의사결정에 도움이 되도록 기업 재무제표(재무상태표, 손익계산서)에 포함된 정보를 이용가능한 상태로 가공하여 제공하는 것을 말합니다.

재무제표 분석은 회사의 이해관계자에게 회사의 과거 및 현재의 재무상태와 경영성과를 평가하고 미래상황을 예측하는 데 도움을 줍니다. 회사의 이해관계자인 회사의 경영자, 채권자, 투자자는 자신에게 필요한 정보가 다릅니다.

채권자는 회사가 채무자로서 대금을 지급할 능력이 있는지, 원금과 이자를 지급할 능력이 있는지가 중요합니다. 투자자는 회사의 성장성과 수익성이 지속될 수 있는지가 중요합니다. 회사 경영자는 자금조달을 위해 투자자와 채권자에게 원하는 정보를 제공해야 합니다.

　재무제표 분석에는 다양한 방법이 있지만 대표적인 방법으로는 재무
비율 분석방법(관계비율분석법)이 있습니다.

　재무비율은 재표제표에 나타난 2개 이상 항목들을 비율로 계산한 것입
니다. 재무비율에는 유동성비율, 안정성비율, 수익성비율, 활동성비율,
성장성비율 등이 있고, 주식투자자에게 중요한 주가수익비율(PER), 주가
장부금액비율(PBR)이 있습니다.

　아래의 재무제표는 사례의 공통된 재무제표입니다.

〈비교재무제표〉

단위: 백만 원

구분	20X1년초	20X1년말	구분	20X1년초	20X1년말
비유동자산	6,000	7,800	**자본총계**	3,500	5,000
유동자산	2,000	2,200	**비유동부채**	3,000	4,000
재고자산	(900)	(800)	**유동부채**	1,500	1,000
매출채권	(800)	(700)	매입채무	(1,000)	(500)
기타비유동자산	(300)	(700)	기타유동부채	(500)	(500)
			부채총계	4,500	5,000
자산총계	8,000	10,000	**자본과 부채총계**	8,000	10,000

정셈의 창업 · 스타트업을 위한 세무관리

〈손익계산서〉

단위: 백만 원

구분	금액
매출액	15,000
매출원가	(11,000)
매출총이익	4,000
판매비와관리비	(1,900)
영업이익	2,100
이자비용	(1,000)
법인세비용차감전순이익	1,100
법인세비용	(500)
당기순이익	600
주당순이익	60

107

유동성비율

유동성비율은 기업이 1년 이내에 상환해야 하는 유동부채를 1년 이내에 현금화할 수 있는 유동자산으로 얼마나 상환할 수 있는지를 나타내는 재무 지표입니다.

1) 유동비율

유동비율은 유동자산을 유동부채로 나눈 비율로, 비율이 높을수록 유동성이 높습니다. 유동자산은 회계기간 종료일로부터 1년 이내에 현금화할 수 있는 자산을 말하고, 유동부채는 만기가 1년 이내인 부채를 의미합니다.

유동비율은 유동자산으로 지급할 수 있는 유동부채의 크기를 측정하는 비율입니다. 유동비율은 기업의 유동성을 평가하는 데 가장 많이 이용되는 재무비율입니다. 일반적으로 유동비율이 200% 이상이면 일반적으로 유동성에 문제가 없다고 판단합니다.

(사례) 유동비율 = 유동자산 ÷ 유동부채

          = 2,200만 원 ÷ 1,000만 원

          = 2.2(220%)

2) 당좌비율

당좌자산은 유동자산에서 재고자산을 차감한 금액을 말합니다. 당좌비율은 당좌자산을 유동부채로 나눈 비율로, 기업의 단기채무의 지급능력을 나타내는 지표입니다. 현금 및 현금성자산, 단기금융상품, 매출채권, 기타 당좌자산(미수금, 선급금, 선급비용 등)을 포함합니다. 당좌비율이 높을수록 유동성이 높습니다.

(사례) 당좌비율 = (유동자산 - 재고자산) ÷ 유동부채

          = (2,200만 원 - 800만 원) ÷ 1,000만 원

          = 1.4(140%)

108

안전성비율

안정성비율은 기업이 내적·외적인 환경의 변화에도 불구하고 얼마나 안정적으로 경영활동을 할 수 있는지를 보여주는 지표입니다.

1) 부채비율

부채비율은 타인자본인 부채를 자기자본으로 나눈 비율로, 비율이 낮을수록 안정성이 높습니다. 부채비율이 클수록 채권자의 위험이 증가하므로, 채권자의 위험을 평가하는 데 가장 유용합니다.

> **(사례)** 부채비율 = 부채 ÷ 자기자본
> = 5,000만 원 ÷ 5,000만 원
> = 1.0(100%)

2) 자기자본비율

총자산 중에서 자기자본의 비중을 측정하는 비율로 부채비율과 함께 기업의 안전성을 측정하는 비율입니다. 자기자본비율이 높을수록 기업의 재무상태가 양호한 것으로 판단합니다.

> **(사례)** 자기자본비율 = 자본총계 ÷ 자산총계
> = 5,000만 원 ÷ 1억 원
> = 0.5(50%)

3) 이자보상비율

이자보상비율은 이자전세전당기순이익을 이자비용으로 나눈 비율로, 비율이 높을수록 안정성이 높습니다. 채권자에게 지급해야 할 이자는 고정적으로 지출되는 비용이므로, 이자보상비율은 이자비용에 대한 안전도를 나타냅니다.

사례에서 이자전세전당기순이익은 법인세비용차감전순이익에 이자비용을 가산한 금액이 됩니다.

> **(사례)** 이자보상비율 = 이자전세전당기순이익 ÷ 이자비용
> = (1,100만 원 + 1,000만 원) ÷ 1,000만 원
> = 2.1배

4) 고정장기적합율

고정장기적합율은 비유동자산의 취득에 사용된 자금 중 어느 정도를 비유동자금으로 조달하였는지를 나타내는 비율입니다.

고정장기적합율은 비유동자산을 비유동부채와 자기자본의 합계금액으로 나누어 계산합니다. 고정장기적합율이 낮을수록 안정성이 높습니다.

(사례) 고정장기적합율 = 비유동자산 ÷ (자기자본 + 비유동부채)

= (자산총계-유동자산) ÷ (자본과부채총계 - 유동부채)

= 7,800만 원 ÷ (5,000만 원 + 4,000만 원)

= 0.867(86.7%)

109

수익성비율

수익성비율은 기업이 얼마나 효율적으로 이익을 내는지를 나타내는 재무 지표입니다.

1) 총자본순이익율

총자본순이익율은 경영자가 조달된 자본을 얼마나 효율적으로 이용했는지를 나타내는 재무비율입니다. 총자본순이익율이 높을수록 수익성이 높습니다.

(사례) 총자본순이익율 = 당기순이익 ÷ 평균총자본

= 당기순이익 ÷ [(기초총자본 + 기말총자본) ÷ 2]

= 600만 원 ÷ [(8,000만 원 + 1억 원) ÷ 2]

= 0.067(6.7%)

2) 자기자본순이익율

자기자본순이익율은 주주들이 출자한 자본이 얼마나 효율적으로 이용되고 있는지를 나타내는 재무비율입니다. 자기자본순이익율이 높을수록 수익성이 높습니다.

> **(사례)** 자기자본순이익율 = 당기순이익 ÷ 평균자기자본
>
> = 당기순이익 ÷ [(기초자기자본 + 기말자기자본) ÷ 2]
>
> = 600만 원 ÷ [(3,500만 원 + 5,000만 원) ÷ 2]
>
> = 0.14(14%)

3) 매출액순이익율

매출액순이익율은 매출로부터 얻어진 이익률을 나타내는 재무비율로, 비율이 높을수록 수익성이 높습니다. 분자에 사용되는 당기순이익 대신에 매출총이익과 영업이익을 사용하기도 하며, 각각의 경우를 매출총이익율, 매출액영업이익율이라고 합니다.

> **(사례)** 매출액순이익율 = 당기순이익 ÷ 매출액
>
> = 600만 원 ÷ 1억 5천만 원
>
> = 0.04(4%)

> **(사례)** 매출총이익율 = 매출총이익 ÷ 매출액
>
> = 4,000만 원 ÷ 1억 5천만 원
>
> = 0.267(26.7%)

110

활동성비율

활동성 비율은 기업이 자산을 얼마나 효율적으로 사용하고 있는지를 측정하는 지표입니다.

1) 총자산회전율

총자산회전율은 자산 한 단위가 실현시킨 매출액을 의미하는 재무비율로, 비율이 높을수록 효율성이 높습니다.

(사례) 총자산회전율 = 매출액 ÷ 평균총자산

= 매출액 ÷ [(기초총자산 + 기말총자산) ÷ 2]

= 1억 5천만 원 / [(8,000만 원 + 1억 원) ÷ 2]

= 1.67회

2) 매출채권회전율

매출채권회전율은 매출채권에 대한 투자효율성을 나태내는 비율로,

비율이 높을수록 효율성이 높습니다. 매출채권회전율은 매출액을 평균 매출채권으로 나누어 계산하는데 매출채권평균회수기간과 밀접한 관계를 갖고 있습니다.

매출채권평균회수기간은 재고자산이 판매된 날로부터 판매대금이 회수되는 평균기간을 말하며, 365일을 매출채권회전율로 나누어 계산합니다.

(사례) 매출채권회전율 = 매출액 ÷ 평균매출채권

= 매출액 ÷ [(기초매출채권 + 기말매출채권) ÷ 2]

= 1억 5천만 원 ÷ [(800만 원 + 700만 원) ÷ 2]

= 20회

(사례) 매출채권평균회수기간 = 365일 ÷ 매출채권회전율

= 365일 ÷ 20회

= 18.25일

3) 재고자산회전율

재고자산회전율은 매출원가를 평균재고자산으로 나눈 재무비율로, 비율이 높을수록 효율성이 높습니다. 실무에서는 매출원가 대신에 매출액을 사용하는 것이 일반적이지만, 분모에 사용된 재고자산이 취득원가이므로 매출원가를 사용하는 것이 합리적입니다.

재고자산평균회전기간은 재고자산을 매입한 날로부터 판매되는 날까

지의 평균기간을 말하며, 365일을 재고자산회전율로 나누어 계산합니다.

(사례) 재고자산회전율 = 매출원가 ÷ 평균재고자산

= 매출원가 ÷ [(기초재고자산 + 기말재고자산) ÷ 2]

= 1억 1천만 원 ÷ [(900만 원 + 800만 원) ÷ 2]

= 12.9회

(사례) 재고자산평균회전기간 = 365일 ÷ 재고자산회전율

= 365일 ÷ 12.9회

= 28.29일

111

성장성비율

성장성 비율은 기업의 특정 재무 지표가 전년도에 비해 얼마나 증가했
는지를 나타내는 지표입니다.

1) 매출액증가율

매출액증가율은 전기매출액 대비 매출증가액의 비율로 계산합니다.

매출액증가율 = (당기매출액 - 전기매출액) ÷ 전기매출액

= (1억 5천만 원 -1억 3천만 원) ÷ 1억 3천만 원

= 15.38%

2) 총자산증가율

총자산증가율은 전기총자산 대비 총자산증가액의 비율로 계산합니다.
총자산증가율은 회사의 전체적인 성장 규모를 측정하는 데 사용됩니다.

총자산증가율 = (당기총자산 - 전기총자산) ÷ 전기총자산

= (1억 원 - 8,000만 원) ÷ 8,000만 원

= 25%

기타비율

재무비율 중에 주식과 관련된 비율인 주가수익비율, 주가장부금액비율이 있습니다. 특히 주식투자를 하는 이에게는 매우 중요한 재무비율입니다.

아래의 사례에서는 회사가 발행한 보통주는 10만 주, 기말 현재 보통주의 주당 공정가치는 400만 원, 순자산장부가액은 5천만 원, 당기 배당금 예정액은 200만 원, 영업활동 현금흐름은 2,000만 원, 전기매출액은 1억 3천만 원, 주당순이익은 60만 원으로 가정합니다.

1) 주가수익비율(PER)

주가수익비율(PER, price earning ratio)은 기업차기친 주식의 시가가 기업이 벌어들인 당기순이익의 현재가치로 결정될 것이라는 자산가격결정이론에 근거합니다.

주가수익비율은 주식의 액면금액이나 유통주식수와 관계없이 기업간 비교가 가능하다는 점에서 많이 사용되고 있습니다.

(사례) 주가수익비율 = 주당공정가치 ÷ 주당순이익

      = 400만 원 ÷ 60만 원

      = 6.67배

주당순이익은 발생주의에 따라 계산된 것이므로 주당순이익 대신에 주당 영업활동현금흐름을 분모로 사용하는 경우도 있습니다

(사례) 주가수익비율 = 주당공정가치 ÷ 주당 영업활동현금흐름

      = 400만 원 ÷ (2,000만 원 ÷ 10만 주)

      = 2

2) 주가장부금액비율(PBR)

주가장부금액비율(PBR, price book value ratio)은 주식의 시가를 주당순자산 장부금액으로 나눈 비율입니다. 기업의 미래이익에 대한 전망이 좋을수록 이 비율은 증가하는 경향이 있습니다.

(사례) 주가장부금액비율 = 주당공정가치 ÷ 주당순자산장부금액

      = 400만 원 ÷ (5,000만 원 ÷ 10만 주)

      = 0.8

3) 배당성향

배당성향(payout ratio)은 당기순이익 중 배당으로 처분된 비율을 의미하는 것으로, 기업의 배당정책을 판단하는 좋은 지표가 됩니다.

(사례) 배당성향 = 배당총액 ÷ 당기순이익

= 주당배당액 ÷ 주당순이익

= (200만 원 ÷ 10만 주) ÷ 60만 원

= 0.333(33.3%)

ESG 경영과 세금

113

ESG 경영과 세금

ESG는 기업가치를 평가함에 있어서 전통적인 재무적 요소와 함께 고려해야 할 비재무적 요소로 '환경(Environmental), 사회(Social), 지배구조(Governance)'를 뜻합니다.

ESG 용어는 2004년 UNGC(UN Global Compact)와 스위스 연방외무성이 공동작성한 "Who Cares Wins - Conneting Financial Markets to a Changing World" 보고서에 처음 등장하면서 세상에 알려지기 시작했습니다.

한국에도 ESG가 큰 사회적 이슈로, ESG에 긍정적으로 생각하는 여론과 기업 경영에 지나친 간섭을 한다는 부정적 여론이 공존하고 있습니다.

몇 년 전 한국의 큰 손인 연기금에 대해 '국민연금법'개정을 통해 국민연금의 ESG 관련 투자비중을 확대해 오고 있는 상황입니다.

1) ESG 경영과 세금 관련

ESG 경영 이전에는 기업에 대한 투자 판단 시 재무적 요소를 중시했다면, ESG 경영이 관심받고 있는 현대에는 비재무적 요소도 같이 고려하는 것입니다.

ESG 경영은 세금과의 관련성을 고려해 볼 수 있습니다. 세금 자체가 공공성과 관련이 있기 때문입니다.

ESG의 환경, 사회, 지배구조 요소를 세금과 각각 고려하면 다음과 같이 생각할 수 있습니다.

2) 환경과 탄소세

환경은 탄소세와 관련이 있습니다. 2015년 제정된 파리기후협약은 회원국에게 탄소배출 감축 방안을 권고하고 있습니다.

기업의 매출액 대비 탄소세 납부 현황은 이에 대한 평가기준으로 볼 수 있습니다.

3) 사회와 기부금

사회는 기업이 사회적 약자 등을 돕기 위한 기부금 납부실적과 관련이 있습니다. 기업이 이익을 극대화하는 것은 당연하지만, 이 이익을 주주가 독식할지, 임직원에게 일부를 성과금으로 배분을 할지 또는 사회에 이익 일부를 기부를 할지 결정합니다.

기업이 지출하는 매출액 대비 기부금 비율은 기업의 사회적 책임에 대한 평가기준으로 볼 수 있습니다.

4) 지배구조와 성실납부

지배구조는 기업의 성실한 납세의무 이행과 관련이 있습니다. 탈세, 분식회계, 자금세탁 등은 지배주주의 의향 또는 암묵적 동의에 따라 발생하기 때문입니다.

기업이 납세의무를 성실히 이행하고 있다는 것은 기업에 대한 평가기준으로 볼 수 있습니다.

5) 외부 투자 및 정부의 지원을 받고 싶다면 성실납세가 중요하다

세계 각국의 연기금 등 기관투자가들은 투자 여부를 결정할 때 ESG 평가를 반영하고 있습니다. 해외 투자자 입장에서 기업이 탈세했다는 것은 사회적 책임을 임했다고 보기 어렵습니다.

현 정부가 발표한 12대 중점 전략과제 중 6개에 ESG 관련 과제가 포함되어 있습니다. ESG기 국가 차원의 성장 전략과 산업 구조 개편의 기준으로 작동하고 있음을 의미하며, 기업이 정부의 지원을 받고자 하는 경우 ESG 경영에 관심을 갖고, 기업 경영에서 중요한 요소로 자리 잡고 있음을 알 수 있습니다.